"十二五"普通高等教育本科国家级规划教材

普通高等学校体育教育专业主干课教材

体育教学论
（第四版）

毛振明　主编

中国教育出版传媒集团

高等教育出版社·北京

内容提要

本教材是普通高等学校体育教育专业主干课教材之一。本教材在第三版的基础上，补充了近年来体育教学论的最新成果，体现了体育教学改革的变化和发展趋势，加强了教材的思想性、实用性、理论性与表述的严谨性。本书共分14章，主要内容包括绪论、体育教学目标、体育教学主体、体育教学内容、体育教学过程、体育教学原则、体育教学设计、体育教学模式、体育课堂教学、体育教学方法、体育教学环境、体育教学评价、体育教学思政、体育教学研究。

本教材可作为普通高等学校体育教育专业教材及高职院校相关体育专业教材，也可作为中小学体育教师的培训用书和教学参考书。

图书在版编目（CIP）数据

体育教学论 / 毛振明主编. -- 4版. -- 北京 : 高等教育出版社, 2024.5
ISBN 978-7-04-061459-6

Ⅰ.①体… Ⅱ.①毛… Ⅲ.①体育教学-高等学校-教材 Ⅳ.①G807.01

中国国家版本馆CIP数据核字(2023)第241548号

体育教学论（第四版）
Tiyu Jiaoxuelun

策划编辑	范 峰	责任编辑	范 峰 李 淼	封面设计	张 志	版式设计	马 云
责任绘图	易斯翔	责任校对	张 薇	责任印制	赵 振		

出版发行	高等教育出版社	网 址	http://www.hep.edu.cn
社 址	北京市西城区德外大街4号		http://www.hep.com.cn
邮政编码	100120	网上订购	http://www.hepmall.com.cn
印 刷	三河市宏图印务有限公司		http://www.hepmall.com
开 本	787mm×960mm 1/16		http://www.hepmall.cn
印 张	22.5	版 次	2005年7月第1版
字 数	330千字		2024年5月第4版
购书热线	010-58581118	印 次	2024年5月第1次印刷
咨询电话	400-810-0598	定 价	45.00元

本书如有缺页、倒页、脱页等质量问题，请到所购图书销售部门联系调换
版权所有 侵权必究
物 料 号 61459-00

编委会

主　编：

毛振明

副主编：

潘建芬　刘　昕　万　茹　张振华　王华倬

编　委：

王小美　张　凯　张学忠　李树怡　吴　键
董文梅　董翠香　于素梅　丁天翠　范　峰
蔺新茂　陆作生　杜晓红　乐伟民　张庆新
李　林　查　萍　王金玲　杨多多

前言

随着体育教育教学改革的不断深入，体育教学理论的研究和探索也有了坚实的进步，体育教学论的著作越来越多，这无疑是体育教学理论研究和教材建设繁荣兴旺的象征，也标志着体育教育学科越来越走向科学化。自"体育教学论"从"学校体育学"中脱胎自立以来，体育教学理论体系日趋成型，其内容和框架逐渐稳定。现今，体育教学论已成为普通高等学校体育教育专业的成熟主干课程，担当起培养未来体育教师教育教学能力的重任。但我国体育教学理论的发展同当前体育课程与教学实践需要之间还存在一定差距，主要表现为理论体系尚不健全，结构尚不稳定，理论尚不完整，内容尚不充实，表述尚显空泛。

党的二十大报告中首次提出"加强教材建设和管理"，表明了新时代教材建设的极端重要性。教材是育人育才的重要依托，建设高质量教材体系是建设高质量教育体系的重要基础和保障。面对体育教学理论当前的问题和新时代体育专业人才培养需要，本书编写团队启动了教材的修订工作。为清晰阐述体育教学的基本原理，服务于体育教学改革实践，乃至形成有中国特色的体育教学论学科体系，本教材的编写和修订过程就必然地成为了一个梳理、辩证、辨伪、探索、创新和构建的过程。从2005年的第一次编写开始，陆续有30多位专家学者参加了本教材的研讨和执笔工作，他们大多是年富力强的体育理论研究者，也是在体育教学论讲台上的任课教师，是勤于思辨、锐意改革的人。随着中小学体育教学改革的发展，尤其是新的义务教育课程标准的颁布实施，我们对原第三版教材进行了全面修订，力争体现最新的发展变化和教育教学要求。本教材有以下特色：

1. 构建"体育教学论"的学科体系

编写组秉承的第一原则是学科性原则，也称为扬弃一般教学论原则，即针对以往体育教学理论照搬一般教学论的框架和内容，致使体育教学论缺乏体育性和实用性的缺陷，力图更有针对性和更清楚地描述和解释体育教学现象，构建成体系的体育教学论学科理论和知识。

2. 构建能解析现象结构和事物本质的"理论"

编写组秉承的第二原则是理论性原则，也称为构建"理论"，摆脱"说法"原则，即力图通过结构、关系、类比、层次、权重等结构性的阐述揭示体育教学现象和客观规律，不把阐述停留在描述上，更不停留在"说法"的层面，强调启迪性和规律认识性。

3. 强化教材的实践指导性、实用性和可操作性

编写组秉承的第三原则是实用性原则，也称为切实为体育教育专业学生和一线体育教师服务的原则。在取舍内容时，以"体育教育专业学生和一线体育教师学了该内容有没有用"，或反问"不学此内容他们有何问题"，以此判断教材内容的取与舍。

4. 强化各部分内容的科学性

编写组秉承的第四个原则是科学性原则，也称为杜绝虚假空洞理论原则，即力图抛弃原来存在于某些体育教学理论书籍中的假理论、空理论和错误理论，最大限度地清除那些生编硬造的说法、夸大或矮化的说法、在指导和引领教学实践上具有错误的说法以及那些过于常识性的说法等。

5. 增加教学实例以强化理论的易理解性

编写组秉承的第五个原则是可模仿性原则，也称为用正反两方面实例说明问题原则。在教学方法讲解时，以正面阐述为主，但同时也阐述"不应该做的"反向案例，从而更清晰地阐述问题和帮助学习者辨别是非，加强理论对实践的指导意义。

6. 帮助学习者开阔视野和拓展资源

编写组秉承的第六个原则是有利拓展性原则，也称为尽可能为学习者提供更多教学资源原则，即通过介绍最新的教育改革理论与实践，介绍教育改革学习平台和相关资料，从而为学习者拓宽视野。

以上是编写团队努力恪守的几个原则，也是本教材的几个特色。但由于编者的水平有限，上述的设想未必完全实现，想要形成的特色可能还不够明显。因此，我们衷心希望学习和使用这本教材的师生们能将本书的不足和问题及时反馈给我们，以便在今后的修订中加以改正和完善。

毛振明
2023 年 12 月于北京

目 录

第一章　绪论 / 1

第一节　体育教学论小史 / 2
第二节　体育教学的诸要素 / 6
第三节　学习体育教学论的意义与要领 / 10

第二章　体育教学目标 / 15

第一节　体育教学目标概述 / 16
第二节　体育教学目标的结构 / 23
第三节　体育教学目标的制订 / 29

第三章　体育教学主体 / 37

第一节　体育教师——体育学习的主导 / 38
第二节　学生——体育学习的主体 / 43
第三节　教师主导性与学生主体性的关系 / 46

第四章　体育教学内容 / 53

第一节　体育教学内容概述 / 54
第二节　体育教学内容的特性 / 57
第三节　主要体育教学内容的目标与要求 / 60
第四节　体育教学内容的选择、加工和编排 / 67

第五节 体育教科书 / 83

第五章 体育教学过程 / 89

第一节 体育教学过程的含义与性质 / 90
第二节 体育教学过程的层次及其特点 / 95
第三节 体育教学规律 / 102

第六章 体育教学原则 / 107

第一节 体育教学原则概述 / 108
第二节 体育教学七项原则 / 113
第三节 坚持体育教学原则的案例分析 / 127

第七章 体育教学设计 / 135

第一节 体育教学设计与体育教学计划 / 136
第二节 学年、单元和课时体育教学计划的制订 / 141

第八章 体育教学模式 / 157

第一节 体育教学模式概述 / 158
第二节 体育教学模式的性质 / 162
第三节 几种较成熟的体育教学模式 / 166

第九章 体育课堂教学 / 173

第一节 体育课堂教学概述 / 174
第二节 体育课堂教学组织与管理 / 177
第三节 体育课堂教学管理的内容与方法 / 179

第十章 体育教学方法 / 189

第一节 体育教学方法概述 / 190

第二节 体育教学方法的分类 / 198

第三节 体育教学方法的应用 / 200

第四节 体育教学方法的选用 / 230

第十一章 体育教学环境 / 239

第一节 体育教学环境概述 / 240

第二节 体育教学环境的优化 / 245

第十二章 体育教学评价 / 257

第一节 体育教学评价概述 / 258

第二节 体育教学评价的结构与内容 / 261

第三节 体育教学评价的技术与手段 / 269

第十三章 体育教学思政 / 281

第一节 体育教学思政概论 / 282

第二节 体育教学思政的理论问题 / 287

第三节 体育教学思政的基础 / 293

第四节 体育教学思政的实施方法 / 300

第十四章 体育教学研究 / 311

第一节 体育教学研究概述 / 312

第二节 体育教学研究的内容 / 320

第三节 体育教学研究的主要方法介绍 / 326

主要参考文献 / 345

第一章 绪 论

❋ 本章导言

  体育教学活动是由多种因素共同作用的复杂现象。夸美纽斯曾说，认识体育教学现象是为了研究"把一切事物教给一切人类的全部艺术"，研究体育教学并将其理论化在于"寻求并找出一种教学的方法，使教员因此可以少教，但是学生可以多学"。

  体育教学中有伴随教学而自然出现的各种要素，它们之间有着必然的内在联系。体育教学像是司机（教师）带着乘客（学生）开车（使用教材）前往目的地（目标）的过程（教学过程），沿途一定会遇到的事物就是我们要去认识和理解的那些教学要素。

  体育教学是现在的体育教师和未来体育教师最主要的工作，因此，"体育教学论"就成了他们必须要学好的课程。"体育教学论"是连接现在体育理论学习与未来体育教学实践的桥梁，是体育教师教学本领的知识积累。学好"体育教学论"，最需要谨记的是：瞄准未来的工作和带着问题去学习、去思考。

📖 学习目标

  1. 了解体育教学论的发展历史及理论基础，熟悉主要的体育教学理论以及不同理论的代表人物和主要观点。

  2. 理解体育教学的八大要素及其相互关系，学会运用这些要素设计和实施体育教学。

3. 明白学习体育教学论的意义，能够认识体育教学论的价值和使命，产生学习这门课程和培养专业能力的兴趣。

第一节 体育教学论小史

一、"教学论"概念的提出

据教育史料记载，首次提出"教学论"概念的是德国教育家拉特克（W. Ratke，1571—1635），他在1612年向法兰克福诸侯呈交的学校改革的奏书中自称是"教学论者"，而将新的教学技术称为"教学论"。拉特克在这份题为《教学论或教授术》的奏书中，讲述了如何能使科学、语言、技艺普及于民众，其教学论着眼于研究"如何教"的问题，即以教学法和技术为中心，重点探讨如何使所有的人最容易、最有效地掌握知识和提高教养的方法问题。

第二个倡导"教学论"的是捷克教育家夸美纽斯（1592—1670），他发展了拉特克的教学论思想和理论。夸美纽斯于1632年完成了《大教学论》，他在这本书中写道：教学论是"把一切事物教给一切人类的全部艺术"，这本《大教学论》的主要目的在于"寻求并找出一种教学的方法，使教员因此可以少教，但是学生可以多学"。夸美纽斯在《大教学论》中把"教学论"定义为"教授术"。

18世纪末，瑞士教育家裴斯泰洛齐（1746—1827），继承了夸美纽斯和卢梭的思想，构建了以教学方法和教学技术为中心的教学论，使教学论的研究达到了一个顶峰。后来，德国教育家赫尔巴特提出了以课堂教授为中心的教学论思想，这也是对夸美纽斯传统教学论思想的继承和发展。之后，苏联教育家凯洛夫用马克思主义理论将上述思想与理论进行了系统化和理论化，形成了对中国教育和教学理论影响颇深的、被中国教育理论界称为传统教学思想的教学论体系。

二、古代体育教学的雏形

（一）中国古代体育教学的雏形

在中国古代的学校教育中，一些近似现代体育的内容被列入课程中。春秋末期，伟大的思想家和教育家孔子开创了一套从古代教化的原理中演化出来的课程，这套课程的核心就是"六艺"，一个君子培养独立人格所必须精通的六种技能——"礼、乐、射、御、书、数"，孔子试图通过"六艺"的教育使学生成为文武兼备的国家栋梁之材。"六艺"中的"射""御"就属于体育的范畴，其教学可理解为中国古代体育教学的雏形。自此之后，中国古代的体育经历过起落兴衰的过程，各个时期的学校体育也是起起落落，但古代中国青少年的体育活动内容不断丰富，蹴鞠、捶丸、马术等运动对世界体育运动起到过重要的影响。但汉代以后，重文轻武之风日盛，特别是明代以后，体育活动受到了限制，在官学中几乎取消了体育的内容，致使体育教学也受到影响，这种状况一直延续到了近代。

（二）国外古代体育教学及其理论的雏形

国外最早关注体育教学的应属古希腊的哲学家柏拉图。柏拉图主张学生应从7岁进入国家所办的初等学校，在修完雅典学校的普通课程后进入体操学校学习游戏、舞蹈、角力、掷铁饼、掷标枪、赛跑、射箭、骑马和野营生活等内容。柏拉图的学生亚里士多德继承了柏拉图自然主义教育哲学思想，认为人的发展是沿着身体、情感和理智的顺序进行的，因此教育也应遵循这一自然的顺序，先进行体育，再进行德育，最后进行智育和美育。亚里士多德还主张："孩子出生到7岁的教育应是家庭教育，任务在于发展儿童的身体。"他主张学生在7岁至14岁的教育期间要参加体育锻炼，因为体育会使人健康有力。

三、近代体育教学理论问题的研究

（一）国外近代体育教学理论研究的开端

国外近代的学校教育受到夸美纽斯、洛克、卢梭、古茨穆斯和裴斯泰洛齐等自然主义和实用主义教育思想的影响，普遍重视学生的身体发展和体育锻炼。

在夸美纽斯和洛克时期，学校体育相当于我们今天的课外体育锻炼，是在课余和休假期进行的，主要内容有田径、游泳、游戏、网球、舞蹈、骑马、旅行和狩猎运动等。

卢梭是体育课堂教学和体育班级授课制的创始人，他继承了夸美纽斯和洛克的自然教育思想，并把课余体育锻炼形式纳入课堂教学之中。卢梭进一步发展了体育教学的组织形式和教学内容，其教学内容主要有田径、体操（器械和柔软体操）、网球、足球、台球和射箭等。卢梭时期的体育实践形成了当时欧洲体育教学的框架，对后来欧洲乃至世界各国的体育教学都产生了重要影响。

随后的德国体育教育家古茨穆斯发表了许多关于体育教学的文章，并出版了体育教材，拉开了体育教学理论研究的序幕，特别是古茨穆斯对体操内容的分类，对后来体育教学理论的研究与实践起到了重要的影响。

瑞典教育家裴斯泰洛齐进一步继承和发展了古茨穆斯的体育教学思想，发展了体育教学内容、教学组织形式以及体育方法手段的理论，对后来世界的体育教学研究与发展产生了重要影响。

（二）中国近代体育教学理论研究的起步

中国近代体育教学的研究受到西方学校体育教学思想的影响，促进了西方现代体育项目与中国传统的武术与游戏的结合，加快了中国体育教学的发展。当时国内没有统一的体育教材，但客观上促进了中西结合、多种成分并存的体育教学内容体系的形成，如康有为自办的"万木草堂"（学堂）就根据"德、智、体"来设置学校的课程，他规定每隔一日要有体操课，假日要有游戏活动。康有为的学生梁启超则认为："德育、智育、体育三者，为教育上缺一不可之物。"他在湖南任教时非常注重学生的"体操锻炼"。

1904 年，清朝政府颁布了《奏定学堂章程》，规定了体育课程的必修地位，这是中国首次以法规形式确定了体育课在学校课程中的地位，是中国近代体育教学的真正起步。当时各地的学堂中开展了许多现代体育运动项目，但人们对体育教学的关注更多地集中在体育教学形式和体育教学内容的开发方面，对体育教学其他理论问题的关注不多。

四、现代体育教学理论研究与发展

（一）20 世纪前期中国体育教学理论的研究

20 世纪前叶，现代教育思想和理论研究的成果开始向体育教学领域渗透，国外体育教学思想、理论和方法不断传入，中国体育教学的问题也逐渐引起人们的关注，众多教育工作者和学者开始积极探讨和研究这一问题。青年毛泽东在《体育之研究》中深刻地揭示了体育教学的本质，并对当时体育教学中的弊端进行了深刻的批判，其中的教学思想至今对体育教学的研究仍具有现实意义。这一时期，中国出版了一批体育教材，如《三段教材》《新学制体育教材》《小学体育教材》和《体育丛书》等，后来又有吴蕴瑞和袁敦礼合著的《体育原理》、董守义编著的《三术》(《篮球术》《排球术》和《足球术》)等有关体育教学的著作问世。这些教材和专著的出版，有力地推动了中国体育教学理论的研究与教学实践的发展。这一时期的体育教学研究主要集中在教学内容和方法层面上。

（二）新中国成立后体育教学理论研究的长足发展

新中国成立后，学校体育全面贯彻党的教育方针，体育课程得到前所未有的重视与发展。这一时期的体育教学理论研究主要是向苏联学习，在这种学习和借鉴下，体育教学理论研究步入快速发展的时期。新中国研究制定了有中国特色的中小学《体育教学大纲》，明确了体育课程教学目的、任务和内容，从制度上规范了体育教学，促进了教学方法的研究。从新中国成立至 20 世纪 70 年代，我国相继出版了《体育理论》《运动解剖学》

《运动生理学》等理论教材，出版了《田径》《球类》《体操》《武术》《游泳》等实践教材。

20世纪70年代末，随着我国改革开放和教育改革的发展，体育界相继出版了《体育概论》《体育史》《体育心理学》《学校体育学》和《体育原理》等理论教材，极大地推动了中国体育教学理论的研究与发展。20世纪80年代后，教学论研究理论成果逐渐向体育教学领域渗透，专门进行体育教学研究的《中国学校体育》和《体育教学》杂志创刊，《体育教学论》《现代教学论与体育教学》《体育教育学》等著作相继出版，体育教学论开始逐渐发展成为一门独立的学科。

另一方面，自新中国成立，特别是改革开放以后，我国的体育教学实践有了很大的发展。"快乐体育教学""和乐体育教学""成功体育教学""情境体育教学""三自主体育教学"等教学模式不断涌现。人们对体育教学与终身体育关系、体育课程教学碎片化和"学不会"的问题、体育课程教学内容排列理论、大中小学体育课程有机衔接和一体化、发扬有中国特色体育教学传统、体育教学对健康促进作用发挥、体育立德树人的方略方法、体育教学促进学生心理健康及社会适应等问题都有了更加深入的思考。这些思考与研究为构建中国特色的体育教学理论提供了可能，在很大程度上也促进了我国体育教学论的不断发展和日臻成熟。

第二节　体育教学的诸要素

一、体育教学基本要素分析及"体育教学全景图"

在各级各类学校中进行的体育教学活动是复杂的现象集合，由一些基本的要素所构成。认识体育教学的基本要素，就可以更加全面地了解体育教学，更深刻地认识体育教学的结构特征。

体育教学由8个基本要素组成：学生、教师、教学目标、教学内容、教学过程、教学方法、教学评价、教学环境。可以用以下形象化的"体育教学全景图"（图1-1）来阐述8个要素及其相互之间的关系：

第二节 体育教学的诸要素

图1-1 体育教学全景图

体育教学的第一个要素是教学目标，它回答的是"为什么要组织体育教学"的问题。体育教学是有目的、有计划的教育活动，体育教学目标是教师开展教学的方向和评价教学的依据，体育教学目标具有多层次性和多方向性。体育教学目标在"体育教学全景图"中相当于"公路上的标志、驿站和终点"。

体育教学的第二个要素是学生，它回答的是"体育教学为谁服务"的问题。没有学生就没有体育教学的存在必要，学生是体育教学中的主体，也是体育教学中最为复杂和活跃的因素。学生在"体育教学全景图"中相当于"学开汽车的新司机"。

体育教学的第三个要素是教师，它回答的是"体育教学由谁组织实施"的问题。体育教师是体育课程设计的参与者、课程教学的实施者、教学质量的责任者，在体育教学中处于主导地位。体育教师在"体育教学全景图"中相当于"制造汽车的工人（课程教材创造者）""汽车上的教练员"（知识技能传授者）以及"管理交通的警察"（教学安全的保障者）。

体育教学的第四个要素是教学内容，它回答的是"体育教学中教师所教的和学生所学的是什么"的问题。体育教学内容由学科内容的实体（课程）和内容的载体（教科书）共同组成，是根据社会的要求、学科体系和学生需要所选编而成。体育教学内容在"体育教学全景图"中相当于"载着师生的汽车"。

体育教学的第五个要素是教学过程，它回答的是"体育教学循着怎样的途径达到目标"的问题。体育教学过程是教学时间、教学流程安排的关系总和，是教学的最表象性要素。体育教学过程在"体育教学全景图"中相当于"道路"和"路线"。

体育教学的第六个要素是教学环境，它回答的是"体育教学需要怎样的条件"的问题。没有良好的体育教学条件和环境就难有体育教学的高质量，甚至会严重影响体育教学的安全。体育教学环境在"体育教学全景图"中相当于"公路的护栏""路间的遮光板""道路质量"和"路边的绿化"等。

体育教学的第七个要素是教学方法，它回答的是"如何实现更好的体育教学"的问题。教学方法与目标、教师、学生等要素有着密切的关系，帮助学生学习、理解和掌握知识技能。体育教学方法在"体育教学全景图"中相当于教练手中的"安全驾驶技术要领与指导方法"。

体育教学的第八个要素是教学评价，它回答的是"如何判断体育教学的优劣"的问题。体育教学评价和教学目标与教师的教学能力等有着密切的关系，评价既指向教师的"教"，更关注学生的"学"。体育教学评价在"体育教学全景图"中相当于"教练"和"警察"手中拿着的"工作要求"。

二、体育教学要素与本教材各章的关系

为了清晰地描述体育教学的现象和揭示体育教学的内在规律，本教材设置了14个章节。这14个章节与体育教学各要素的对应关系如表1-1所示。

▶ 表1-1 体育教学基本要素与本教材各章的关系

体育教学基本要素	本教材各章的对应
体育教学目标	第二章　体育教学目标　　第十三章　体育教学思政
学生	第三章　体育教学主体　　第十三章　体育教学思政
教师	第三章　体育教学主体　　第十四章　体育教学研究
体育教学内容	第四章　体育教学内容　　第十三章　体育教学思政
体育教学过程	第五章　体育教学过程　　第六章　体育教学原则 第七章　体育教学设计　　第八章　体育教学模式 第九章　体育课堂教学　　第十一章　体育教学环境 第十三章　体育教学思政
体育教学环境	第七章　体育教学设计　　第十一章　体育教学环境 第十三章　体育教学思政
体育教学方法	第十章　体育教学方法　　第十三章　体育教学思政
体育教学评价	第十二章　体育教学评价　　第十三章　体育教学思政
其他	第一章　绪论　　第十三章　体育教学思政

三、体育教学论的定义

当分析了体育教学的各个要素并整体了解了体育教学论研究和阐述的内容以后，就可以给体育教学论下个定义了。本教材参考至今体育教学论定义中的共同部分，归纳各定义要表达的含义，对体育教学论作如下定义：

重要概念

> 体育教学论属于分科教学论，它是研究和阐析体育教学现象、要素、本质及规律的科学与学科，其主要研究内容有体育教学中的学生、教师、目标、内容、过程、环境、方法、评价及其相互之间的关系。

第三节 学习体育教学论的意义与要领

一、学习体育教学论的意义

学好体育教学论，对于体育教育专业学生和已在一线工作的体育教师来说具有以下几个方面的意义：

（一）辨别教学现象，概观体育教学全貌

体育教学是一个复杂的教学现象集合体。由于体育学科的特点，体育教学的现象比其他学科教学现象更加纷杂，而纷杂的现象常常使我们无法认清体育教学的本质，更会影响我们正确地判断和评价体育教学工作。因此，学好体育教学论的第一个意义是使我们能正确清晰地辨别体育教学现象。

（二）学习教学术语，规范体育教学概念

由于体育教学是个复杂的教学系统，涉及很多方面，因此它有着众多概念和术语。长期以来，体育教学的概念和术语使用并不规范统一，且有

术语和日常用语交叉使用现象，如"教材"概念的混乱就是例子。系统地学习体育教学论，能统一理解并正确运用概念和术语，帮助大家站在共同的概念和术语基础上研究体育教学，这是学好体育教学论的第二个意义。

（三）认识教学要素，把握体育教学本质

体育教学是一个复杂的教学现象集合体，常使人们"见木不见林"，因此，必须认识其中主要构成要素，并在理解这些要素的基础上把握体育教学的本质。学习体育教学论，有利于学生建立起微观与宏观、局部与整体、实践与理论的整体体育教学观，帮助大家更好地把握体育教学本质和规律，抓住体育教学的前沿和重要问题。

（四）掌握教学规律，指导体育教学实践

学好体育教学论，可以帮助体育教育专业学生和已经在一线工作的体育教师更好地掌握体育教学的基本规律，提升从事体育教学与体育科研的素质和能力，用所学的理论指导和完善体育教学实践。

（五）掌握教学方法，提高体育教学能力

体育教学论是一门实用性很强的学科，其实用性表现在：体育教学论为体育教师提供系统的教学理论，提供了多样的教学方法、身体练习方法和比赛方法，学好体育教学论，有利于体育教育专业学生和一线体育教师提升教学能力。

（六）推动教学研究，完善体育教学理论

体育教学论的内容正随着教育教学改革的不断深入而不断丰富和发展。在新时代背景下，体育教学中不断出现新现象和新问题，新的现象有待解读，新的问题有待解决。系统地学习体育教学论，可以帮助大家提高认识新问题、分析新问题和解决新问题的能力，并从中发现体育教学研究的课题，通过学习教学研究方法，掌握体育教研能力，为完善体育教学理论作出贡献。

二、学习体育教学论的注意事项

（一）带着问题和思考学习

学习体育教学论要带着问题学。在学习前最好有个"问题的准备"，理一理自己对体育教学的疑问，然后带着问题学习，边质疑边学习、边学习边思考、边思考边解答，解答不清再提出疑问，如此循环往复就可以学得深、学得实、学得有用，既提高学习质量，又培养自己发现问题、分析问题和解决问题的高阶能力。

（二）抓住基本概念和基本原理

学习体育教学论要注意基本概念与基本原理。基本概念是体育教学论"大网"上的"纽结"，基本原理是构成体育教学理论的核心线索与关键"板块"。基本概念和基本原理都是学习的关键点和重要知识点，学好基本概念与基本原理是学好体育教学论的基础。

（三）融入教学实践和情境

体育教学论是实用性很强的学科，学习体育教学论要结合教学实践问题，通过上课、看课、教学实习等活动获得对教学实践的感性认识，要联想实践中的真问题和活生生的教学情境进行学习，以便将理论与实践有效结合起来，提高教学能力。

（四）结合自身的运动专项与学理教法

体育教学是围绕着具体教材进行的，教法是依据"学理"（技能学习的道理和程序）进行的，抽象的教学技术是不存在的。学习体育教学论要把理论学习与专项运动技战术内容结合起来，从而使体育教学论具有内容的根基，所学的教学方法更加具有针对性。

（五）理解教学范例并举一反三

在本教材中，我们尽可能多地为大家提供了体育教学的案例，而且还有一些反面的案例。正面的教学案例可以让大家知道"应该做什么"和"应该怎么做",反面的教学案例则可以让大家知道"不应做什么"和"不要这样做",通过这些教学案例可以举一反三、融会贯通地学好体育教学理论。

> **思考题**
>
> 1. 为什么夸美纽斯在《大教学论》中把"教学论"定义为"教授术"?
> 2. 你能用其他的生活事例来形容一下体育教学的全貌吗?
> 3. 谈谈你对体育教学论定义的认识。
> 4. 学习体育教学论的意义是什么?
> 5. 你计划怎样学习体育教学论?通过教学论的学习可以提高哪些方面的能力?

第二章 体育教学目标

✦ 本章导言

　　人类的活动都具有目的性，也具有不同层面的目标，体育教学也是如此。由于体育起源于多种文化母体，又受到不同时代不同国家的教育思想与方针的影响，确立体育教学的目的和目标一直有些困难且争论较多。

　　体育教学目标受体育功能的制约，更受人们对体育价值取向的影响。目标是功能和期待的结合体，但仅依据功能和期待还难以确定目标，目标还受到教学条件的影响。体育教学目标有着自己的层次和内部结构。

　　体育教学目标在体育教学中相当于"最终目的地"和路上的"车站"。

　　学习体育教学论，可以帮助大家制订出好的体育教学目标，体育教学目标制订的规则和技巧就是本章的学习重点。

📖 学习目标

　　1. 理解体育教学目标的含义和内容，认识体育教学目标对于体育教学的重要意义。

　　2. 掌握体育教学目标的结构，明确不同层次体育教学目标的特征和表述，能够结合自身所学专业，设计某一运动项目的体育教学目标。

　　3. 能够根据不同层次和阶段的教学任务和需求，制订体育教学目标，并根据教学实践对教学目标进行调整。

第一节 体育教学目标概述

一、时代变迁中的体育教学目标

体育学科孕育自多种文化形态，体育学科从它诞生那天起就不只有一个目的和目标，是一个多功能和多指向的学科，军国民主义、民族主义、国粹主义、人本主义、锦标主义、奥林匹克主义等都与体育学科有过渊源，还有体质教育、终身教育、快乐教育、成功体育等也深刻地影响过体育教学。在历史的演变中，体育教学的目标也在变化着，加之体育教学内容十分庞杂，并缺乏"内容之间互为基础与发展"的内在逻辑性，因此，体育课程教学目标往往比其他学科的目标更加笼统、抽象和多样。

新中国的体育教学目标（包括目的任务）先后经历过以技能为中心的教学目标理论、以体质教育为中心的教学目标理论、快乐体育的教学目标理论、成功体育的教学目标理论、终身体育的教学目标理论、体育与健康结合的教学目标理论、教练赛一体化的教学目标理论，这些教学目标理论随着中国社会的发展与体育教育理论的进步而出现、深化和丰富发展，也在不同程度地促进着体育教学的改革与进步。

进入新时代，面对建设体育强国和健康中国的战略目标，体育教学的重要性更加凸显，党和国家对体育教学的要求也日益明确，提出了许多指导体育教学目标的新理念，主要有如下三个方面：

（一）习近平总书记提出的"四位一体"学校体育目标

2018年，习近平总书记在全国教育大会上提出了"要树立健康第一的教育理念，开齐开足体育课，帮助学生在体育锻炼中享受乐趣、增强体质、健全人格、锤炼意志"。习近平总书记提出的"享受乐趣、增强体质、健全人格、锤炼意志""四位一体"学校体育目标，既指出了未来体育教学需要努力实现的目标，也指出了以往体育教学在完成目标任务时的不足和难点。"四位一体"学校体育目标已成为新时代体育教学目标的指引。

（二）《体育与健康课程标准》提出的三个核心素养

新版《义务教育体育与健康课程标准》和《普通高中体育与健康课程标准》提出了运动能力、健康行为、体育品德三个核心素养。这三个核心素养与以往《体育教学大纲》强调的增强体质、传授三基和思想品德这三大任务有着相当的重叠性和一致性，但也具有新时代的新内涵，体育的这三个核心素养将成为今后制定体育教学目标的基本导向。

（三）《"健康中国2030"规划纲要》《体育强国建设纲要》提出的体育教学新要求与目标体系

2016年中共中央、国务院颁布的《"健康中国2030"规划纲要》提出了5个非常明确具体的目标任务：基本实现青少年熟练掌握一项以上体育运动技能；国家学生体质健康标准达标优秀率25%以上；确保学生校内每天体育活动时间不少于一小时；青少年学生每周参与体育活动达到中等强度三次以上；学校体育场地设施与器材配置达标率达到100%，而其中的"一项以上运动技能""达标优秀率25%"都与体育教学目标有直接的关系，而"在校体育活动不少于一小时""体育场地设施全部达标""每周参与中等强度体育活动三次"都与体育教学目标的实现有着间接的关系。中共中央、国务院印发《"健康中国2030"规划纲要》提出的5个目标任务将成为今后体育教学目标的新的内容体系。

2019年8月国务院办公厅印发了《体育强国建设纲要》，其中提出了"将促进青少年提高身体素养和养成健康生活方式作为学校体育教育的重要内容，把学生体质健康水平纳入政府、教育行政部门、学校的考核体系，全面实施青少年体育活动促进计划"和"积极推进冰雪运动进校园"等具体要求。

《"健康中国2030"规划纲要》《体育强国建设纲要》提出的与体育教学有关的目标，既是新时代党和国家的人才发展的战略需要，也是针对体育课程教学的实际问题提出的具体要求，更是在当前要大力加强体育教学的主要工作任务。

二、体育教学目标以及相关概念

在体育教学理论和实践中频繁使用"体育教学目标"概念的时间并不长,以前更多使用的是"体育教学目的"和"体育教学任务",新中国成立后制定的多个版本的《体育教学大纲》中使用的都是"一个目的和三项任务"。那么,"体育教学目标"和相近的"体育教学目的""体育教学任务"之间是怎样的关系呢?

(一)体育教学目的、体育教学目标、体育教学任务的含义

所谓目的,是行为的意图,是"为了什么"而去做。由此而论,体育教学的目的就是人们设立体育学科和实施体育教学的意图与初衷。体育教学目的是贯穿在整个体育教学过程中的指导思想,是对体育教学的概括性和总体性的要求,它把握着体育教学的进展方向。

所谓目标,是努力的方向和预期的成果,意在阐明"在各个阶段达成什么和最后达到什么",是对目的的进一步具体化。体育教学目标是人们为达到体育教学的某方面目的而在行动过程中设立的阶段预期成果以及最后预期成果。

所谓任务,是受到委派后担负的工作和责任,即上位的人或事对下位的人或事提出的要求和布置的工作,是"要做什么"的意思。由此而论,体育教学任务是为了完成体育教学目的,为实现体育教学目标应该做和必须做的工作。

(二)体育教学目标、体育教学目的与体育教学任务三者间的关系

体育教学目标、体育教学目的、体育教学任务三者之间应是如下的相互关系:

(1)各阶段的体育教学目标之和是最终体育教学目标。

(2)最终体育教学目标(最终成果)是实现体育教学目的(意图)的标志。

(3)体育教学任务是为实现体育教学目标和目的所应该做的工作与应

承担的责任。

这里举一个生活中的例子说明：某人请朋友吃饭，其**目的**（意图）是增进友情；其**总目标**（总效果）是使朋友愉悦（朋友的愉悦是增进友情的标志）；其**分目标**（即各个环节的分效果）则有：接送好朋友、让朋友吃得好、用餐氛围好、席间谈得好等；其**任务**则是安排好车、准备好饭菜、营造好吃饭的氛围、安排好有趣话题以及找好适合的陪客等。

再举一个体育教学的例子说明：如体育教学的**目的**（意图）是让学生熟练掌握篮球技能从而增强其终身体育能力，那篮球教学**总目标**（总效果）就是学会主要的篮球技战术及知识（学会主要的篮球技战术和有关知识是掌握篮球技能的标志），篮球教学的**分目标**（各个篮球教学课的分效果）则是掌握篮球的各个基本技术和战术、学习有关规则、学会篮球比赛欣赏等，而各篮球课的教学**任务**就是传授给学生基本的篮球技战术和相关规则知识等。

可以看出，目标是一个上承目的、下启任务的中间环节，因此，体育教学目标是既具有定向、定位功能，也具有定标、定量功能的重要因素。体育教学目标是搞好体育教学必须认真研究的因素，这也是近年来体育教学目标在体育教学改革中备受关注的重要原因。

（三）体育教学目标的概念

本教材界定体育教学目标的概念如下：

重要概念

> 体育教学目标是依据体育教学目的而提出的预期成果。这个预期成果可分为阶段性成果和最终成果，阶段性成果是体育教学的阶段目标；阶段性成果之和是最终成果，即体育教学总目标。体育教学总目标是体育教学目的得以实现的标志。

三、体育教学目标与体育学科功能价值的关系

（一）体育学科的功能

功能取决于事物的性质和特点，体育学科的功能取决于体育学科自身

所具有的性质和特点。体育学科内容源自多种文化母体，如产生于宗教礼仪、军事斗争、民间娱乐、教育活动、养生保健、竞争竞赛、文艺表演中的各种各样的体育活动，使得体育学科带有上述文化所具有的多样特质，因此也就具有了多功能。

（二）体育学科的价值

功能与价值有着密切的联系，但二者又不相同。功能是事物或物体固有的功用范畴，而价值则是人在面对事物时的态度和选择，即我们所说的价值取向。体育学科的多功能使得体育学科可以被赋予多种价值取向，在不同的历史背景和不同国度中，体育学科的多功能也被不同程度地加以强调与利用，此时体育学科的某些功能可能被淡化和忽视。例如在战争时期，人们更强调体育的军事功能而形成军国民主义体育教育形态；在和平年代，人们可能更追求体育的愉悦与发展价值，注重实现体育的娱乐价值由此形成快乐体育教育的形态；当前，我国已进入后工业化时代，伴随着有碍身心健康因素的不断增加，增进人体健康成为国家和人民对体育的期待，如《"健康中国2030"规划纲要》《体育强国建设纲要》的颁布以及体育学科从"体育"更名为"体育与健康"，就是国家对体育增进健康价值重视的体现。

当然，人们在注重追求某种体育功能并努力实现体育价值时，也并不是单一性的，在多数情况下，人们可能同时追求几种体育的功能，注重实现体育的多种价值，有时只不过是更注重、更强调某个功能而已。

（三）体育教学的目标

如前所述，不同时代的体育教学有着不同的目标体系，这些目标是当时的社会对体育价值取向的具体化，也是对体育功能及关系的认识。通常，人们对体育的期待是宽泛的，既包括对个人发展功能的期待，也包括对国家发展和提高民族素质的期待。因此，无论何种体育形态，其体育教学的目标通常都不是单一的。一般来说，从体育教学的第一目标可以大致看出该体育形态的价值取向。

（四）体育教学目标、体育学科功能、体育学科价值之间的关系

功能、价值和目标的意义各不相同。功能是事物固有的、客观的属性；而价值是外赋的、主观的属性；目标则是根据功能进行价值取向后的行为效果指向。三者的关系见图2-1。

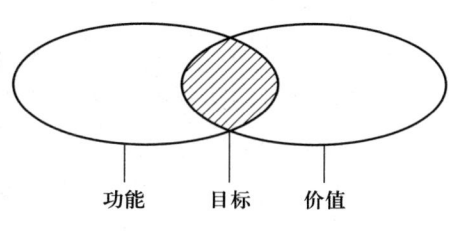

图2-1　功能、价值和目标的关系

功能是客观存在的，是第一位的；价值是功能的选择，是从属性的；目标是根据功能选择而定的工作及达成点。一个事物即便具有某个功能，而如果人们没有选择这个功能，就不会将这个功能的实现作为目标；相反，一个事物不具有某个功能，即使人们非常希望通过这个事物实现这个功能，也是无济于事的。因此，我们不能将功能等同于目标，也不能将价值等同于目标，我们虽然认识到了体育的多种功能，但也不能将这些功能不加分析地都作为体育教学的目标。

体育的功能不会有大的改变，但在不同的社会和不同的历史阶段，人们对体育价值取向会有很多不同，因此，体育教学目标会随着社会变化发展产生相应变化。

四、合理制订体育教学目标的意义

合理制订体育教学目标对于体现体育学科的功能，回应人们对体育价值的期待是非常重要的。合理制订体育教学目标的意义主要体现在以下几个方面：

（一）充分发挥体育学科教学的功能

只有合理地制订了体育教学目标，才能明确要实现哪些体育教学的功

能，如健身的目标可以帮助实现体育教学的健身功能；愉悦身心的目标可以帮助实现体育教学的娱乐功能；传授技术的目标可以帮助实现体育教学的授业功能等。体育教学目标的不合理会妨碍体育教学功能的发挥，影响体育教学质量。

（二）确保体育教学目的（意图）的实现

只有合理地制订了体育教学目标，才能有效实现体育教学目的。如前所述，体育教学目标是体育教学目的实现的标志，例如，使学生体魄强健是健身目的的标志；使学生在体育课上愉悦身心是提高学生体育锻炼自觉性的标志；让学生学好技战术是促进学生形成体育实践能力的标志等。如果体育教学的分目标和总目标不能一一实现，就意味着体育教学的目的（意图）也不能实现。

（三）确保目标层层衔接，最终实现总目标

制订好每一阶段的体育教学分目标才能顺利实现体育教学总目标。但由于学生的身体发育和身体素质敏感期等原因，每一阶段的教学分目标不会完全一样，会各有重点。因此，正确地制订好各个层次的教学分目标，分步实施、层层衔接，是最终实现多功能总目标的可靠保证。

（四）明确和落实体育教学任务

体育教学目标决定着具体的体育教学任务。目标是标志，没有标志就没有方向，但只有标志没有具体的行动，标志也是没有意义的，因此，要有具体的体育教学任务来支撑目标的实现。体育教学任务是以体育教学目标为依据的，正确的目标有助于明确教学任务，体育教学目标是"的"，体育教学任务是"矢"，有了明确的目标和任务，教学才能"有的放矢"和切实有效。

（五）规范体育教学过程

体育教学目标不仅在方向上对体育教学起着指导作用，在具体的教学步骤和方法方面也起着规范的作用。体育教学目标预先规定了教学的大致

进程，体育教学的展开过程就是教学目标得以——实现的过程。因此，清晰的体育教学目标有利于体育教师对教学活动的控制，有利于提高体育教学设计的预见性和科学性。

（六）指引、激励教师的教与学生的学

体育教学目标为教师指明了教学工作的预期成果，使他们清楚自己的努力方向，体育教学目标的不断实现还会使教师受到鼓舞，促使教师发现问题和克服困难。同样，清晰的体育教学目标也为学生的学习提供了有效的参照，使他们清楚地知道自己与预定目标之间的差距，而学习目标的不断实现会使学生受到鼓舞，激励学生更加努力地学习。

（七）形成检验教学成果的标准

体育教学目标是到达点，是个标志，正确清晰的教学目标本身就应该是很具体并可量化评价的标准。正确清晰的体育教学阶段性目标应该成为单元教学和课堂教学质量的评价标准，而总教学目标则可以成为各学年、学段、超学段体育教学质量甚至体育课程质量的评价标准。

第二节 体育教学目标的结构

同任何事物一样，目标也有着其特有的结构。体育教学目标的结构是由体育教学目标的"外部特征"和"内部要素"共同构成的。

一、体育教学目标的外部特征

所谓体育教学目标的外部特征是在体育教学目标内容以外，但对教学目标内容具有规定性的特点和指征，包括"体育教学目标的层次与分类"和"各层次体育教学目标的功能与任务"，而"各层次体育教学目标的功能与任务"包括"功能""任务"和"搭载文件"三个方面。

（一）体育教学目标的层次与分类

体育教学目标是由多个层次的目标组成的，有超学段体育教学目标（也被称为课程目标）、学段体育教学目标（也被称为水平目标）、学年体育教学目标、学期体育教学目标、单元体育教学目标（也被称为内容目标）、课时体育教学目标，甚至还有下位的技术点或知识点的教学目标等（图2-2）。

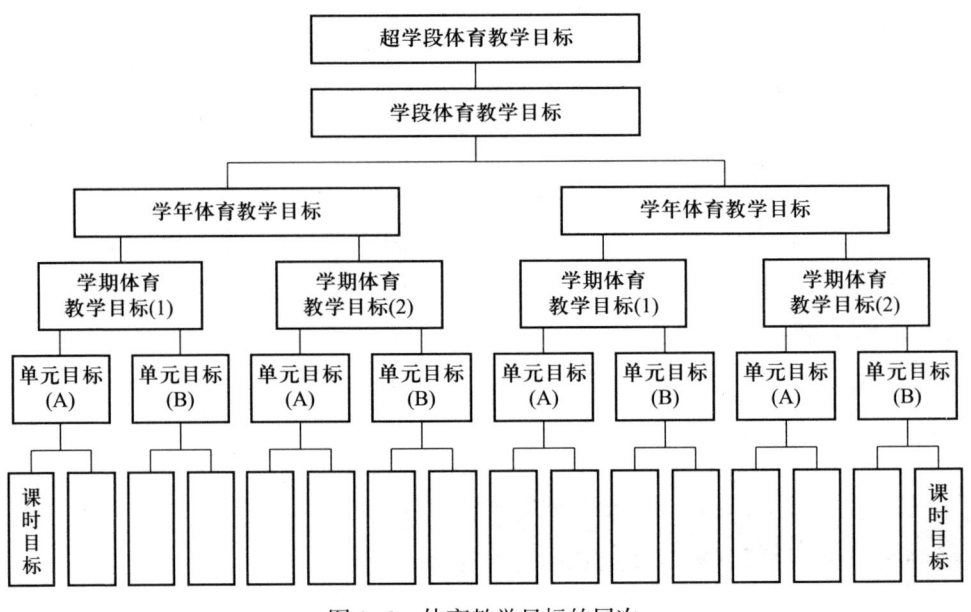

图2-2 体育教学目标的层次

（二）各层次体育教学目标的功能与任务

1. 各层次体育教学目标的主要功能

各层次的体育教学目标都有着其特定的功能，有其"个性"和"作用"。如果我们不能理解各层次目标的功能与特性，那么各层次的目标就会被混淆，在考虑、制订和恰当地表述本层次目标时就会遇到困难。这里，可以把"各层次目标的主要功能"理解为"目标的定位"或"目标的特点"。

2. 制订各层次体育教学目标的主要任务

各层次体育教学目标有着各自要解决的问题，因此，制订各层次体育教学目标也有各自的重点任务，"制订各层次体育教学目标的主要任务"决定了该目标的"着眼点"，即"制订本层次体育教学目标应做的事"和"制订本层次体育教学目标应关注的事"的意思。

3. 各层次体育教学目标的搭载文件

不同层次的体育教学目标所"搭载"的文件各不相同，如《体育教学大纲》和《体育与健康课程标准》里不可能出现"课时体育教学目标"；同理，在体育教师的教案里也不能出现"超学段体育教学目标"。因此，"体育教学目标的搭载文件"也是一个可以形象地辨别体育教学目标特征的"观察点"（表 2-1）。

▶ 表 2-1　各层次体育教学目标的外部特征

目标层次	各层次体育教学目标的主要功能	制订各层次体育教学目标的主要任务	本层次体育教学目标的搭载文件
超学段体育教学目标	与其他学科相对比的体育学科的定位目标	研究学科的特性和功能	国家教学文件、体育教学论著
学段体育教学目标	根据大、中、小学生特点与教学规律研究相衔接一体化的目标体系	研究各阶段的学生生长发育特点	各学段教学文件、学校体育教学规划
学年体育教学目标	针对学生身心发展状况和需要的体育教学发展性目标	研究各年龄段学生的身心特点和教育计划	学校和体育教研组的教学计划
学期体育教学目标	学年体育教学目标的分割（气候与日程安排）	研究季节与各运动项目的关系	体育教研组的教学计划
单元体育教学目标	依托各运动项目特性和学习规律制订出的教学目标	研究运动项目的特性和学理	主要是各位教师的教学进度
学时体育教学目标	根据单元计划的逻辑（学理）分割出来的目标	研究教学时空情境和45分钟的条件	教师的教案

二、体育教学目标的内部要素

体育教学目标究竟应该如何写？写哪些内容？写到何种清晰程度？这些问题牵涉体育教学目标的内部要素。

什么是体育教学目标的内部要素呢？美国著名体育教学论专家西登拓朴（Siedentop）认为：具有指导性的体育教学目标应包括"达成怎样的课题""在什么条件下达成课题""用什么标准来评价"三个要素。

（一）课题

课题通常是目标中要学习和掌握的运动技战术，如排球的"垫球"、足球的"二打一"等。

（二）条件

条件是指目标是在什么条件下完成的。条件决定了目标实现的难度。在考虑运动技术的目标难度时，可利用目标中的条件因素进行调整，如同样是排球的垫球，条件变化了，目标的难度也随之变化，如条件A：自己抛出后将球垫出；条件B：接垫同伴从3米外抛出的柔和球；条件C：接垫同伴隔网抛来的球；条件D：接垫同伴隔网发过来的球。

（三）标准

标准是目标实现与否的评价要求等级。标准也是影响目标难度的一个因素，如同样是"接垫同伴隔网发过来的球"，就可以通过改变标准来调整目标的难度。如标准A：垫出的球要达到2.4米的高度，并落到本方场地中；标准B：垫出的球要达到3米的高度，并落到本方场地的前半场；标准C：垫出的球要达到4.5米的高度，并落到本场前左方规定的范围内。

根据上述体育教学目标的"课题""条件"和"标准"三个要素，就可以形成体育教学目标的明确范式，表2-2就是以此范式制订的体育教学目标范例。

▶ 表2-2 体育教学目标中包括"课题""条件"和"标准"三个要素的范例

目标	课题	条件	标准
手持球、踢球5次中有4次超过27米	踢球	手持球	5次中有4次超过27米

续表

目标	课题	条件	标准
与同组同伴一起,找到 3 种以上快速向后移动的方法	寻找快速向后移动的方法	与同组同伴一起商量	找到 3 种以上不同的方法
能在水中睁眼正确数出相隔 1 米左右同伴伸出的手指	睁眼数数	潜在水中面对相隔 1 米左右同伴伸出的手指	能正确地数出
在向前、向后跑动中,都能准确地把球传给同伴,不走步	跑动中传球	向前、向后的跑动中	准确传给同伴并不走步
能够识别图中所有网球场地上的标志和设施,并用网球的术语准确地说出名称	识别网球场标志和设施并说出名称	图中的标志和设施	用网球术语准确地说出所有名称
老师在对全班讲解和示范时,注意听讲,认真观察,不讲话	认真听讲和观察,不说话	教师讲解和示范时	任何时候都做到
在离墙 3.6 米的线后站立,做 8 次连续托球,每次命中墙上 3 米高处的某个目标	朝目标托球	连续托球,站在离墙 3.6 米的线后,朝墙上 3 米高的目标	8 次连续托球每次命中
在游泳池边,做到不跑,不和同学打闹	不跑和不打闹	游泳池边	坚决做到

我们在实践中制订体育教学目标时,就可通过改变"课题""条件"和"标准"的具体内容来调整目标的难度(表 2-3)。

▶ 表 2-3 体育教学目标中三个内部要素的变化

内部要素	范例
1. 课题:课题可以通过改变动作形式(运动课题)来改变目标的难度	如体操中平衡运动的课题有不同难度: 课题 A:手放在什么位置都可以,做 10 秒钟单脚站立 课题 B:手在体前相握,保护膝盖抬高,做 10 秒钟单脚站立 课题 C:闭眼做 10 秒钟单脚站立 课题 D:闭眼并且手在体前相握,做 10 秒钟单脚站立

续表

内部要素	范例
2. 条件：条件是决定目标难度的因素。在规定目标难度和学习进度时，可以利用目标中的条件因素来进行变化	如排球的垫球，可以根据条件的变化来改变教学目标的达成难度： 条件 A：自己抛出后将球垫出 条件 B：接垫同伴在 3 米外抛出的柔和球 条件 C：接垫同伴隔网抛来的球 条件 D：接垫同伴隔网发过来的球
3. 标准（用什么标准来评价）：标准也是改变目标难度的一个因素	如"接垫同伴隔网发过来的球"，就可以通过改变标准来调整目标的难度： 标准 A：垫出的球要达到 2.4 米的高度，并落到本方场地中 标准 B：垫出的球要达到 3 米的高度，并落到本方场地的前半场 标准 C：垫出的球要达到 4.5 米的高度，并落到本场前左方规定的范围内

一般来说，上位层次的体育教学目标，如学段目标和学年目标，受所搭载文件的表述方式及篇幅限制，其"课题""条件"和"标准"的表述会略显模糊，而下位层次的体育教学目标，如单元目标和课时目标中的"课题""条件"和"标准"的表述应该清晰具体。表 2-4 是对各层次体育教学目标的范例分析。

▶ 表 2-4　各层次体育教学目标内部因素与目标表述方式的举例

目标层次	目标例	课题	条件	标准
超学段的体育教学目标	学好 2~3 项符合社会体育特点的项目，全面理解运动文化，较好地掌握锻炼身体的方法	学习体育项目 理解文化 掌握方法	符合社会体育特点的项目、运动文化、锻炼身体的方法	学好 2~3 项项目 全面理解 较好掌握
各学段的体育教学目标（中学例）	在本地区教学要求和本校的体育条件下，精学武术、健美操和篮球等教材；简学乒乓球、排球、足球、轮滑、跳绳和定向越野等教材，掌握制订运动处方的方法	学习武术、健美操、篮球和乒乓球、排球、足球、轮滑、跳绳和定向越野等项目，学习制订运动处方的方法	在本地区教学要求和本校的体育条件下	精学 简学 掌握

续表

目标层次	目标例	课题	条件	标准
各学年的体育教学目标（初一例）	学好武术、健美操的基本动作，具有基本的篮球意识，掌握主要的篮球技、战术，掌握乒乓球的基本技术，学会3~4种跳绳的新方法	学习武术、健美操，养成篮球意识，掌握技、战术，学习乒乓球和跳绳	普通的教学条件	学好基本动作，具有基本意识，掌握主要技、战术，学会3~4种新方法
各学期的体育教学目标	基本同上，根据项目略有侧重			
各单元的体育教学目标（健美操例）	通过8~12学时的单元教学，学会健美操的×××、×××和×××等动作，学会一套新的健美操套路动作	学习健美操的××、×××和××和×××等动作，学习新的套路	通过8~12学时的单元教学	学会动作 学会一个新套路
各课时的体育教学目标（健美操例）	学会健美操的×××和××动作（70%以上能做好），复习健美操的×××和××动作（100%能做好）	学习健美操的××和×××动作，复习健美操的××和×××动作	一节课的教学时间和学校的场地器材	学会（70%以上能做好），复习（100%能做好）

第三节 体育教学目标的制订

一、课程专家制订上位教学（课程）目标时的困惑

多年来，体育课程教学的研究者们一直希望能解决"教学目标不明确、不具体"的难题。这个难题既与理解体育课程教学的意义有关，也与体育内容逻辑性和体育课程编排理论有关，这些基本问题不清晰，体育教学目标体系的问题就难以解决，各层次教学目标就难以清晰具体。表2-5是以往国家体育课程指导文件中出现的不清晰、不具体甚至费解的教学目标。

▶ 表2-5 某国家体育课程指导文件中不清晰不具体甚至费解的教学目标示例与分析

	不清晰、不具体和费解的目标例	分析
1	体验身体健康变化时情绪的不同表现	此目标的"课题"不清,"条件"不明,也没有"标准",甚至不需要什么努力,难以成为教学目标
2	选择参加有助于获得运动愉快感的体育活动	在正常的情况下,人们会自然选择能获得运动愉快感的体育活动,这是正常的行为趋向,因此不是目标
3	在陌生的场地进行体育活动和游戏	"在陌生的场地进行体育活动和游戏"与体育课程教学没有什么关系,更不是教学目标
4	按顺序轮流使用同一运动场地或设备	这是教学秩序和纪律的问题,虽也是教育的要求,但难度不大,也不具备目标的要素,难称教学目标
5	知道附近的体育场所及其用途	"知道附近的体育场所及其用途"并不是体育教学的任务和目标
6	通过互联网获取体育与健康方面的知识	"通过互联网获取体育与健康方面的知识"与体育教学关系不大,且是泛泛的要求,难以成为教学目标
7	乐于参加各种游戏活动	学生是否乐于参加游戏取决于游戏的趣味性和教育性,"各种游戏"过于笼统,字面理解可以包括电子游戏
8	认真上好体育课	"认真上好体育课"是要求,由于没有"课题""条件"和"标准",难以成为教学目标

二、体育教师在设计单元和课堂教学目标时的困惑

一线体育教师在制订学年教学目标、学期教学目标,特别是在制订单元教学目标和课堂教学目标时也常常遇到困惑。从现在的体育评优课、示范课和说课的教学目标中,就可以看出教学目标设计的诸多问题。这些问题使得体育教学目标对教学的指导性降低,使得教师在依据这些目标进行教学管理和教学评价时缺乏可操作性。

一线体育教师在制订教学目标时的常见错误是照抄有关上位课程文件的目标内容(表2-6),或是照抄各种"教案集"中的教学目标,有些教师则是凭着自己的理解去仿写教学目标,这样制订出来的单元和课堂教学目标往往不能做到清晰具体和可评价。

▶ 表 2-6　体育教师仿抄课程文件目标的例子

	教师的课堂教学目标	国家课程文件中相似的目标
1	能邀请同伴一起在陌生的场地做游戏	在陌生的场地进行体育活动和游戏
2	学会与他人合作，共同完成体育活动与任务	与他人合作完成体育活动任务
3	学会与他人合作学习	知道在集体性活动中如何与他人合作
4	表现出对同伴的关心	在游戏活动中表现出对他人的尊重与关心

注：以上例子来源于某届全国中小学体育教学展示活动教学课的原始教案。

三、制订体育教学目标的几个原则

无论是哪个层面的目标，一般应遵循以下 4 个基本原则。

（一）目标在体育教学场景中原则

体育教学目标一定是在体育教学场景中实现的，脱离了体育教学场景的目标不构成体育教学目标。体育教学的目标应是体育教学的预期成果，是教学的指向和期待，但如果这个目标不是在体育教学中可以获得的，它当然不是体育教学目标。如果这个目标既可在体育教学情境下也可在其他情境下获得，它也不一定是体育教学目标，有可能是其他的目标，如教育目标、学校体育目标等。

因没有教学情境而不能成为目标的例子	目标中的教学情境例子
1. 在陌生的场地进行体育活动和游戏 2. 知道附近的体育场所及其用途 分析：是以往国家课程文件中的心理健康和社会适应的目标。由于学校里不存在学生陌生的场地，在学校里也难以知道附近体育场所用途，因此都不是体育教学的情境，不应成为体育教学目标	在篮球教学比赛中，做到场上奋力拼搏，场下为本队和对方球队加油助威，团结友爱，不说风凉话

（二）目标包含努力因素原则

教学目标中一定具有师生共同努力的因素，而且要有相应的难度。目标是要经过努力去达成的预期成果，而不是轻易实现的。在体育教学目标中一定具有需要师生努力的要素，不需要任何努力的教学行为和收获，也就难以成为教学的目标。

因不包含努力的因素而不能成为目标的例子	目标中包含努力因素的例子
乐于参加各种游戏活动 分析：这是 2001 年版《体育与健康课程标准》水平一的运动参与目标。由于乐于参与游戏活动是这个阶段学生的天性，参与游戏不需要师生的特别努力就可以做到	在篮球教学比赛中，做到场上奋力拼搏，场下为本队和对方球队加油助威，团结友爱，不说风凉话

（三）目标具有可选择性原则

教学目标应是学生可选择的一种努力方向，不具可选择性的目标必然难以成为真正的目标。目标是人们选择要达到目的过程中的量标，达成目的不一定只有一个途径、一个量标。好的教学目标应是多个途径和多个量标中最合理的那个，如果不具备这种可选择性，而是一种必然的结果，那目标也失去了意义。

因不具有选择性而不能成为目标的例子	目标具有可选择性的例子
选择参加有助于获得运动愉快感的体育活动 分析：这是 2001 年版《体育与健康课程标准》中心理健康的目标。正常的情况下，学生都会选择参加能获得运动愉快感的体育活动，因而此目标不具有选择性，也就不成为目标，只是正常的行为	在篮球教学比赛中，做到场上奋力拼搏（学生可以不拼搏，也可以改为动脑筋），场下为本队和对方球队加油助威（学生可以不为对手加油），团结友爱，<u>不说风凉话</u>（学生可能说风凉话）

（四）目标依托具体体育教材原则

体育教学目标应依托在某个教材的教学之上。体育教学的目标，不等同于教育目标，也不等同于体育教学总目标，更不等同于学校体育目标。体育教学目标与体育教材紧密相连，是依托体育教材而实现的意图和努力方向。脱离具体体育教材的目标很难与具体的教学相联系，不能明确目标在何时何种情境下实现，因此难以指导体育教学工作。

因脱离了具体体育教材而不能成为目标的例子	目标依托具体体育教材的例子
1. 乐于参加各种游戏活动 2. 自觉地表现出为他人创设良好心理环境的意愿和行为 分析：这是某国家体育课程文件中的运动参与和心理健康的目标。"乐于参加各种游戏活动"和"自觉地表现出为他人创设良好心理环境的意愿和行为"可在各学科的课堂中实现，如文字游戏、数字游戏等智力游戏，因此，这两个目标是针对什么学科、什么教材的教学目标并不清晰	在篮球教学比赛中，做到场上奋力拼搏，场下为本队和对方球队加油助威，团结友爱，不说风凉话

四、体育教学目标的表述

体育教学，特别是以运动技术传授为主的单元和课时教学要求有清晰而具体的目标，其中的要素要求全面，表述也应规范。例如，如果在运动技术教学目标中只写"学习单手投篮"，就会因该表述不具体、不清晰、不完整而无法检验目标是否实现。"学习单手投篮"这个目标表述只能让我们知晓学生"是学习了单手投篮"，教师"是教了单手投篮"。换句话说，只要教师教了、学生学了单手投篮，这个目标就算是完成了，但学到什么程度、学生学会了没有都无法判断，因此，这样的目标是"管教不管会"的，是不完整的，也难以指导体育教学实践。

认识制订体育教学目标的要领和三个基本要素是制订清晰、完整教学目标的基础。可以根据前述的建议做一做制订教学目标的练习，以深化理解和巩固知识。表2-7、表2-8是从一些教学观摩课的教案中找出的两个不理想的教学目标案例。这两个目标在许多方面违反了制订体育教学目标的原则，没能反映体育教学目标中"课题""条件"和"标准"三个因素。本书进行了分析并根据这个目标的本意和实际需要进行了修正，供大家参考。表2-8留下了空白，供大家练习修改用，在思考题后，附有本书的修改方案（表2-9），也供大家参考。

▶ 表 2-7 对不清晰不完整体育教学目标的分析与修改

不清晰、不完整的体育课堂教学目标例	分析	本书对这个目标的修改
1. 运动参与：让学生积极参加合作跑的学习，对此产生浓厚的兴趣，具有积极练习的态度和行为 2. 运动技能：通过练习各种合作跑，使全体学生得到锻炼 3. 身体健康：学生在合作跑的过程中，使身体机能得到全面的锻炼，以及让学生学会勇敢顽强和团结上进的合作精神 4. 心理健康：培养学生的合作精神和创新能力，使学生在合作过程中享受运动的乐趣 5. 社会适应：让学生从小养成良好的行为习惯和与他人合作完成活动的意识，让学生养成团结协作的品质	1. 把课堂教学目标机械地按5个领域划分开来有割裂之感 2. 目标太多，明显超出课堂教学的承载能力 3. 大部分目标抽象而空泛 4. 大部分目标违反了前面论述的目标原则 5. 大部分目标没有反映"课题""条件"和"标准"三个要素	通过预备的多种趣味合作跑练习达到以下教学和教育效果： 1. 提高学生在"集体合作"复杂条件下的奔跑技能，从而全面发展学生的奔跑能力 2. 让学生寻找合作跑技巧并有所进步，使学生体验到合作跑的成功与乐趣 3. 提醒学生在练习中注意同伴奔跑的特点和能力，互相照顾、互相配合、赢得胜利

注：以上例子来源于某届全国中小学体育教学展示活动中N省教学课的原始教案。

▶ 表 2-8 体育教学目标分析修改练习

不清晰、不完整的体育教学目标例	请对此目标进行分析	请对此目标进行修改
1. 技能目标：学会合作学习，掌握完成跑、跳等技能，提高学生速度、力量、协调等素质 2. 认知目标：激发学生学习兴趣，提高学生参与活动的全过程，明确合作学习的重要性及个人在体育活动中的作用与价值 3. 情感目标：建立群体责任感，发挥集体智慧，增强合作意识和团队精神 4. 个性发展目标：树立公平竞争与团结协作的精神，培养学生积极进取及创新能力等优秀品质		

注：以上例子来源于某届全国中小学体育教学展示活动中N省教学课的原始教案。

思考题

1. 请阐述目的、目标和任务三个概念的区别。
2. 为什么说"体育教学总目标是体育教学目的得以实现的标志"?
3. 请阐述体育学科功能、价值和目标三者之间的关系。
4. 请对"初步掌握篮球运球技术"的目标进行分析和修改。
5. 体育教学目标具有哪些特征和要素?

本书对表2-8中目标的修改方案(表2-9):

▶ 表2-9 本书对体育教学目标的修改方案

不清晰、不完整的体育课堂教学目标例	分析	对目标的修改方案
1. 技能目标:学会合作学习,掌握完成跑、跳等技能,提高学生速度、力量、协调等素质 2. 认知目标:激发学生学习兴趣,提高学生参与活动的全过程,明确合作学习的重要性及个人在体育活动中的作用与价值 3. 情感目标:建立群体责任感,发挥集体智慧,增强合作意识和团队精神 4. 个性发展目标:树立公平竞争与团结协作的精神,培养学生积极进取及创新能力等优秀品质	1. 把目标分为"技能""认知""情感""个性"4类的思路很好,但具体目标内容与分类题目有许多不符之处 2. 目标过于口号化和抽象,如"个人在体育活动中的作用与价值""创新能力""公平竞争与团结协作精神"等,都不属于课堂目标 3. 目标文字问题,如"提高学生参与活动的全过程"等	通过进行多种跑、跳和跑跳结合练习达到以下教育教学的效果: 1. 锻炼学生的跑、跳和跑跳结合能力 2. 使学生在练习中掌握3~4种用跑和跳锻炼身体的方法(方法、练习次数、休息方式、安全要领、游戏方法) 3. 提醒学生在集体练习中遵守规则并照顾同伴,努力争取集体胜利

第三章
体育教学主体

❋ 本章导言

谁是教学中的主体，是教育界长期讨论的一个问题。回顾近代教育史可以发现，人们对教学主体的认识始终在"以教师为中心"与"以学生为中心"的两极之间徘徊，这一"钟摆现象"导致学科与活动、灌输与启发的对立，也构筑了传统教育与现代教育的分水岭。

传统的师生关系遵循"主客二分法"的原则，把认识主体和认识客体予以区分，在教育上把学生放在客体的位置上，强调学生是知识的"容器"，而教师的作用是如何高效地进行知识传授。20世纪以来，人们开始关注师生之间的交互主体性，从而促进了学习观和学生观的改变。新的学习观和学生观倡导学生的主体性和生活体验，主张让学生积极主动地学习知识和技能。

探讨"体育教学主体"的目的在于说明师生在体育教学中的地位与作用，从而更好地发挥学生的学习积极性，提高教学质量，将知识技能传授、能力培养和价值引领有机地结合起来。

教师的主导性不是主宰性，学生的主体性也不是自由性，只要抓住"学习"这个关键词，教师的"学习主导性"和学生的"学习主体性"含义就很容易明确，两者的有机结合也很容易实现。

学习目标

1. 了解体育教师主导性和学生主体性的含义和内容,理解教师主导性和学生主体性在体育教学中的作用和意义。

2. 理解体育教师主导性和学生主体性的关系,认识到教师主导性和学生主体性是相互联系、相互促进的,能够在教学实践中灵活运用教师主导性和学生主体性,促进学生个性化发展。

3. 学会在教学过程中发挥教师的主导性和学生的主体性,能够结合具体情境对学生进行引导,确保教学目标的实现。

第一节 体育教师——体育学习的主导

一、体育教师主导性的含义

我国关于"教师主导性"问题的讨论肇始于20世纪50年代,当时各方论者在《文汇报》上进行了长达一年多的讨论,议题围绕着"教师是否应该起主导作用"及"教师能否起主导作用"而展开。

背景知识

何谓主导性

教师主导作用的提法最早源自凯洛夫的《教育学》。在这本书中,凯洛夫提出了许多非常有影响力的观点,如"教师的领导作用","教师本身是决定教学的教育效果之最重要的、有决定作用的因素","教学的内容、方法、组织之实施,除了经过教师别无他法"。这里的"领导"可理解为主导、指导或先导,由此,"教师主导作用"的说法开始在中国流传。

关于主导的含义,概括起来有以下6种主要的理解:

(1)主导是对立论哲学范畴的概念,指矛盾对立双方中的主要方面或决定方面。

(2)"主导"是在传统教学论术语"导"的基础上发展而来的现代教学论术语,其含义为主动积极地启发指导。

（3）主导等于领导，是指学生在认识方面（包括认识的客体、认识的途径、认识的结果和质量等）取决于教师并由教师负责。

（4）教师与教材的矛盾是教学过程的主要矛盾，教师是使学生和教材联系起来的中介力量，主导作用主要是指这种中介作用。

（5）教师是教育方针的执行者，闻道在先，而学生处于不成熟的生长时期，其德、智、体、美、劳诸方面都要在教师的指导下发展。教师的主导作用就在于教师的引导、指导作用。

（6）教学的本质是教支持学、教辅佐学，教的成效取决于学生是否肯学、会学、乐学，教师的主导作用实质是一种辅佐作用。

通过对以上各种理解的归纳，本教材对教师的主导性作出如下理解：

重要概念

> 教师的主导性对应的是学生主体性的概念，主导性表明了教师在教学中的主要地位和主要责任，主导性包括对学生的领导、诱导和指导等综合的作用与责任。

二、体育教师主导性的体现

在体育教学中，体育教师的主导性体现在以下几个方面：

（一）贯彻体育教学的指导思想

不同的时代和不同国度有着不同的体育教学指导思想。教学指导思想既体现在体育教材中，也体现在体育教学过程中。体育教师的重要任务就是在体育教学过程中贯彻体育教学指导思想，这种贯彻体现在体育教学过程的准备阶段和实施阶段。因此说，体育教师是贯彻体育教学指导思想的主导者。

（二）选择教学内容和对教材进行加工

体育教学内容的素材非常多，体育教师是体育素材与学生之间的桥梁，担负着选择体育素材并将其加工成教材的重要任务。体育教师要根据社会需求、学科要求和学生需要，找到三者的结合点，精选符合社会、学科和青少年身心发展要求的教学内容，以传授实实在在的体育知识和技能。体育教师是选择和加工体育教学内容的主导者。

（三）选用有助于学生学习的教学方法手段

任何体育教材都要求有着相应的教学方法手段，针对不同年龄阶段的学生，需要选用与其相适应的教学方法手段，能否正确地选择体育教学方法手段直接影响教学效果的好坏。体育教师要依据教学目标与教学情境的变化，巧妙地运用教学方法，创设有利于学生学习的教学情境，帮助学生有效掌握体育知识和技能。体育教师是选择运用体育教学方法手段的主导者。

（四）进行体育学习效果的评价

体育教师通过对学生的学习态度与效果进行评价，可以不断激励学生的学习积极性并给予其有效的教学反馈。体育教师要通过终结性评价和形成性评价，组织学生开展相互评价和自我评价以提高体育学习的有效性。因此说，体育教师是体育学习效果评价的主导者。

（五）创设适合学生学习的体育教学环境

与其他学科的教学相比，体育教学更需要适宜的教学环境。体育教学环境应是美观舒适、富有激励性和安全的。体育教师要善于组织和创设良好的教学情境，帮助学生有效掌握体育知识和技能，并能将知识和技能进行运用和迁移。为学生营造安全愉悦的教学环境是体育教师的重要工作。因此说，体育教师是创设良好体育教学环境的主导者。

（六）"导航"学生的体育学习方式

学生在学习体育知识和技能时，需要将零散的知识和技能"串联"起来，以形成更有价值的"知识技能板块"，这样才能更有效地在体育实践中运用，而这种能力的形成主要基于探究性、自主性学习方式。体育教师在体育教学中的一项重要任务就是要"导航"学生的体育学习方式，使他们能灵活地、自主地、有创造性地进行学习。因此说，体育教师是引导学生选择有效学习方式的主导者。

三、发挥体育教师主导性的条件

影响教师主导性发挥的三个要素是"目标""路线"和"被导主体"。有了"目标"，才知道"导向哪里"；有了"路线"，才知道"沿着什么去导"；有了明确的"被导主体"，才知道"如何去导"。影响教师主导性发挥的三要素可用图3-1表示。

教师
目标 ← ¤ — ¤ — ¤ — ¤ — 学生（"被导主体"）
路线

图3-1 影响教师主导性发挥的三要素

（一）教师要牢牢把握主导目标

体育教师要明确体育"为什么教"，要理解社会对体育教育的要求与期待，牢记体育教学要让学生"懂得什么""学会什么""体验什么""形成什么"。体育教师要能把社会的需要和学生的动机与眼前的教学活动有效结合起来，时刻把握住"要把体育教学导向何种目标"。

（二）教师要熟悉体育教材

体育教师要深入研究体育教材，明确体育"用什么教"和"怎么教"，熟悉教材及其背后的教育教学意义，对教材的"科学体系"和"学理"有深刻的理解，搞清楚教材目标与教学总目标的关系、教材的教程、教材重点、教材难点，以及教材与学生之间的连接点，清晰地把控"体育教学朝向的目标及学习的载体与路径"。

（三）教师要尊重和理解学生

体育教师面临的学生首先有着统一的特征，如同一年龄阶段的身心发育特征、基本相同的体育学习基础等。体育教师要通过对这些共同特征的分析，了解学生共同的学习兴趣、志向、要求，了解学生面临的学习难点。体育教师面临的学生也有不同的特征，如差异较大的体格和性格特点等，体育教师要通过对学生个体差异的分析，把握学生在兴趣、志向、要求各方面的不同之处，了解学生各自面临的不同学习难点。只有深入了解并尊重和理解学生，教师才能把客观的运动技能学习与学生主观条件较好地结合起来，才能较好地把控"如何将不同的学生有针对性地导向目标"。

四、"教师主导性"不同于"教师主宰性"

启发型、民主型的"教师主导性"不同于灌输型和管束型的"教师主宰性"，两者在"本质与目的""工作重心""教学设计""教学行为方式""教学氛围""教学形态特点"等方面都有着明显的区别（表3-1）。

▶ 表3-1 "教师主导性"与"教师主宰性"的区别

区别点	教师主导性	教师主宰性
本质与目的	教师为提高教学质量和发挥教学的民主性所做的努力及其效益	教师为顺利完成教学任务并维护教师尊严所做的努力及其效益
工作重心	以课前的教学内容的选择、加工和编排工作为重心	以课中的教学管理为重心
教学设计	1. 将教材加工成学习内容 2. 精心设计教学过程 3. 设计提问、讨论和探究学习 4. 设计学生的自主学习方式	1. 将教学内容按部就班地教完 2. 使课的程序有条不紊 3. 学生的注意力集中 4. 学生能遵守纪律
教学行为方式	传授、学习指导、练习指导、组织讨论、引导探究、回答问题等	传授、组织练习、指示与要求、监督与管理等
教学氛围	热烈、活跃、学习氛围强	严肃、呆板、组织氛围强
教学形态特点	双向活动多、探究活动多、生生互动多、自主性学习与活动多、提问与讨论多	班级集体性学习多、整队和集合多、指示和要求多

第二节　学生——体育学习的主体

一、学生主体性的含义

学生的学习主体性中有天然具有的成分，但更多的是通过学习与培养而形成的。人的主体性是个性的核心内容，人的主体性越强，就越清晰地知道自己在做什么，知道为什么而做和该怎样去做。

> **重要概念**
>
> 学生的主体性是指在体育教学活动中，作为学习主体的学生在教师的教授、指导和引导下所表现出的积极态度及有独立性和创造性的学习行为。

二、在体育学习中学生主体性的表现

在体育学习中，学生的学习主体性体现在以下几个方面：

（一）学生对体育学习内容的选择性

学生在体育学习中的主体性表现在体育学习过程中的选择性上，而这种选择性又突出地表现在对学习内容和学习方式的选择上。

学生主动参与教学内容选择是当代教学思想所提倡的，学生选择教学内容是学生自主性中最活跃的因素。当然，学生对体育教学内容的选择不是完全任意的，通常是在课程专家根据社会和教育目标作出筛选后，或在学校根据教学条件进行筛选后进行的。学生在一定程度上对教学内容的选择有助于他们明确学习目标，调动其"我要学"的内驱动力。因此，在整体教学目标的框架内让学生参与一部分教学内容选择，是发挥学生主体性的需要与必然。

（二）学生在体育学习过程中的自主性

学生在体育学习中的自主性主要表现为以下几个方面：

（1）学生对自己学习的方略有着独立自主的意识，这主要体现在思想意识层面；

（2）学生对体育学习活动有着一定自我支配、自我调节和控制的可能性，这主要体现在个性化学习方式和行为方面；

（3）学生在学习中充分发挥自身潜力，如想象力、变化能力和创新能力等，这主要体现在学生的探究性学习活动中。

（三）学生在体育学习过程中的能动性

学生在学习过程中的能动性表现在其积极参与体育活动，并能运用自己已有的体育知识经验主动接受外界教育影响，能动地对学习内容判断、吸收、改造和加工，促进新旧知识进行新的组合。

三、充分发挥学生主体性的条件

（一）教师要将教的目标转化成学的目标

体育教师首先要明确"为什么教体育"，深刻理解社会对体育教育的需求和期待，明确通过体育教学让学生"懂什么""会什么""体验什么"和"形成什么"，在此基础上，还要将教的目标转化成学生学的目标，即"我要懂什么""我想会什么""我想体验什么""我要形成什么"等。只有这样，体育教师才能理解学生，才能"站在学生的立场上"去看清教学目标。

（二）教师要与学生共同拥有体育教材

所谓教师要和学生共同拥有体育教材，是指体育教师在明确了"用什么教"和"教什么"的基础上，要让学生明白"用什么学"和"学什么"。教师要帮助学生对教学过程中所学的知识技能进行整体感知，让学生了解教材目标与总目标的关系，了解教材的教学顺序、重点与难点以及与自己身心发展之间的联系，只有这样，师生才能共同拥有"朝向教学目标的载体和途径"。

（三）教师要将教的过程转化成学生学的过程

教学过程是"教"和"学"两个过程的统一。"教"的过程以"解惑"和"授业"为主要内容和目的，而"学"的过程是以"思考"与"挑战"为主要内容和特征。体育教师只有将"解惑"与"思考"、"授业"和"挑战"很好地结合起来，才能"有针对性地把学生导向目标"。

（四）教师要创设民主和谐的教学情境

体育教师要创设和谐的教学情境，以激发学生好奇和积极探索的欲望，诱发学生提出各种问题，而和谐教学氛围的基础是教学的民主性，民主性体现在尊重学生人格，理解学生的学习基础，正确对待学生在学习中的缺点与错误等。只有这样，学生才会学到富有真情实感的、能动的、有活力的体育知识与技能，人格才会得到陶冶。

（五）教师要重视学生的学习方法

要充分发挥学生主体性，必须让学生有自己的学习方法，要通过教师的引导逐渐转变学生被动性的学习方式，要加强学生的"自主性学习""探究性学习"和"合作性学习"，创设学生可以独立发现问题、实验、操作、调查、搜集与处理信息、表达与交流的探究性学习方式，培养学生的探索精神和创新意识。

四、"学生主体性"不同于"学生自由性"

以自主性和探究性为主要特征的"学生主体性"不同于以放任性和松散性为主要特征的"学生自由性"。两者在性质与特点、行为体现、课中的主要行为方式、课堂氛围、教学景象等方面有着明显的区别（表3-2）。

▶ 表 3-2 "学生主体性"与"学生自由性"的区别

区别点	学生主体性	学生自由性
性质与特点	学生朝向体育学习目标的选择性、自主性、能动性和探究性	学生指向舒适和闲散的自主性、散漫性和自由的小群体活动性
行为体现	1. 对学习有积极性 2. 对教师提出的问题有探究愿望 3. 对练习有自主性 4. 需要同学间的互帮互助 5. 需要教师的指导与帮助	1. 对学习没有积极性 2. 对教师提出的问题没有探究愿望 3. 对练习没有兴趣，只趋向舒适和有趣味的活动 4. 不需要同学间的互帮互助，但需要相互的自由交流 5. 不需要教师的指导与帮助
课中的主要行为方式	学习、练习、讨论、探究、回答问题、思索问题等	自由活动、玩耍、扎堆聊天等
课堂氛围	热烈、活跃、学习氛围强	自由、散漫、休闲氛围强
教学景象	双向活动多、探究活动多、生生互动多、自主性学习与活动多、提问与讨论多	部分学生参加喜爱的运动，部分学生不参加活动，教师没有教学要求，也没有讲解和指导

第三节　教师主导性与学生主体性的关系

一、对"教师主导性"与"学生主体性"关系的理解

"教师主导性"和"学生主体性"的概念及其关系一直是教育改革中的重要命题。这一问题在体育教学论研究中缺乏清晰的阐述，在体育教学改革实践中也有许多不正确的认识，大家经常可以听到类似这样不准确的说法："某某教改课充分发挥了学生的主体性，淡化了教师的主导性""某节课上的教师主导性太强了，而学生的主体性发挥得不够"，等等。

第三节 教师主导性与学生主体性的关系

将"教师的主导性"和"学生的主体性"相对立的案例

某教学论专家和某位基层体育教师关于"教师主导性"和"学生主体性"的一段对话：

教学论专家：你认为你的课可以体现新课标的精神吗？

教师：我认为可以。

教学论专家：那么这个课的主要教学特点是什么呢？

教师：主要是要充分发挥学生的主体性，淡化教师的主导性。

教学论专家：你是怎么发挥学生的主体性并淡化教师的主导性的呢？

教师：比如让学生建立自己的学习目标、让学生自主讨论、进行自我评价和相互评价，或让学生自主创新、相互观察，并指出他人的缺点，还有……

教学论专家：我注意到你说了许多"让学生做什么"，请问是谁"让学生做"呢？

教师：是我，是教师啊！

教学论专家：那你是随随便便地让学生做这个、做那个的吗？

教师：当然不是！我事先做了许多的教学准备，还认真研究学生、研究教材、研究教法，只有这样才行啊！

教学论专家：就是说你课里有许多教学思想，还有你为实现教学思想所做的教法准备，是吧？

教师：是的。

教学论专家：这些就是你对教学的设计、你对课堂教学的安排，还有你事先设计的对学生的指导吧？

教师：是的。

教学论专家：这是不是你作为教师对教学的主导呢？

教师：应该是吧。

教学论专家：那么，你要发挥学生的主体性能离开教师的主导性吗？如果你要是淡化了教师的主导性，学生的那些讨论、探究呀、创造、观察呀、评价、指正什么的都是学生随便做的吗？是和你的备课没有关系的吗？如果是的话，如何保证学生的学习是有效的呢？怎么保证这些主体性能很好地为实现教学目标服务呢？

教师：……

正如案例中的这位基层体育教师一样，许多体育教师把教师的主导性理解为教师的管理性、权威性，甚至等同于主宰性，把教师的主导性理解为不正确的倾向。在很多讨论中，有人将教师的主导性和学生的主体性对立起来，出现"教师的主导性强了，学生的主体性就弱了，要加强学生的主体性就要弱化教师的主导性"的错误理解。为此，有必要对教师的主导性和学生的主体性的关系进行讨论，以消除认知的混乱。

教师的主导性可以理解为教师的指导性，指教师对学生学习过程的指导范围与力度。学生的主体性是指学生朝向自己学习目标努力的动机和动力。两者的连接点是"学习过程"，换句话说，教师的主导性是对学习过程的主导和指导，学生的主体性是学习过程中的动机与动力。教师的主导性和学生的主体性是一个事物的两个方面，体现教师的主导性是为了更好地发挥学生的主体性，正确有效的"导"会促进积极主动的"学"，相反，没有正确有效的"导"就难有主动积极的"学"。

在具体的体育教学实践中，"正确的导"和"积极的学"通常是相辅相成和相互统一的。只有学生的积极性而没有教师的正确指导，通常是亢奋、无序且充满危险的课；没有老师有效的主导也难有学生的学习积极性，大多是消沉呆板的课，而有教师正确有效的主导但没有学生积极主动性的课是不存在的（图3-2）。

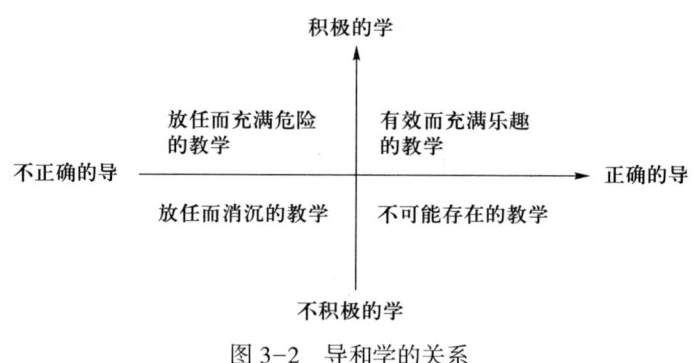

图3-2 导和学的关系

把"教师的主导性"和"学生的主体性"对立起来"非此即彼"的认识是错误的。要充分发挥学生的主体性并淡化教师的主导性是对学生的放任，这样的课难以完成体育课程教学的任务，这种课表面上看起来热闹、活跃，但学生的行为往往不指向学习目标，并存在许多危险。那种被指责为"教师的主导性太强而学生的主体性不够"的课，其实是教师的"导"过于生硬，其指导不能调动学生的积极性，只能认为是一种没有效果的生硬说教与机械管理。

二、教师的主导性与学生的主体性是相辅相成的关系

教师的主导性与学生的主体性是相辅相成的，教学中教师的主导性越强，学生的主体性也越强，相反，教师的主导性差，学生的主体性也会差。

以饲养员和熊猫的关系来说明教师的主导性和学生的主体性的关系：饲养员想让熊猫到它并不愿意去的笼子里，饲养员最好的方法不是生拉硬拽地将熊猫拉进笼子，而是诱导它，于是饲养员把竹子放在熊猫能看到的地方，隔一段距离放一些竹子，将熊猫逐步引向笼子。于是，熊猫吃竹子的动机（学生的主体性）就和饲养员引诱熊猫进笼子的目的（教师的主导性）很好地结合起来。这里，饲养员必须熟知熊猫爱吃竹子的动机及视觉范围等，否则就不知道该放什么诱饵、放多少诱饵、放在什么地方，于是就不能达到目的，这就是将饲养员的目的性、主导性和熊猫的动机很好结合起来的例子（图3-3）。

图3-3　饲养员对熊猫的导

教学过程中的教师和学生也是类似的关系，教师的主导性体现在：明确教学目标，了解学生的学习动机、兴趣、学习步骤等，然后依据目标与学习动机的关系编制教材和设计教学过程，从而不断激发学生的动机和学习积极性，使其愉快地、与教师配合着达到教学目标。学生的主体性越强，学得越好，越说明教师了解学生，说明教师对教材理解得透彻，说明教师选择的教法得当，也说明教师的主导性强（图3-4）。

图3-4 教师对学生的导

因此，体育教学中教师的主导性和学生的主体性是相辅相成、相互促进、浑然一体的关系，是一个事物的两个方面。

三、优化"教师的主导性"以调动"学生的主体性"

在不正确的教学思想影响下，忽视学生的心理需求和学习动机，忽视学生的学习主动性和积极性，必然导致体育教学的呆板和枯燥。但是，这不能归结为教师的主导性过强，因为教师生硬、武断的教学并不是教师的

第三节 教师主导性与学生主体性的关系

主导性，而是缺乏责任感和爱心的表现。生硬和不民主的教学难以激发学生的积极性，教师的主导性也是不正确和无力的。

在体育教学中，不能将发挥教师的主导性和尊重学生的主体性割裂开来，更不能顾此失彼，不能从一个极端走向另一个极端。体育教师要仔细揣摩教师的主导性和学生的主体性之间的关系，从中找到作为教师应做好的工作，认真研究教材，探讨体育学理，通过强化和优化教师的主导性，充分调动学生的主体性。

发挥好教师的主导性和学生的主体性，不但需要提高体育教师的教学能力和专业化水平，还需要让体育教师明确相关的教学行为并在教学中加以注意。表3-3是影响教师的主导性和学生的主体性的教学行为。

▶ 表3-3 影响教师主导性和学生主体性的教学行为

几类行为	影响体育教师主导性和学生主体性的教学行为
教师心中要时刻牢记的教学行为	（1）设计探究课题；（2）准备问答问题；（3）考虑学生自主学习环节；（4）营造和谐学习氛围；（5）组织学生建立合作学习小组
教师要常常做的教学行为	（1）经常提问；（2）组织讨论；（3）灵活运用小组学习；（4）组织学生自我评价和相互评价
要鼓励教师去做的教学行为	（1）让学生提出不同意见和不同的答案；（2）让学生提出学习和练习方案；（3）让学生在安全的条件下进行各种练习的尝试；（4）让学生评价教师；（5）让学生自我管理；（6）让学生提出学习课题；（7）让学生对教学提出建议
教师要尽量避免的教学行为	（1）每次直接告诉学生答案；（2）事事进行明确的要求；（3）教师时时在学生身边指导；（4）什么技术都要求以教师说的为标准；（5）教学过程严格按计划执行
教师不能去做的教学行为	（1）要求学生永远按教师说的做；（2）否定学生的思考；（3）不许学生提问；（4）不许学生讨论；（5）不给学生自主学习时间；（6）全部以班级形式进行教学活动

素质教育强调学生是学习与发展的主体。在体育教学中，要充分重视学生的主体性，要促进学生主动、生动活泼地进行体育学习。但这丝毫不意味着要削弱教师的主导作用，相反，还要强化教师的主导性和指导性，要防止从一个极端走向另一个极端，要反对片面强调"学生决定一切""学

比教更重要",把主体性和主导性、教和学对立与割裂开来的错误。

要发挥体育教师的主导性和学生的主体性,体育教师的责任重大,对教师的要求更高,学生主体性的发挥是基于教师正确的教学指导思想和辛勤教学工作之上的。另外,在学生的成长过程中,其主体性在不同年龄和学习阶段的表现是不一样的,在小学阶段,学生的自主能力有限,知识也有限,教师的主导性就更加重要。随着学生年龄的增长、随着其知识的增加与能力的提高,学生的主体性会更充分地显现出来。

拓展阅读

蔺新茂,张大超,崔耀民.教师主导性与学生主体性无抵牾的学理分析[J].北京体育大学学报,2018,41(07):77-85.

思考题

1. 何为教师的主导性?它与教师的主宰性有何区别?
2. 何为学生的主体性?它与学生的自由性有何区别?
3. 发挥教师的主导性和学生的主体性应注意什么?
4. 体育教学中的"教师的主导性"和"学生的主体性"是怎样的关系?
5. 为什么说"学习过程"是理解"主导性"和"主体性"的关键词?

第四章 体育教学内容

❋ 本章导言

  体育教学内容的素材众多，它们来源于军事、宗教、生活、文艺等多种文化母体，因此，体育教学内容自然带有多功能性和多目标指向性，且它们之间缺乏难易和教学先后顺序的逻辑关系，但它们之间存在着类别和层次。

  不同的时代有不同的体育教学内容，不同的国家对体育教学内容有不同的强调和重视，这与教学内容的内在功能和时代需要有密切关系。

  体育教学内容的选择、加工和编排工作是个研究和创造的过程，它包括大规模教材研究、小规模教材研究两个层次，具有选择、编集、加工和媒介化4项主要工作步骤。

  体育教科书是体育教学内容的"媒介化"和"物化"成果，但对体育教科书的功能和使用用途还缺乏深入的研究。

📖 学习目标

  1. 了解体育教学内容的含义与作用，并了解其发展历史和现状。

  2. 掌握体育教学内容的组成，理解各种教学内容的特点和要求，能够根据不同的教学目标与学生需求设计和安排相应的教学内容，学会根据自身所学专业设计相应的体育教学内容。

  3. 掌握体育教材的形式和用途用法，能够根据教学需要合理选择和使用体育教材。

4. 能够根据教学需求和学生特点，合理运用教材，提高教学效果。

第一节 体育教学内容概述

一、体育教学内容的概念

体育教学内容，通常也称为体育教材，体育教学内容和教材两者在本质上没有实质性差别，"体育教材"的含义更宽泛一些，它既有教学内容的含义，也有教科书和教具的意思。本教材对体育教学内容的概念界定如下：

重要概念

体育教学内容是依据体育教学目标选择的，根据学生发展需要和教学条件进行加工，在体育教学环境下传授给学生的体育知识、身体锻炼方法、运动技战术、教学比赛方法、体育品德及健康行为等。体育教学内容与体育教材的意思基本相同。

体育教学内容的概念包含以下两层含义：

第一，体育教学内容不同于一般的教育内容，它们之间的区别是：

（1）体育教学内容是依据体育教学目标而选择的、根据学生发展需要和教学条件进行加工的体育内容。

（2）体育教学内容包括体育知识、身体锻炼方法、运动技战术、教学比赛方法、体育品德及健康行为等。

（3）体育教学内容是在体育教学环境下传授的，它以身体运动为媒介，以运动技能形成为目标。

第二，体育教学内容有别于体育运动的内容，主要区别表现在：

（1）体育教学内容以教育教学为目的，而体育运动的内容则以娱乐和竞技等为主要目的。

（2）体育教学内容是根据教育教学的需要进行过改造、组织和加工的内容，而体育运动内容则不必进行这种改造。

例如，奥林匹克运动会中的田径项目是以夺取竞技胜利为目的，是按公正比赛的原则进行组织和加工的内容体系，因此它没有必要考虑如何通过田径运动来完成教育教学的目的，也不必从教育的角度出发去做改造；而作为教育内容的田径课程则必须根据某个阶段的教育教学目标，根据受教育者的年龄和身心特点、学校的场地器材情况、教学课时和教学计划安排进行改造，因此，它在许多地方有别于竞技场上的田径运动。在现实中，有些同名的体育运动内容和体育教学内容会有很大的差异。

二、体育教学内容的由来与发展

体育教学内容与其他学科的教学内容一样，是伴随着社会、科学和教育事业的发展而发展起来的。与其他学科的教学内容相比，体育教学内容的雏形出现很早，但体系形成较晚，比较体系化的体育教育内容在近现代才逐渐形成。体育教学内容主要来源于以下几个方面：

（一）体操与兵式体操

早在公元前7世纪，古希腊就出现了指导青少年和市民参加竞技的知识；公元前5世纪出现了"体操术"和"体操家"的称谓，其中包括竞技体操术（参加竞技比赛的训练法）、医疗体操术（运动疗法和保健运动）、教育体操术（相当于体操教学内容）三大类。伴随着近代资本主义的发展和殖民主义的扩张，"洋操"日益发展，其中最有代表性的是德国和英国的兵式体操，其主要内容为队列、刺杀、托枪射击、战阵和战术等。后来，兵式体操与近代北欧国家的器械体操共同构成了近代体育教学内容中的体操，至今仍保留在大部分国家的体育教学内容中。

（二）游戏和竞技性体育运动

早在近代学校出现之前，就有了游戏的内容，如欧洲的投圈、骑马等。后来，这些游戏随着市民体育的发展逐渐完善，成为正规的体育运动。工业革命以后，英美的许多游戏迅速发展成为近代竞技体育运动，如棒球、橄榄球、篮球、排球、乒乓球、羽毛球等。这些竞技体育运动又伴随着殖民主义的扩张和教会学校的发展迅速传向全世界，并在各国学校中逐渐成为体育教育的主要内容。由于竞技体育运动具有很强的娱乐性，深得青少年的喜爱，因此在体育教育内容中所占比例最大，内容最丰富。

（三）武术与武道

在古代的学校里，体育多是以武士的教育来体现的，体育教学内容多是一些实用的军事性技能。如中国奴隶社会教育中的"射"和"御"，古代和中世纪欧洲的"骑士教育"中的射箭、剑术等内容，其他东方国家教育中的各种冷兵器训练和柔术等徒手防身术的内容等，这些内容构成了现在体育内容中"武术"和"武道"的基础。随着近代军事发展，这些军事技能逐渐失去了实用价值，向健身和精神修炼的方向转变，如中国的武术、摔跤，日本的柔道、剑道，韩国的跆拳道、韩式相扑等。由于这些内容在精神修炼和意志培养方面具有其他运动所不具备的功能和价值，因此一直深受各国青少年的喜爱，成为许多国家的体育教学内容的重要组成部分。

（四）舞蹈与韵律性体操类项目

在古代社会，舞蹈既是人们进行祭祀和举行各种礼仪时最常见的活动，也是人们喜爱的体育运动形式。例如在中国敦煌壁画中就有市民在户外进行集体舞蹈的画面，世界其他地区的舞蹈也都是各民族文化中的重要组成部分。近代学校中也较早出现了舞蹈的内容，而与舞蹈相近的韵律性体操类项目也在近代随着瑞典体操这种既追求美感又追求锻炼效果的体操的发展而逐渐发展起来。后来，在韵律性体操的基础上又出现了艺术体操、健美操等内容。舞蹈也逐渐发展成民族舞蹈、创作舞蹈、体育舞蹈等多种形式。由于舞蹈和韵律性体操在陶冶身心、培养美感和节奏感方面具有独特的功能，因此一直深受学生的喜爱，在大多数国家的体育教学内容中也有舞蹈和韵律性体操的内容。

虽然体操类、竞技体育类、武术武道类和舞蹈及韵律体操类几大类内容在各国体育课程中的比例不尽相同，各国对它们的重视程度也有差异，但它们是构成现代体育教学内容的主体部分。其余还有一些实用性和户外运动，如游泳、登山、野营、滑冰、滑雪等，这些多是根据各国情况、文化特点、气候条件等构成本国民族传统特点的体育教学内容。从上述对主要体育教学内容的由来与发展的简述中，我们可以看出体育教学内容由于其起源和发展的特殊性而具有如下特点：

（1）体育教学内容发展于多种文化形态，如军事、生产劳动、宗教和市民生活，因此，体育教学内容因起源不同而带有不同的特点和功能，人们对其价值的判断也必然受到对其原始形态认识的影响。

（2）体育教学内容非常庞杂，素材之多远远超过其他学科。随着现代体育运动的兴起和发展，新的体育教学内容还会不断出现。

（3）各种体育教学内容之间没有难易、基础与发展的逻辑关系，基本上是相互平行存在的关系。

（4）同一内容在不同的时代被赋予的教育教学任务有较大的差别。

理解上述特点，对于把握体育教学内容的特性及进行体育教学内容的选择、加工和编排等至关重要。

第二节 体育教学内容的特性

一、体育教学内容与教育内容的共性

由于体育教学内容是教育内容的重要组成部分，因此，它首先具有与教育内容共有的特点：

（一）教育性

体育教学内容是对受教育者进行身心教育的媒介，当人们把众多体育运动内容选为教育内容时，其教育性的特点和意义就显现了。体育教学内容的教育性主要体现在以下几个方面：① 有利于学生的身心锻炼；② 是积极向上的文化；③ 具有挑战性和竞争性；④ 适合青少年的身心特点，受学生喜爱；⑤ 体育有超脱功利性的竞赛与表现。

（二）科学性

体育教学内容是在学校进行的有目的、有计划的教材体系，因此，体育教学内容同其他教育内容一样具有很强的科学性。体育教学内容的科学性主要体现在以下三个方面：① 内容具有丰富的内涵，是人类文化和科学的结晶，如身体科学原理、锻炼科学原理、训练科学原理以及相关的社会科学原理等；② 在进行体育内容的筛选时，人们会有意识地把那些最具科学性和文化性的内容优先选择；③ 进行内容编制时，专家们会遵循科学的编制理论、教学规律与原则。

（三）系统性

体育教学内容的系统性表现在以下两个方面：① 体育教学的规律与方法，教学项目与项目之间，教学技术与技术之间，有着相互联系和相互作用、相互制约的内在因素，而这一内在因素是编制体育教学内容的依据；② 在教育的目标、学生不同年龄阶段生长发育特点、教学环境和教学条件等方面有着共同的规律性。在充分认识这些规律性的基础上，要系统地、有逻辑地安排各个学校、各个年级的教学内容，并处理好它们之间的相互关系。

二、体育教学内容的特性

体育教学内容除了与其他教育内容具有共性，还具有其特性，认识这些特性，有助于更好地理解和传授体育教学内容。体育教学内容的特性有以下几点：

（一）运动实践性

运动实践性是体育教学内容最突出的特点。运动实践性是指体育教学内容的主体是以身体练习形式进行的体育运动，体育教学内容与运动实践密切相连，学生必须通过大肌肉群运动才能真正学会。通俗地讲，绝大部分的体育教学内容仅靠看、想、听是无法学会的。当然，体育教学内容中也有知识传授和价值引领的内容，但也必须以运动的学习和实践体验为基础，必须通过运动实践中的感觉、体验、感悟，才能准确深刻地获得，在这一点上，体育教学内容与其他学科教学内容形成了鲜明的对比。

（二）娱乐性

如前所述，体育教学内容的素材是游戏和体育运动，而游戏和体育运动属于人的娱乐性运动，因此，体育教学内容中自然地内含着对运动乐趣的追求。运动的乐趣体现学生在体育学习与运动竞赛过程中的竞争、协同、克服、表现等心理过程，体现在学生对新运动的体验及学习进步的成就感等方面，体现在学生对美好运动环境、场地、比赛规则、比赛形式变化的感觉中。学生在面对体育教学内容时，必然有对上述运动乐趣的追求，体育教学效果也必然受到教学内容趣味性和娱乐性的影响，这也是体育教学内容与其他学科教学内容的重要区别。

（三）健身性

由于体育教学内容是以大肌肉群运动为主要形式的技能学习与练习，必然会伴随着运动的负荷，对身体产生刺激并促使机体机能提高。虽然这种锻炼作用会受到教学时间长短、练习运动量的大小以及主要教学任务设定等因素的影响，但体育教学内容的健身作用还是很明显的。因此，在编制体育教学内容时，要根据学生的身心特点将这些教学内容进行科学化设计和调控，将不同身体部位、不同运动负荷、不同锻炼意义的练习内容进行合理搭配，并与技战术教学的任务相协调。体育教学内容的健身性特点是其他学科教学内容所不具备的。

（四）人际交流的开放性

由于体育运动多是以集体活动的形式进行的竞争与表现活动，运动竞赛则更多是以迅速位置变动的方式进行的，因此，在运动学习、练习和比赛中，人与人之间的交往交流是很频繁的。为此，体育教学内容与其他学科教学内容相比，更具人际交流的开放性。体育教学内容所具有的这种人际交流的开放性，对培养学生集体精神、竞争性、协同性具有独特功能，在体育学习过程中，师生、生生之间的关系更加密切，一些以小组为单位进行的活动，使得团队内的各种分工、职责、合作、角色教育远多于其他学科教学内容。

（五）空间的约定性

体育教学内容还有一个"空间约定性"的特点。由于很多运动是在特定的场地上进行的，故以场地来命名的体育运动很多，如田径、沙滩排球、郊游、山地自行车、滑草、冰球、水球等。换句话说，这些内容离开了特定场所和空间，其内容就会发生质的变化，甚至就不存在了。体育教学内容的这一空间制约性特点，使得体育教学内容对场地、器材有很大的依赖性，也使得场地、器材、规则本身成为影响体育教学内容实施的重要因素。

第三节 主要体育教学内容的目标与要求

一、体育教学内容的主要组成

按照知识性质和体育教育目的划分，体育教学内容可以分为体育与健康基本知识、专项运动技能和身体锻炼方法三个主要部分。

（一）体育与健康基本知识

此部分内容也可称为体育卫生知识、体育保健知识、健康教育知识等，内含的内容有宽有窄，但大体内容相仿，都是通过传授体育与健康的基本知识，使学生深刻地理解体育对国家、对社会、对自己未来生活和工作的重要意义，使其更理性、更科学地去锻炼身体，维护健康，更合理、更安全地从事体育运动实践。通过传授体育与健康基本知识，可以使学生认识到健康的重要性，了解维护健康所需要的环境条件，掌握必要的保健手段与方法，从而更自觉地爱护环境和维护健康。

教学内容要求：体育与健康基本知识的教学应着眼于健康中国国家战略背景下的大健康问题，联系学生的生活实际和健康问题，精选具有本源性、基础性和针对性强的体育与健康知识，内容切忌支离破碎和简单罗列，要注意结合运动实践来组织教学内容，内容应具有思想性、针对性、实用性、科学性和启迪性。

（二）专项运动技能

在当前的中小学体育课程中，专项运动技能包括球类运动、田径类运动、体操类运动、水上或冰雪类运动、中华传统体育类运动、新兴体育类运动六类，每类包含若干运动项目。

1. 球类运动

球类运动是竞争性、趣味性很强的运动，也是中小学生非常喜爱的运动项目，主要包括足球、篮球、排球、乒乓球、羽毛球、橄榄球、网球等多种球类项目。球类运动在激发学生的运动兴趣，提高学生的快速反应能力、预判能力和决策能力，培养学生勇敢顽强、遵守规则、公平竞争等体育品德方面具有独特的育人价值。通过球类运动的教学内容使学生理解其运动概貌及共性特征，能较好地掌握一至两项球类项目的基本技战术能力，能够参加球类的比赛，并掌握球类运动的裁判和竞赛组织的知识技能。

教学内容要求：球类教学内容中的技术、战术内容较复杂，技术战术相互依存、制约，球类教材各有其乐趣要素和身心发展功能，筛选适合的教学内容可能还要从教学条件和教师条件出发。球类教材教学的核心是"常赛"，如果球类教学只停留在单个技战术教学而不与比赛联系起来，就会失去球类运动的基本特性，也会使学生失去兴趣，最终也不能使学生真正学会。因此，球类教学必须将技术教学、战术教学与教学比赛有机地结合起来。

2. 田径类运动

田径类运动是走、跑、跳、投掷等运动项目，以及由以上部分项目组成的全能运动项目的总称，其特点是以个人为主独立完成速度、高度或远度等的较量，可分为跑（如短跑、中长跑、跨栏跑、接力跑等）、跳（如跳高、跳远等）、投掷（如推铅球、掷实心球、掷垒球等）三类。田径类运动在发展学生的心肺耐力、肌肉力量、肌肉耐力、位移速度，提高学生的反应能力、注意力，培养学生勇于进取、坚忍不拔、挑战自我的体育精神等方面具有独特的育人价值。通过田径类运动的教学内容要使学生了解其运动概貌和基本原理特征，掌握基础性和实用性较强的田径运动技能，掌握基础的田径裁判和竞赛组织的常识。

教学内容要求：田径类教学内容既与田径运动技能有直接联系，也与人日常的走、跑、跳、投等基本活动能力有内在联系，同时还与人克服障碍、进行竞争的心理要求有内在联系。因此，不应该单从竞技项目去划分、去分析田径教学内容，应从文化、竞技特点、运动特点、心理体验特点及发展体能作用等多方面去全面地理解和分析田径类教学内容。田径类教学内容的核心是身体素质，因此重点要放在"勤练"上，这样才能使学生真正提高田径类运动技能，并能运用于未来的健身实践中。

3. 体操类运动

体操类运动是通过徒手、持轻器械或在器械上完成不同类型与难度的成套动作，充分展现身体控制能力，塑造健美形体，并具有一定艺术表现力的体育活动，如街舞、瑜伽、排舞、啦啦操、体育舞蹈等。体操类运动对于增强学生的身体控制能力，提高学生的动作准确性、方位意识、时空概念等有着不可替代的作用，还能有效提高学生的肌肉力量、肌肉耐力和灵敏性等，在培养学生的自立自强、勇敢坚毅、不怕挫折、自尊自信、乐观开朗等优良品质方面具有独特的育人价值。体操类运动的教学内容是使学生了解体操文化，了解体操对人体的锻炼价值和作用，掌握实用性较强的体操运动技能并学会用体操进行身体锻炼、娱乐与竞赛的方法，能安全地从事体操运动，并掌握一些基础的体操类裁判和竞赛组织的常识。

教学内容要求：体操类运动与人克服各种外界物体的心理欲求有着内在的联系，属于表现类体育运动，因此要从竞技、心理、生理等视角去全面地分析体操类教学内容，特别要提出的是，体操类运动的学习需要有层次性和发展性，教学要放在"勤练"和"展示"上，体操类教学切忌在低水平上重复，这将在很大程度失去体操类教学内容的意义。因此，要循序渐进地通过加大动作难度、运动幅度和改变动作套路等方式提高教学难度，使学生技能得到切实提高。体操类教学内容还要考虑全面锻炼性和身体姿态规范、美感等要求。伴随音乐的体操类内容与乐理、舞蹈、审美等相关，组织教学时应从审美观培养、舞蹈音乐理论介绍、感情表达能力培养等方面考虑。

4. 水上或冰雪类运动

水上或冰雪类运动是人们在水环境或冰雪环境中开展的体育活动。水上或冰雪类运动不同于旱地运动，具有独特的环境特征。水上或冰雪类运动项目可分为两类：一类是水上运动项目（如蛙泳、自由泳、仰泳、蝶泳等），另一类是冰雪运动项目（如速度滑冰、高山滑雪、冰球等）。水上或冰雪类运动在发展学生快速适应水环境或冰雪环境的能力，提高学生的肌肉力量、心肺耐力、位移速度、协调性和平衡能力等体能，培养学生克服困难、勇往直前、坚忍不拔、挑战自我的体育精神等方面具有独特的育人价值。应通过水上或冰雪类运动的教学，使学生掌握相应的运动技能，同时养成在严寒和酷暑中进行体育锻炼的意志品质，学习水上或冰雪类运动的安全知识和基础的自救与救护技能。

教学内容要求：水上或冰雪类运动教学的核心是技术学习，但技术教学具有一定的危险性，学生在开始学习时一般都有恐惧感，因此，水上或冰雪类运动教学一定要循序渐进，要做好教学安全的保障工作。水上或冰雪类运动是"克服类"的运动，要求学生具有较好的意志品质，因此水上或冰雪类运动是培养学生坚毅、顽强、拼搏等良好意志品质的好教材。

5. 中华传统体育类运动

中华传统体育类运动起源于生产劳动、典礼祭祀、军事战争、娱乐健身等，是经过历代传承、具有浓厚民族文化色彩和特征的体育活动。该类运动的主要特点是地域特色鲜明、技法形式多元、健身养生一体、文化形态多样，可分为武术类运动项目（如长拳、形意拳、八卦掌、中国式摔跤、太极拳、射箭、射弩等）和其他民族民间传统体育类运动项目（如舞龙、舞狮、摇旱船、跳竹竿、赛龙舟、荡秋千、抢花炮、珍珠球、毽球、蹴球等）。

中华传统体育类运动在培养学生的中华民族认同感、文化自信等方面具有重要作用。其中，武术类运动项目有助于弘扬立身正直、见义勇为、自强不息、厚德载物的尚武精神，促进学生理解和践行中华传统体育与养生文化；其他民族民间传统体育类运动项目有助于学生形成对中华优秀传统体育的文化认同，增强民族自信和民族自豪感。

教学内容要求：在进行武术类运动项目的教学时，要根据不同阶段学生的身心特点强调教学的文化性、实用性、范例性，强调中华武术的文化演变背景及其实用价值。武术的教学需要较长时间，要提高教学的实效性和范例性，重视基本功和主要技巧的教学，帮助学生实现举一反三。其他民族民间传统体育类运动项目的教学要注意通过教材帮助学生理解民族民间体育类运动的缘起及文化背景，培养学生热爱传统文化和热爱乡土的意识，帮助学生掌握带有地区文化特点的运动技能与比赛方法，拓展学生对体育的认识，为学生未来进行终身体育锻炼拓展内容基础。选择和传授民族传统体育内容时要注意文化性、锻炼性、安全性以及教学的规范性。

6. 新兴体育类运动

新兴体育运动项目实践案例节选

新兴体育类运动是指在国际上比较流行、在国内开展不久或国内外新创的、大众运动色彩浓郁、深受青少年喜爱的体育活动，主要特点是形式新颖、具有较强的时尚性和挑战性。新兴体育类运动项目可分为生存探险类项目（如定向运动、野外生存、远足、登山、攀岩等）和时尚运动类项目（如花样跳绳、轮滑、滑板、极限飞盘、跆拳道、独轮车、小轮车、飞镖等），在增进学生对不同国家和地域体育文化的了解，激发学生的求知欲与探索欲、好奇心与冒险精神等方面具有独特的育人价值。

教学内容要求：新兴体育类运动的教学内容选用要符合教学条件的基本要求，充分注意内容的文化性、锻炼性、可行性和安全性。一些新近出现的少有或没有锻炼性的内容，如电子竞技、多米诺骨牌等不适合进入体育课堂。

（三）身体锻炼方法

《体育趣味课课练1 260例》节选

新时代学校体育改革提出了"教会、勤练、常赛"的要求，"体育课课练"被再次提倡。随着体适能和现代体能训练等新的锻炼方法的兴起，许多针对性和科学性更强的身体锻炼内容迅速地走进了课堂，典型的有全国学校体育联盟（教学改革）研发的"体育趣味课课练1 260例"内容体系。身体锻炼方法的内容与各个运动项目的技战术学习互相配合，在体育教学中共同提高学生的身体素质和运动能力。体育教师应通过这部分教学内容有效地锻炼学生的身体，并通过锻炼实践让学生掌握身体锻炼的原理与方法。

教学内容要求：这部分内容的选用应根据学生的体质状况并遵循体育锻炼的基本规律，要求具有锻炼的全面性、针对性、实效性、科学性、多样性。教学内容的选用还可与《国家学生体质健康标准》的要求相结合。

二、我国体育教学内容的变化趋势

从100多年来的几个历史阶段来看我国体育教学内容的变迁，可以看出体育教学内容有以下的变化趋势：

（1）随着现代竞技体育运动的兴起和普及，曾经正规的竞技体育运动有取代民族性和乡土性的体育教学内容的倾向，但随着人们对民族文化和体育非物质文化遗产的日益重视，包含许多乡土体育元素的新兴体育运动正在兴起。

（2）在20世纪中期，我国体育教学内容呈现正规化趋势，技术逐渐精简，难度有所增加，需要有专门训练的体育教师来传授；从20世纪末开始，教学内容逐渐增加，但由于教学时数少，出现了"浅尝辄止"和"蜻蜓点水"的现象，导致教学效果不佳；课程改革后，出现了"模块化教学""体育走班制教学"和"大单元教学"，使得体育教学呈现出"学校总体教学内容丰富，学生个体精专学练"的体育教学内容新样态。

（3）20世纪中期，体育教学内容中的娱乐因素逐渐减少，"练"和"炼"的因素逐渐强化，后在"快乐体育"等理论实践的影响下，体验运动内容中"乐趣"的意义被广泛强调，但也出现过教学内容的幼稚化和庸俗化倾向。

（4）体育教学内容所需要的运动场地器材越来越正规化、规范化和高质量，有些被认为是危险的内容及相关场地设施，如爬杆、爬绳、云梯、肋木等被大量拆除，但"快乐体育园地"的兴起在一定程度上缓解着这种状况。

从以上四点可以看出，体育教学内容在丰富性方面呈现出"丰富→单调→繁杂→总体丰富，个体精专"的变化趋势；在运动技术难度方面呈现出"难度小→难度加大→难度变小→瞄准'学会'的适宜难度"的变化趋势；在娱乐性方面呈现出"富有乐趣→乐趣减少→强调乐趣但却忽略技术→强调真正掌握技能的成功乐趣"的变化趋势;在正规竞技体育与民族传统体育的关系方面呈现出"乡土体育为主→正规竞技体育为主→强调民族传统体育→现代体育与民族体育协调发展"的变化趋势。

三、体育教学内容改革的方向

从上面的分析可以看出:体育教学内容的改革是体育教学改革的关键点和重要突破口。体育教学内容的改革应如何进行?应朝着哪个方向进行呢?这可以从体育教学内容的缺陷和新的体育教学理念去把握。体育教学内容的改革大致可归纳为以下6个大的方向:

(1)在设计体育教学内容时,要充分体现学生身心发展需要,应从学生的未来发展和现实需要出发,科学合理地构建体育教学内容。

(2)在设计体育教学内容时,要充分地考虑体育教学内容体系的科学性,要加强教学内容的开放性和现代性,增加体育课程内容的弹性,及时吸纳和更换新的教学内容。

(3)在设计体育教学内容时,要更好地处理统一性和灵活性的问题,各地的教学内容不能规定得过死,要根据体育学科的特点,尊重各个地方和学校对教学内容的差异性选择,推进选择性的专项化体育教学。

(4)在设计体育教学内容时,要避免教学内容偏多,内容臃肿而教学过程简短,在有限的体育教学时数内难以教完教会,导致出现教学蜻蜓点水、低级重复的不良现象。

(5)在设计体育教学内容时,要考虑学生性别差异问题,适当增加女生所喜爱的教学内容。

(6)要大力加强对民族传统体育的重视,在传承和发扬中华民族体育优秀文化的同时,通过体育对广大青少年学生进行民族传统文化的教育。

今后体育教学内容的改革趋势将是:从整体来讲,各地区各学校的体育教学内容会变得更加多样,形成体育教学内容"百花齐放""一校多品"的整体态势;而从每个学生来讲,所学内容应相对集中,避免"蜻蜓点水、低级重复""什么都学什么都学不会"的不良教学形态,学校根据教师实际、学生根据自身爱好和特点选择体育教学内容的权限更宽,教学内容总体丰富多彩,但落实在每个学生身上又相对集中,这需要依靠新型的体育走班制教学模式得以实现。

第四节　体育教学内容的选择、加工和编排

《关于全面加强和改进新时代学校体育工作的意见》强调要"加强体育课程和教材体系建设",而加强体育课程和教材体系建设的工作,体育教学内容的选择、加工和编排工作具有重要意义。

一、体育教学内容的选择、加工和编排工作

由于体育游戏、体育运动项目、体育文化、有关健康的知识原理等体育素材非常宽泛,因此,体育教学内容的后备军众多。但素材绝不等同于教材,如果把体育素材当成了体育教学内容,那么就有可能偏离体育教学目标,而且中小学体育课程也没有可能把那么多的素材都变成教学内容。

体育教学内容来自体育素材,易受其制约。但体育教学绝不能是单单的"教体育",否则就意味着运动本身就成了体育教学的目标,于是体育教学就会变为简单的"传技",体育教学也就往往陷入注入式教育,使体育教学过程"见体不见人"。因此,对"体育教学"正确的理解应是"以体育人"和"用体育来教人",合适的体育教学内容是学生身心发展和健康成长的"范例"和"途径"。为了实现"以体育人"和"用体育来教人",就必须要进行体育教学内容的选择、加工和编排工作,具体意义有以下几个方面:

(1) 通过对体育教学内容的选择、加工和编排工作,可精选出最符合体育教学目标和学生发展需要的那部分内容,以避免体育教学知识的庞杂和无目的性。

(2) 通过加工工作,可使体育素材更符合体育教学的实际,以减少体育素材与学校体育教学实际之间的落差。

(3) 通过编排工作,可使已经被选出但仍然杂乱的体育教学内容更具

有系统性和整体性，以更好地发挥体育教学内容的教育作用。

（4）通过媒介化工作，可使经过编辑加工后、但还抽象的体育教学内容走近教学场景和学生，成为体育教与学之间的载体和平台。

二、体育教学内容的选择、加工和编排工作的两个层次

一是编制《体育与健康课程标准》（以下简称《课程标准》）和编写教科书（教师指导用书和体育教材）的工作，这个层次的工作一般由国家和地方教育行政部门组织专家来进行，主要包括从各种身体活动的练习中筛选出素材，进行分类、加工、排列等，国外有学者将这个层次的教材研究称为"大规模教材研究"。

二是根据《课程标准》和教科书把教材变成学生的"学习内容"的工作，这个层次的工作一般由学校的体育教研组或体育教师来进行，主要是根据体育《课程标准》和教科书的要求与规定，针对学生的具体情况和教学条件的实际，把面对一般学生情况和一般教学条件的教学内容变成适合一个班的学生和本校场地设施条件的教学内容，国外学者将这个层次的教材研究称为"小规模教材研究"。

"大规模教材研究"和"小规模教材研究"的关系见图4-1。

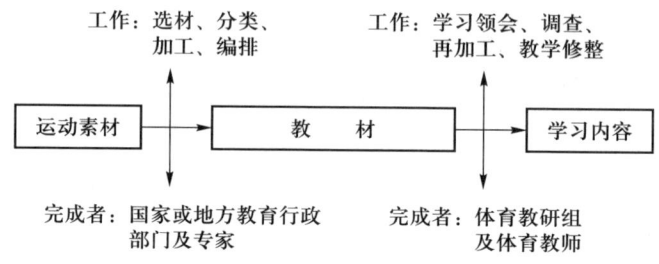

图4-1 "大规模教材研究"和"小规模教材研究"的关系

三、选择、加工和编排体育教学内容的工作步骤

主要有4个步骤，即：体育教学内容的选择、体育教学内容的编集、体育教学内容的改造与加工、体育教学内容的媒介化。

第四节 体育教学内容的选择、加工和编排

（一）体育教学内容的选择

体育教学内容的选择就是从庞杂的体育素材中选出那些符合体育教学目标、学生身心发展需要和学校基本条件的内容。体育素材数量大、内容庞杂，其内在逻辑性也不强，这使得体育教学内容的选择既具有宽广的可能性，也有选择上的困难。因此，选择适宜、适量的体育教学内容是体育教学理论和实践中既重要也困难的问题。

1. 选择体育教学内容的原则

要选好体育教学内容，就要遵循基本的原则。选择体育教学内容的原则主要有以下 5 条：

（1）与教学目标统一性原则。与教学目标统一性原则是指所选的体育教学内容应是符合体育教学目标的那些内容，而且所选的内容应是健康的、有教育意义的、文明的和有身体锻炼价值的，要能为体育习得和身体锻炼作出贡献的内容。此外，还要有意识地选择一些有中国特色的体育运动项目。要用体育教学的目标对所选内容进行衡量后再选用。

（2）科学性（健身性和安全性）原则。科学性（健身性和安全性）原则是指所选的体育教学内容应有利于学生身体锻炼和运动技能提高，并且是安全的。主要包含两层含义：第一，它能有效地为增进学生的身体健康服务，有助于培养学生的体育锻炼能力；第二，它在体育教学环境和条件下实施时是相对安全的。

（3）可行性原则。可行性原则是指所选的体育教学内容应符合目标地区大部分学校的物质条件、教师能力以及学生实际情况等。再好、再科学的体育教学内容，如果不符合本地区和本学校的条件，都不应该被选用。

（4）趣味性原则。趣味性原则是指所选的体育教学内容应使广大学生感兴趣并能从中体验到运动的乐趣。体育运动的乐趣是学生参加体育学习的动机和目的之一，这一点不能回避，要在具有目标统一性和可行性的备选教学内容中尽可能挑选那些趣味性更强的内容。

（5）与社会体育和地区体育特色相结合原则。与社会体育和地区体育特色相结合原则是指所选的体育教学内容应在遵循上述原则的基础上，尽

可能体现当地的体育特色。学校体育教育最终是为学生的终身体育锻炼服务的，因此在选择体育教学内容时，也要尽可能与社会上流行的体育项目相结合，以便增加学校体育教育的实效性。

2. 选择体育教学内容的程序

选择体育教学内容还要有一个可以操作的工作程序，这个程序的内容和顺序与上述原则的内容和顺序是对应的。表 4-1 是根据"选择体育教学内容的程序"进行体育教学内容筛选的范例，可结合下表加深理解。

▶ 表 4-1　依据原则筛选体育教学内容的范例

项目例	目标性	科学性	可行性	趣味性	社会性	选择结果
拳击	×					不选
前空翻	√	×				不选
保龄球	√	√	×			不选
铅球	√	√	√	×		不选
滑冰	√	√	√	√	×	不选
少林拳	√	√	√	√	√	选择
篮球	√	√	√	√	√	选择

（1）目标是第一位的，应该把"与教学目标相统一原则"当作选择体育教学内容的第一原则和第一步程序。拳击不符合青少年体育学习的目标，因此予以删除。

（2）体育的健身效果和安全保证也是很重要的，因此应该把以健身性和安全性为主要内容的"科学性原则"放在第二重要的位置，当作选择体育教学内容的第二原则和第二步程序。例如，"前空翻"这个内容虽然符合教学目标要求，但有悖安全性原则，因此在第二步程序上予以删除。

（3）没有可行性，再好的内容也无济于事，因此应该把"可行性原则"放在第三重要的位置，当作选择体育教学内容的第三原则和第三步程序。例如，"保龄球"这个内容虽然符合教学目标要求，也具备安全性，但学校不具有开展的条件，教师也不会教，因此在第三步程序上予以删除。

（4）缺乏趣味性，学生的积极性会受到影响，因此应该把"趣味性原则"当作选择体育教学内容的第四原则和第四步程序。例如，"铅球"这个内容虽然符合教学目标要求，也具备安全性，学校也能开展，但趣味性不强，因此在第四步程序上也可以考虑删除。

（5）体育教学是终身体育与社会体育的基础，因此要重视学校体育内容与社会体育内容之间的联系，因此也要把体育教学内容"与社会体育和地区体育特色相结合"作为一条原则，可以当作选择体育教学内容的第五个原则和第五步程序。例如，"滑冰"这个内容其他各方面均好，但在大多数情况下并不符合南方当地的气候条件和体育习惯，因此在第五步程序上予以删除。

（6）篮球和武术均符合上述五条原则，因此可以选为体育教学的内容。

（二）体育教学内容的编集

1. 体育教学内容的分类

要编集好体育教学内容，必须要将纷杂的体育教学内容进行合理的分类。对体育教学内容进行分类有许多方法，如按身体素质进行分类、按基本身体活动能力进行分类、按运动项目进行分类、按教学目标进行分类以及根据终身体育需要与教学时数关系进行分类等（表4-2）。

▶ 表4-2 我国对体育教学内容的几种分类方法

序号	分类方法	分类情况	特点和缺陷
1	根据身体素质分类《九年义务教育全日制初级中学体育教学大纲》（1992年）	发展身体素质练习： 1. 力量素质 2. 速度素质 3. 耐力素质 4. 灵敏素质 5. 柔韧素质	这种分类方法的特点是有利于实现锻炼身体的目的和帮助学生认识各运动项目与身体发展之间的关系。但由于许多项目并不是单纯发展某一方面的身体素质，因此，这种分类显得不够准确，而且容易造成对体育文化特性的认识不足

续表

序号	分类方法	分类情况	特点和缺陷
2	根据人体基本活动能力分类《九年义务教育全日制小学体育与健康教学大纲》小学部分教学内容（2000年）	1. 基本运动（走和跑、跳跃、投掷、队列和体操队形、徒手体操和轻器械体操、跳绳、攀登爬越、技巧平衡） 2. 实践内容 3. 游泳 4. 韵律活动和舞蹈	这种分类方法的特点在于不受运动项目的限制，有利于组合教学内容，有利于发展学生的各种身体动作和基本活动能力，比较适合低年级体育教学内容的分类。缺点是与运动项目相脱节，不利于培养运动项目技能，不易引起高年级学生的兴趣
3	根据运动项目分类《全日制普通高级中学体育教学大纲》（供实验用，1996年）	限选内容： 1. 韵律体操和舞蹈 2. 足球 3. 篮球 4. 排球 5. 游泳	这种分类方法的特点是与体育运动相一致，在名称和内容上容易理解，有利于对竞技运动文化的理解和掌握。缺陷是容易就项目教项目，忽略了必要的改造
4	根据教学目的分类（1994年出版的原国家教委职教司和体卫司共同组织编写的《全国中专学校体育通用教材》	1. 发展身体基本活动能力的手段与方法（跑跳投等练习方法等） 2. 增强体质的体育手段与方法（健身走跑、广播操、肌肉练习方法等） 3. 常见运动项目的内容与方法（田径、篮球、体操、武术等） 4. 余暇和交往中的体育手段与方法（郊游远足、体育游戏等） 5. 保健康复的体育手段与方法（矫正体操、太极拳、保健气功等）	这种分类的特点是对可以达到多种目的的身体练习进行人为的规定，使教学内容的目的性和教学方法更加明确，也有利于"打破以竞赛为目的的教学内容编排体系"，分类不会发生明显内容重叠，对体育教学的指导性增强。缺陷是主观因素比较强，有时归类比较牵强
5	根据终身体育的需要与教学时数关系分类（本教材的提案）	1. 精教类教学内容（篮球、排球、武术、足球、乒乓球、健美操等） 2. 简教类教学内容（轮滑、体育舞蹈、羽毛球、定向越野、网球等） 3. 介绍体验类教学内容（高尔夫、保龄球、NBA篮球、心理拓展训练、运动处方知识等） 4. 锻炼类教学内容（身体素质和基本活动能力发展、身体锻炼方法等）	这种分类方法与"根据教学目的分类"是同一种分类思想和方法，但由于考虑了时数的分配，所以更好地解决了目标与教学时数的关系问题，将终身体育锻炼的需要与教学时数的比重设计很好地结合起来，有利于各学段体育教学内容的衔接，是很可行的分类方法

2022年版《义务教育体育与健康课程标准》中的课程内容包括：基本运动技能、体能、健康教育、专项运动技能和跨学科主题学习5个部分，其中基本运动技能是按人体基本活动的方式进行分类，体能主要是按身体能力和身体素质进行分类，健康教育是按健康问题和相应知识板块进行分类，专项运动技能是按运动项目的大类特征进行分类，而跨学科主题学习则是按德育、智育、美育、劳动教育和国防教育的学科内容进行分类（表4-3）。

▶ 表4-3 2022年版《义务教育体育与健康课程标准》对教学内容的分类

课程内容				
基本运动技能	体能	健康教育	专项运动技能	跨学科主题学习
移动性技能 非移动性技能 操作性技能	身体成分、心肺耐力、肌肉力量、肌肉耐力、柔韧性、反应能力、位移速度、协调性、灵敏性、爆发力、平衡能力	健康行为与生活方式 生长发育与青春期保健 心理健康 疾病预防与突发公共卫生事件应对 安全应急与避险	球类运动 田径类运动 体操类运动 水上和冰雪类运动 中华传统体育类运动 新兴体育类运动	设置有助于实现体育与德育、智育、美育、劳动教育和国防教育相结合的多学科交叉融合的学习主题，如钢铁战士、劳动最光荣、身心共成长、破解运动的"密码"、人与自然和谐美等

2. 体育教学内容特点和编集逻辑

由于各个体育教学内容之间缺乏逻辑的递进关系，因此，体育教学内容的编集一直是体育课程与教学理论与实践的难题。

一般说来，教学内容的编集有三种逻辑：一是按照教学内容的逻辑进行编集，以学科体系为依据，按照教学内容难易度和递进关系，由易到难、循序渐进地安排教学内容。体育与健康理论知识可以用此方法进行编集，但体育运动内容由于递进的逻辑性不强，不宜采用这种方法进行编集。二是按照学生身心发展规律进行编集，其特点是以学生发展体系为依据，关注学生的身体需要和兴趣，这样的编集方法在小学低、中年级可以采用，但在高年级则有所不妥。三是根据教学目的进行编集。其特点是以体育教学目标体系为依据，根据明确的目标要求，为我所用地编集体育教学内容，由于教学目标也涵盖了第二种编集逻辑，因此是编集体育教学内容比较合适的方法。

3. 体育教学内容的排列方法

（1）传统的体育内容排列理论。根据传统的体育内容排列理论，有两种基本的排列方法，即"直线式排列"和"螺旋式排列"。过去在很长一段时间里，理论界一直认为"直线式排列是某项内容教过之后，基本上不再重复的排列方式"，而"螺旋式排列是教学内容在各年级反复出现，但逐年提高要求的排列方式"，并认为那些"对锻炼身体作用大的教学内容"适合于"螺旋式排列"，而体育知识则适合于"直线式排列"。但传统的体育内容排列理论所述的两种排列方式与对应教学内容分类存在以下明显问题：

① 只有"对锻炼身体作用大的教学内容"才适合于"螺旋式排列"吗？的确，"对锻炼身体作用大的教学内容"适合于"螺旋式排列"，原因是要"常练"。但此结论是有局限的，因为一些学习有难度的、有深度的内容，要求学生要精学精练，学生"熟练掌握1~2项运动技能"的内容更需要"螺旋式排列"。

② 什么样的运动实践教学内容适合采用"直线式排列"？传统的体育内容排列理论有意无意地绕过了这个问题，没有说明什么样的实践教学内容可以应用"直线式排列"，只是举例说体育卫生知识是直线排列。因此，"哪些实践教学内容应采用直线式排列"成为传统的体育内容排列理论的"盲点"。

③ "直线式排列"和"螺旋式排列"的单元规模如何？传统的体育内容排列理论没有明确说明"直线式排列"和"螺旋式排列"的单元规模有无区别，即没有说明不同的"直线式排列"和"螺旋式排列"的单元大小有何不同，比如每学期3课时"螺旋式排列"与每学期30课时"螺旋式排列"的教学效果不同，一次3课时"直线式排列"和一次30课时"直线式排列"的教学效果也不相同。

④ 为了什么目的而运用"螺旋式排列"？传统的体育内容排列理论说明，适用"螺旋式排列"的教学内容是那些"对锻炼身体作用大"的运动内容，应该说这是一个合理的判断标准，但是却不全面，因为它只是用对锻炼身体的作用一个单方面的视角来判断问题有失偏颇。

第四节　体育教学内容的选择、加工和编排

综上所析，传统的体育教学内容编排理论有待完善，只分为"螺旋式排列"和"直线式排列"两种排列方式并不能解决现实中体育教学内容排列的问题，因此，必须有新的理论来说明体育教学内容排列的问题：一是体育教学内容分层次的理论问题，二是体育教学内容排列的理论依据问题。

（2）体育教学内容分层次的理论。体育教学内容排列的问题离不开体育教学内容层次的问题，即教学内容的大小问题。体育教学内容可以从不同的角度分成不同的层次。

如按技战术集合多少区分的话，篮球是一个层面，篮球的传球是一个层面，双手胸前传球又是一个层面。如中学一年级教篮球双手胸前传球，二年级教篮球的三步上篮，那么在篮球层面上可以说是螺旋式排列，在传球和投篮的下位层面上又可以说是直线式排列。但有些运动的层次不必分得过细，有些已是非常相近的运动（即运动结构已不存在质的变化和明显的难度区别），如侧向推铅球和背向推铅球、靠墙手倒立和人扶手倒立、前滚翻和远撑前滚翻、上挑式传接棒和下压式传接棒、途中跑和冲刺跑等。

如根据教学目标分，篮球技能是一个层面，篮球知识是一个层面，篮球的专项素质练习又是一个层面，这里要决定螺旋式排列和直线式排列是在哪个层面。

如根据教学程度分，篮球技能的精练和篮球知识的精讲是一个层面，篮球技能的简练和篮球知识简介是一个层面，篮球的专项素质又是一个层面，那么他们之间的螺旋式排列和直线式排列又是怎样的关系？

因此，体育教学内容的排列必须建立在对其层次的明确区分上，必须将各种体育教学内容再放到层次的范畴内去考虑，比如篮球是精学内容、羽毛球是简学内容、台球是选修内容、铅球是介绍内容等，在进行体育教学内容排列时，这个工作是不可缺少的。

（3）新体育教学内容排列的理论依据。

① 体育教学内容排列中的"循环周期"现象。所谓教学内容排列的循环是指同一教学内容在不同学段、学年等范围内的重复安排。这种循环有以课为周期的循环、以单元和学期为周期的循环、以学年为周期的循环、以学段为周期的循环等。例如，如上节课安排100米跑，下节课还安排100米跑就是以课为周期的循环；在上学期安排100米跑，在下学期还安排100

米跑就是以单元和学期为周期的循环；在中学一年级安排100米跑，在中学二年级又安排100米跑就是以学年为周期的循环；在初中一年级安排100米跑，在高中一年级又安排100米跑就是以学段为周期的循环。

学生对运动技术的掌握是靠这些不同周期循环的合理安排和相互作用而实现的。较小周期的循环（如课的循环和学期的循环）可以有效地帮助学生掌握局部性的知识和技能，短时间内的重复可以使学生尽快地通过泛化、分化和自动化三个阶段掌握运动技术；较大周期的循环（如学年的循环和学段的循环）可以在更大的范围内发展学生某一方面（技术链）的运动技能并使之相互连接起来，同时还具有"温故而知新"和再次享受某个项目乐趣的作用。

②"大、小循环"的相互制约关系。体育教学内容排列的大小两类循环是相互联系和相互制约的。一般来说，只有对某个教学内容的内容和量度进行把握以后，才能知道小周期循环的内容和量度；相反，如果对小周期循环的内容与量度把握不准，那么较大周期循环的重复也会受到影响。

在教学时数固定、体育教学内容相对稳定的教学条件下，上述两类循环在时间安排上是相互制约的。如果小循环的重复（某个练习的时间）安排得多、时数多，那么大循环的重复（教学内容的数量）就无法多；相反，如果在大循环上安排了许多内容，那么小循环的重复（练习时间）就会少，学生就很可能学不会动作，体育教学就会变成"蜻蜓点水"。而且，运动技术学不会就要再学，就要再排这个内容，大循环的重复压力就会更大，内容就会更多，反过来练习的时间就会更少，没有学会的技术就依然不会，于是就被推到后面再学，由此形成了新的教学内容重复，造成恶性循环。在以往体育教学实践中出现的"大学生和小学生都在学蹲踞式起跑和推铅球""从小学到大学前滚翻一滚到底"现象的背后就是这种恶性循环。关于"体育就是要重复"和"体育教学不能低级重复"这两个本不矛盾观点的无谓争论，就是因为在理论上没有对"体育教学内容排列循环周期现象"进行说明。

（4）体育教学内容排列方式和"循环周期"之间的关系。搞清楚体育教学内容排列"循环周期"的现象以后，解决体育教学内容的排列方式问题也就有了新的思路。因为体育教学内容排列方式和体育教学内容排列的

"循环周期"之间有着密切的关系。

如果以大周期循环的多与少为横轴，以小周期循环的多与少为纵轴相交画一个象限图，可以得出4个不同功能和形态的体育教学内容（图4-2），即"精教类教学内容""简教类教学内容""介绍类教学内容"和"锻炼类教学内容"。

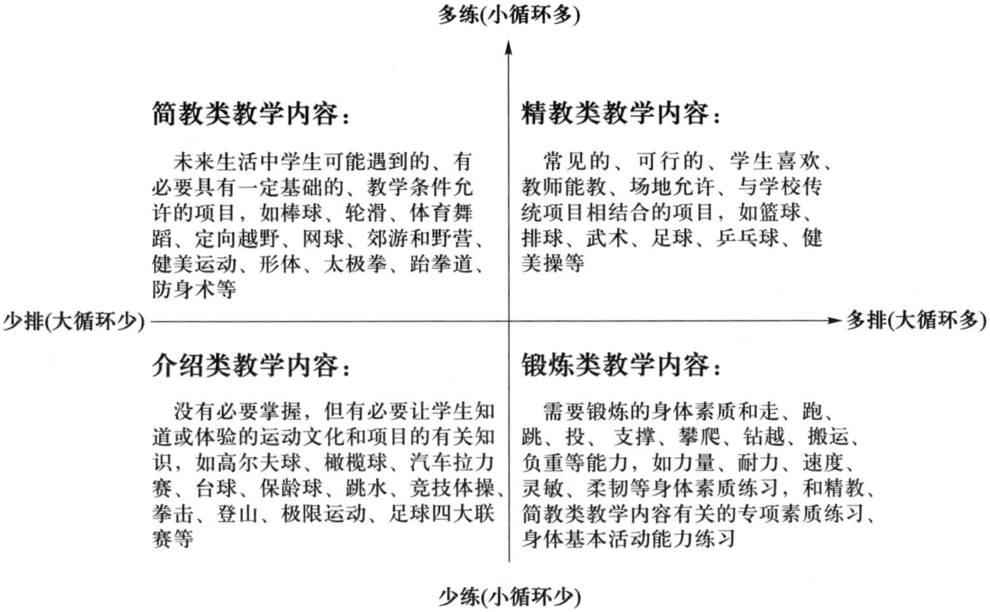

简教类教学内容：
未来生活中学生可能遇到的、有必要具有一定基础的、教学条件允许的项目，如棒球、轮滑、体育舞蹈、定向越野、网球、郊游和野营、健美运动、形体、太极拳、跆拳道、防身术等

精教类教学内容：
常见的、可行的、学生喜欢、教师能教、场地允许、与学校传统项目相结合的项目，如篮球、排球、武术、足球、乒乓球、健美操等

介绍类教学内容：
没有必要掌握，但有必要让学生知道或体验的运动文化和项目的有关知识，如高尔夫球、橄榄球、汽车拉力赛、台球、保龄球、跳水、竞技体操、拳击、登山、极限运动、足球四大联赛等

锻炼类教学内容：
需要锻炼的身体素质和走、跑、跳、投、支撑、攀爬、钻越、搬运、负重等能力，如力量、耐力、速度、灵敏、柔韧等身体素质练习，和精教、简教类教学内容有关的专项素质练习、身体基本活动能力练习

横轴：少排(大循环少) ← → 多排(大循环多)
纵轴：多练(小循环多) ↑ ↓ 少练(小循环少)

图4-2　4类基本体育教学内容

（5）4种基本的体育教学内容。

① 精教类教学内容。精教类教学内容是在很多年级都出现的，用大单元进行教学的那一类内容。这种内容是所谓重中之重、精中之精的教学内容，目的是让学生掌握好1~2项体育项目，也是针对体育教学"蜻蜓点水"、学生学不会东西的现状而设计的教学内容。这类教学内容应是那些社会上时兴的、在中国普及的、学生喜欢的，学校条件允许的，体育教师可以教的体育项目。例如篮球、乒乓球、羽毛球、足球、排球、健美操、武术等项目，还有一些地区的滑冰、摔跤、踢毽等就属于这类教学内容。

② 简教类教学内容。简教类教学内容是只在某个年级出现，用大单元进行教学的那一类内容，这种内容也可以有一定的比例。在体育教学中，

学生不可能把所有的体育项目都学好，但可以让学生初步地学好一些项目，打好基础，如棒球、网球、轮滑、太极拳、体育舞蹈、游泳、野营、定向越野、攀岩等。在体育教学中，教师介绍一下有趣味、有前景的运动项目，让学生练习、体验一下，那么将来他们工作以后，遇到有参加这些运动的机会时，他们就不会束手无策、就可能很快地参与进去。如果在每个学年中教2~3项这样的项目，12学年可以让学生"入门"20~30项运动项目，这可为学生终身体育实践打下更宽厚的基础。

③ 介绍类教学内容。介绍类教学内容是只在某个年级出现，用小单元进行教学的那一类内容。这类教学内容也不能太多，是那些介绍性、体验性以及知识了解类内容，如高尔夫球、橄榄球、保龄球、跳水、登山等。教师可以向学生介绍这些平时接触较少的运动项目的起源、规则、特点和现状等，增强学生对运动文化的理解。

④ 锻炼类教学内容。锻炼类教学内容是在很多年级都出现、用小单元或穿插在其他教学内容中，作为辅助内容出现的教学内容。这类教学内容可以有一定的比例，是那些"不需要深教，但需要常练"的教学内容。如跑、跳、投和其他一些身体素质练习可以融合在篮球、足球、排球等项目学习过程中，从而使学生的身体素质和运动素质都得到提高。

根据上述对体育教学内容的层次划分，对4类体育教学内容层次的时数、安排方式提出以下建议（表4-4），供各学校参考。

▶ 表4-4　4类基本教学内容的教学安排范例（每学年有效学时按60计算）

	精教类教学内容	简教类教学内容	介绍类教学内容	锻炼类教学内容
在各年级排列	多排	少排	少排	多排
单元规模	超大单元	大单元	小单元	超小单元
每项内容所用学时	15~30学时	7~10学时	1~2学时	10分钟/学时
全年安排教学内容	1~2项	2~3项	3~4类介绍内容	全面锻炼和方法
全年所用学时	30学时	20学时	5学时	5学时

续表

	精教类教学内容	简教类教学内容	介绍类教学内容	锻炼类教学内容
适用内容	常见的、可行的、学生喜欢、教师能教、场地允许、与学校传统项目相结合的项目	未来生活中学生可能遇到的，有必要具有一定基础的，教学条件允许的项目	没有必要掌握，但有必要让学生知道或体验的运动文化和项目有关知识	需要锻炼的身体素质和走、跑、跳、投、支撑、攀爬、钻越、搬运、负重等能力
内容举例	篮球、排球、武术、足球、乒乓球、健美操等	棒球、轮滑、体育舞蹈、定向越野、网球、郊游和野营、健美运动、形体、太极拳、跆拳道、防身术等	高尔夫球、橄榄球、汽车拉力赛、台球、保龄球、跳水、竞技体操、拳击、登山、极限运动、足球四大联赛等	力量、耐力、速度、灵敏、柔韧等身体素质练习，和精学、粗学教材有关的专项素质练习、身体基本活动能力练习

（三）体育教学内容的改造与加工

优秀的运动文化与健康教育知识都是体育教学内容的素材，而体育教学内容是可以进入体育教学实践中的，两者之间就是素材的加工改造过程。

当前，将素材等同于教学内容的现象还比较普遍，不少体育教师将体育教学当成了简单的传技，就是因为缺少体育教学内容的改造和加工过程。在实践教学中，应根据体育教育目的和体育教学目标，将运动素材进行加工改造，使之符合体育育人的根本目的。在实践中，出现了许多有效的方法和成功的范例，以下介绍几种典型的方法。

1. **动作教育的改造与加工方法**

动作教育是出现在欧美的一种体育教育思想和体育教材方法论，其特点是将一些竞技体育运动按照人体的运动原理，将运动进行归类，提出针对儿童青少年的教材设计，如"教育性舞蹈""教育性体操"。这种方法适用于小学低中年级，有利于学生基本活动能力的形成。

2. **游戏化的改造与加工方法**

这种方法多用于改造那些比较枯燥单一的运动，如跑、跳、投、体操、游泳等运动，其特点是将这些单调的运动用"游戏情节"串联起来，强化协同和竞争的要素。这种方法有利于提高参加者的兴趣，也保留了练习的性质，但练习效果却增强了。

3. 探理化的改造与加工方法

这是一种帮助学生理解运动的原理，追求"懂与会结合"的体育教学效果的方法。其特点是挖掘运动"背后"的原理知识，并将其"编织"在探究性的体育教学过程中，通常与发现式、启发式的教学方法联系起来运用。这种方法有利于提高学生对运动原理的理解，并能举一反三，较适用于高学段的学生。

4. 文化性的改造与加工方法

这种方法强化竞技运动中的文化要素，在教学中强调让学生通过各种文化性的要素体验运动文化的情调和氛围。这种方法适宜用作技能的辅助教学，有利于学生对体育文化性质的体验和理解，适用于高中和大学的学生。

5. 生活化、实用化的改造与加工方法

这种方法又可以分为几个小的方法，如野外化（把室内或正规场地式的竞技运动改造为野外的非正规场地式运动）、探险拓展化（增加一定的惊险性）、实用化（与实用技能相结合）、生活化（根据生活的条件进行项目改造）等。这种方法贴近学生的现实生活和实际需要，既能传授比较实用的运动技能，又能调动学生的直接学习积极性，也增加了教学的趣味性。

6. 简化的改造与加工方法

这种方法的特点是将正规的、高水平的竞技运动项目在场地、器材、技术、规则等方面加以简化，使内容适应学生、适应学校的条件、适应教学目标的需要，也适应体育教师的教学能力，从而使得教学更实用、更乐趣。

7. 变形的改造与加工方法

这是一种从基本结构方面对原运动进行改造，使其成为一种新的运动的改造与加工方法。当然，这种改变主要是为了适应教学的需要和学生的特点，当前在各国学校中流行的"新体育运动项目（new sports）"多是这一类运动。这种方法在处理那些高难度或受场地器材制约很大的运动项目时效果很好。

8. 运动处方式的改造与加工方法

这是一种按照精准锻炼和体能训练的原理，将运动的强度、重复次数、

频率等因素进行科学组合排列，根据每个学生不同的锻炼身体需要，组成处方进行锻炼和教学的方法。这种方法有利于教会学生运用运动处方锻炼身体，是一种不可缺少的思想和方法。

新时代作为一名合格的体育教师，要不断提高教学质量，就必须认真地参与到体育教学内容的改造与加工工作中来。体育教师应进行的工作主要有：赋予教学内容以变化和趣味性；设计练习的次数、时间和强度，使练习量和运动量符合教学实际；挖掘教学内容中的智力因素，使教学更具有知识性；挖掘教学内容中的隐性教育因素及蕴含的思想政治教育资源，有效地发展学生的心理素质和道德品质，使教学更具有教育性；挖掘教学内容中的团体和人际关系因素，进行恰当的分组学习或小群体学习；根据实际需要，合理设计场地及器具的使用，必要时要改造或自制辅助器具；根据教学目标和教学内容的特性，制定出更加具体的辅助性的教学效果评价指标体系，进行教学反馈等。

（四）体育教学内容的媒介化

所谓体育教学内容的媒介化就是将选出、编集、加工和改造后的体育教学内容变成载在某种媒体上的教材形式。

作为体育教学内容常用的载体，其形式主要有教科书（包括学生用体育教材和体育教学指导用书）、数字教材、挂图、多媒体课件、在线课程、黑板板书、学习卡片等。由于教科书的有关内容在后面一节专题介绍，本部分重点介绍多媒体课件和学习卡片。

1. 多媒体课件

多媒体课件是教师根据体育教学的需要，将体育教学内容编辑成用计算机演示的系列材料。多媒体课件由于依靠计算机来演示动作，在速度调整、观看细节、多次重复演放以及视觉听觉的艺术效果等方面，具有教师的讲解、示范所无法达到的教学效果，因此现在也是体育教师常用的教学工具。

2. 体育学习卡片

体育学习卡片作为体育教材的一种载体形式，于20世纪90年代中期开始在我国体育教学实践中被采用。体育学习卡片是指学生在体育课中使用的一种辅助性学习材料,是比较适合体育教学特点的一种载体形式。

体育学习卡片主要包括以下几种运用形式:

(1)在体育课中向学生提供学习信息的学习卡片。教师可以根据教学的内容,为学生补充一些必要的信息,如动作的图示、动作要领、技术的重点、难点和辅助练习的做法等。通过这些辅助材料,可以帮助学生准确地掌握动作形象、概念和技术特点,还可以通过对一些技术难点的标示,让学生对某些重要的技术环节引起特别的注意。

(2)在体育课中促进学生思考问题的学习卡片。学习卡片可以把一些概念性的问题通过公式、范例等形式展示给学生,如合力、力矩、向心力、离心力、抛物线等。这些问题一般在体育教科书上没有,在课堂上光靠教师讲又不容易说清楚,但公式和概念写在学习卡片上则能够方便学生的理解。此外,在学习卡片上还可以设置一些"问题串",一个问题套一个问题,伴随学生的技术学习,问题也越来越深入,从而使学生不但会做,而且能够明白其中的道理,以培养学生发现和思考问题的能力。

(3)在课中帮助学生互相交流的学习卡片。在学习卡片中有同伴之间相互提示和相互评价的有关表格和内容,学生不但要写出自己在学习中的问题和进步,而且还要对本班或本小组学生的情况进行分析,这样可以帮助学生提高相互评价和观察技术动作的能力,同时还可以促进学生之间的情感交流,也有利于培养学生的团队意识和负责任的态度。

(4)在课中和课后让学生进行自我评价的学习卡片。利用学习卡片让学生在课中随时进行即时的自我学习评价,把当时的学习感受、体会写下来。也可以利用学习卡片在课后对自己课上学习情况进行总结,作出评价,使上节课和下节课有机地联系起来,使单元教学过程更加完整。

(5)在课中和课后帮助师生进行交流的学习卡片。在学习卡片中,学生可以把自己的进步、存在的问题、疑问、发现,以及对教师上课情况的看法和建议等写上,课后教师将学习卡片收齐,进行归纳后就是一个教学情况的总结和反馈。这种师生之间的交流,对改善教学过程、提高教学效果、增进师生感情、加深师生交流均具有重要的作用。

(6)帮助学生在课中进行自学的学习卡片。自学是体育学习的重要环节,学习卡片还可以作为学生自学的重要工具,以弥补教科书的不足。

第五节 体育教科书

一、体育教科书的形式

作为体育教学内容的载体,其形式主要包括体育课本(学生用体育教材)、体育教学指导用书(教师用体育教材)、音像教材等形式。

(一)体育课本

体育课本是专门为学生体育学习而编制的体育教材。由于体育教学的特殊性,我国在很长一段时间内一直没有编写学生用的体育课本,直到1983年广东省出版了我国第一套学生用体育课本。随后,在"一纲多本"政策的推动下,体育课本迅速在全国各地普及,而且从中小学扩大到中专学校和普通高校。体育教科书的出现和普及,对我国体育教学改革、体育教材研究和体育课程建设起到了相当大的推动作用。

(二)体育教学指导用书

体育教学指导用书是专门为体育教师进行体育学习指导而编制的体育教材,具有将《课程标准》要求与体育教学实际相联系的特性,是体育教师根据《课程标准》精神进行教学的直接依据,也是保证《课程标准》得到全面贯彻和促进体育教学过程和方法科学化的重要措施。因此,从某种意义上来说,一个国家的体育教学指导用书,代表了这个国家的体育课程和教学理论与实践的水平和特征。我国第一部体育教学指导用书是在1956年由人民教育出版社出版发行的。

(三)音像教材

音像教材是根据《课程标准》、教学方法要求,利用现代技术(主要是声、光技术)制作的承载教学信息的软件,如幻灯片、投影片、录音磁带、电影片、录像磁带、音像磁盘等。20世纪初,音像教材开始进入教学领域。音像教材能为学生提供视觉的、听觉的,或同时提供视听觉信息;能以活动的图像，系统地呈现事物变化发展过程，能调节对象的时间要素，将缓慢的变化或高速的动作，清楚地表现出来；能将物像扩大或缩小；能舍去事物非本质因素，突出对象本质特征，并有速效性、同时性、广泛性等特点。由于有以上各种特点，因而音像教材具有两方面功能：一是不受时间、空间限制地将教学内容上所涉及的事物、情景、过程，再现给学生。二是向学生提供代替性的经验，使抽象概念半具体化，具体事物半抽象化，从而使教与学相对容易。运用音像教材可以提高教学质量，提高教学效率，扩大教学规模。

（四）依托互联网技术的数字教材

随着互联网技术的不断发展和教育数字化行动计划的不断推进，依托互联网的数字教材应运而生，形成了体育教科书的新形式，也成为体育教学很好的补充形式。今后，随着智慧校园、智慧运动场、智慧体育教室的不断发展，体育数字教材将会成为体育教科书的新样态。

二、体育教科书的用途与用法

体育教材是进行体育教学活动不可缺少的要素，作为体育教材载体形式的课本、体育教学指导用书、音像教材以及体育学习卡片等，其用途与用法归纳起来主要包括：

（一）体育课本

1. 体育课本的用途

体育课本作为学生用体育教材，主要有以下 5 种用途：

（1）作为技能讲解的媒体。比较复杂的运动技术和战术需要用文字、图画来表示，单靠教师在课堂上的讲解是不够的，需要有其他形式来辅助。体育课不同于文化课，在体育课上经常使用黑板和挂图也是比较麻烦的。因此，体育课本有时比其他学科教材更有效。

（2）作为课后复习的材料。有的教学内容虽然在体育课上教了，但一些技能仍需要在课后练习，如需反复练习的武术和健美操等，还有一些知识需要在课后运用，如场地画法、规则和裁判法的学习等，此时需要有体育教科书帮助学生复习，由于体育课上学生不大可能记笔记，因此，体育课本具有笔记本和复习资料的作用。

（3）作为课中和课后体育作业的辅导书。课中和课后的体育作业越来越受到人们的重视，为了提高学生锻炼身体的能力，在体育课本中安排一些自主性较强的实践作业，以及在课后安排一些锻炼身体的作业，都是很好的做法。为了规范作业的要求，节省留作业的时间，利用体育课本来布置作业并辅导学生完成作业，也是它应该具有的用途。

（4）作为学生课外体育读本。体育课本还应该具有"读本"的性质，例如把一些课外读物和各种媒体中难以系统获得的体育知识和原理编进体育课本，使学生手中有一本愿意阅读的"体育读本"，配合体育课的知识和技能学习。

（5）作为学生在课中和课下进行相互评价和自我评价的工具。在体育课本中有意识地编进一些学生自我评价和相互评价的内容，以便学生在课中、课下对自己、对他人、对小组的同伴、对班集体，甚至对老师作出一些评价，从而使体育学习更加理性化、更加充满活力。

2. 体育课本的用法

体育课本主要有以下四种用法：

（1）课中辅助课堂教学。所谓"课中辅助课堂教学"是指体育课本应在某种程度上参与体育课堂教学。主要包括以下 5 种情况：① 学生在体育课中对某些有难度的动作进行钻研时，如分析运动技术结构时帮助学生思考和分析。② 学生在体育课中对某些有深度的理论问题进行讨论时，如探讨某些战术理论时，给予他们分析的方法和举例。③ 学生在体育课中进行小组学习或教师让学生进行独立探索性学习时，为学生提供各种参考。④ 当教师想在体育课中给学生以更广泛的学习内容或进行不同内容的选择式教学时，可为学生提供选择内容。⑤ 当教师在体育课中让学生进行相互评价和自我评价，小组间、小组内相互评价时，可给予学生评价的标准和方法。

（2）课后指导学生复习。所谓"课后指导学生复习"是指通过课本帮助学生在课后复习有难度的技术以及进行素质练习的用法。因此，体育课本中应有课外练习的作业，包括练习方法、练习量、注意事项等，形成类似"家庭作业"的"课后体育练习"，如"家庭运动处方""课外体育小组活动"等。

（3）帮助学生课后拓展学习。所谓"帮助学生课后拓展学习"是指在课下安排一些与课上内容有联系，但更拓展的内容，让学生在课下进行自我学习和探索，如理论上需要思考的问题、在方式方法上变型和变化的运动，形成"课外尝试和探索作业"，如"课外探索园地""分析一场体育比赛""生活中的安全检点""对自己的体质进行评定"等。

（4）帮助学生进行学习评价。所谓"帮助学生进行学习评价"是在体育课本中利用一些评价表，让学生对某一段体育学习情况进行自我评价的方法，这样可以帮助学生对自己的学习态度、学习行为、学习效果等方面进行评价，有利于学生进行内省式总结。

（二）体育教学指导用书

体育教学指导用书作为教师用的体育教材，主要有4个方面的用途：

（1）为体育教师指出体育教学的目标、内容和方法，提供可供教师上课的教学内容和各种各样新颖的教学方法。譬如同一个游戏，设计多种多样的玩法，赋予该游戏新的内涵，不仅在方法上提出各种游戏的变化，而且在角色、结果、评价等方面，渗透综合的教育教学目标和新的教育思想，这就给了教师一把钥匙，让教师打开丰富多彩的体育教学方法的大门。但是，又不能限制教师的创造性。

（2）为体育教师的教学提供多种思路。体育教学指导用书选编的内容都是示例性的，这些示例都没有硬性的规定，对同一个教材内容，都是尽可能地给教师提供多种思路，以便于教师创造性地选用、改用。这对教师来说有很大的灵活性和选择性，例如，某项教学内容只是作为示例而出现，其内容是可以举一反三的。为了让教师有选择地使用这些内容，教师用书选编的面应该宽一些，具体的教学方法也要写得详细一些，但是教师在使用时不应该受到这些具体内容与方法的限制，完全可以结合学生的具体情况进行改编，灵活选用。

（3）为体育教师指明如何进行教学。体育教学在强调以学生为主体的同时，教师的主导作用也必须强化，体育教学指导用书重点在于指明教师如何教，针对每项教学内容提出的多种多样的教法和评价建议，供教师参考或选用，为教师指明如何进行教学，使教师拿到教师用书就可以上课，即教师拿到书就知道主要的教学内容是什么，怎样组织学生活动起来，如何使学生有兴趣，如何达到实际的锻炼效果，如何达到促进学生身心健康发展等综合的教育目标。

（4）为体育教师解决实际教学问题提供可参考的帮助性工具。体育教学指导用书作为工具，可以为体育教师解决实际教学问题提供帮助，例如，根据《课程标准》选编的教材名称、动作方法、教学重点、教学提示、教法建议、评价要点，以及根据国家《课程标准》编订学年、学期教学计划，怎样编写单元计划及教案的制订方法等若干具体示例，都是为教师解决实际教学问题提供的可参考的帮助性工具，教师要结合本地区、本校的实际参考使用。

（三）体育音像教材

在教学活动中，音像教材的使用需借助相应的设备，即用以储存和传递信息的教学机器，如录音机、幻灯机、投影仪、录像机、电子计算机等。音像教材在教学领域有多种应用模式。主要包括：

（1）辅助模式。教师借助音像教材向学生传递信息，师生交互反馈。一般在体育课堂上可以采用。

（2）直接模式。学生直接学习音像教材，并从中得到反馈，不需教师做中介。如电子计算机辅助教学。

（3）循环模式。学生学习音像教材，通过教师作出反馈，这多在自学辅导和远距离教学中应用。特点是电视、广播授课、函授与面授结合。

在体育课堂教学中使用音像教材的方法有演播法、插播法和自主法：

演播法：教师主要借助音像教材传达教学信息，该法完整的工作步骤如下：① 提示。演播前向学生说明片带名称、简介内容和视听目的，提出视听时思考的问题。② 播放。播放过程中可作必要解说。③ 讨论。播后讨论，或有重点地进行巩固性提问。④ 小结。由教师或学生进行总结。⑤ 布置适当的作业。

插播法：教师讲授中穿插播放音像教材的有关片段，可按讲解—播放—讲解—播放—小结的步骤进行。

自主法：把有关音像教材和设备准备好，放在体育课堂，学生根据自己学习的情况，播放有关内容，并进行观察分析。

拓展阅读

1. 张戈，蔺新茂. 我国体育教学内容沿革分析［J］. 体育文化导刊，2016（07）：131-135.

2. 毛振明，丁天翠. "体育走班制教学"的疑惑与解决路径（一）［J］. 中国学校体育，2021，40（01）：9-11.

3. 毛振明，丁天翠. "体育走班制教学"的疑惑与解决路径（二）［J］. 中国学校体育，2021，40（02）：6-8.

4. 毛振明，于素梅. 思考解析"教会、勤练、常赛"——"体育走班制教学"是保障"教会、勤练、常赛"的正确教学模式［J］. 体育教学，2021，41（01）：4-9.

5. 郎健，毛振明. 论体育课程在大中小学的断裂与衔接（上）［J］. 成都体育学院学报，2019，45（02）：38-43+127.

6. 杨东亚，罗帅呈，毛振明. 论体育课程在大中小学的断裂与衔接（下）［J］. 成都体育学院学报，2019，45（04）：91-97.

思考题

1. "体育教学内容"与"体育教材"的概念是一样的吗？
2. 体育教学内容的层次有哪些？
3. 当前对体育教学内容的分类是怎样的？分类的视角是什么？
4. 近代体育教学内容是如何发展的？未来的体育教学内容会有哪些变化？
5. 选择体育教学内容的原则和程序是什么？
6. "四类体育教学内容"是怎样划分的？这种划分意义何在？
7. 如何更好地在体育教学中使用教科书？

第五章 体育教学过程

❋ 本章导言

人的活动都是以过程的形式存在和发展的。恩格斯认为，世界不是一成不变的事物的集合体，而是过程的集合体。体育教学活动的展开也必然表现为一个体育教学过程。体育教学的本质和规律存在于体育教学过程之中，要开展有效的体育教学，就要认识和把握体育教学的本质和内在规律。

体育教学沿着合理的途径达到目标，就形成了合理的体育教学过程，它在体育教学中相当于"公路"和"到达目的地的最佳路线"。体育教学过程是体育教学的时间和程序支撑。

教学过程是体育教学中的时间和程序因素，不同的教学时间主要体现为"教学单元规模"，不同的程序主要体现为"教学模式"，时间和流程的效果最优化就是"教学设计"的问题，由此可见，体育教学过程是教学的一个核心要素。

📖 学习目标

1. 了解体育教学过程的构成要素，知晓体育教学过程的基本特征，懂得体育教学过程认识的各发展阶段，明确并热爱自身所学专业的职业定位。

2. 能清晰地表述体育教学过程的主要类型，知道不同类型体育教学过程的内涵、特点和内容的异同，并能结合自身所学专业，学会设计基于某一体育目标的体育教学过程内容。

3. 理解体育教学过程控制的原则和类型，熟悉体育教学过程控制的要求，激发学习相关专业知识和培养专业能力的兴趣，能分析所学专业健身育人或竞技育人的价值和方法。

第一节 体育教学过程的含义与性质

一、体育教学过程的含义

在以往的《学校体育学》和《体育教学论》中，对体育教学过程的认识有三点是共同的：① 体育教学过程是实现体育教学目标的过程和途径；② 体育教学过程是有组织的程序和有计划的安排；③ 体育教学过程是学生掌握体育知识、运动技能和接受各种教育的过程。据此，本教材对体育教学过程作出如下界定：

重要概念

体育教学过程是为实现体育教学目标而计划、实施的，使学生掌握体育知识和运动技能并接受各种体育道德和行为教育的教学程序，是全员全程全方位育人的过程。这个程序具有学段、学年、学期、单元和课时等不同的时间概念。

体育教学过程大体上可以分为5个层次：

（1）超学段体育教学过程。超学段体育教学过程也可理解为总的体育教学过程，它是学生从小学到大学毕业所接受的国家规定的体育教育过程，这一过程纵贯九年义务教育、高中教育和高等教育等几个阶段，因此也可以理解为体育课程的总教学过程。

（2）学段体育教学过程。如小学阶段（1~6年级）、中学阶段（7~9年级）的体育教学过程。

（3）学年或学期体育教学过程。如小学5年级的体育教学过程、初一上半学期的体育教学过程。

（4）单元体育教学过程。如 18 学时的定向运动单元教学过程、36 学时的篮球单元教学过程。

（5）课堂体育教学过程。课堂体育教学过程是从上体育课开始到体育课结束的 45 分钟（或 90 分钟）的体育教学过程。

二、体育教学过程的性质

（一）体育教学过程是学生掌握运动技能的过程

体育教学过程首先是学生掌握运动技能的过程。知识类学科的教学过程主要是使学生识记概念以及运用判断、推理等思维方式掌握科学知识并发展智力。而体育学科则是使学生在不断的身体练习中掌握运动技能，并通过运动技能的掌握进行能力、素养等其他方面的养成教育，因此，首先要把体育教学过程理解成一个学生掌握运动技能的过程。

（二）体育教学过程是提高学生身体素质的过程

掌握运动技能需要提高运动素质，同时大肌肉群的体育活动也能有效地提高运动素质，运动技能和运动素质是相互促进的关系，因此，体育教学过程也是一个不断提高学生运动素质，并以此增强学生体能的过程。在体育教学过程中，体育教师不仅要注重学生运动技能的掌握，而且要关注学生运动素质的提高，要在设计教学、安排进度和选编内容等方面将两者有机地协调起来。

（三）体育教学过程是学习知识和形成运动认知的过程

体育是一门综合性学科，涉及自然科学和人文科学。在以掌握运动技能为主的体育教学过程中，也会涉及许多知识学习和运动认知获得，有时，这些知识学习和运动认知获得还是掌握运动技能和提高运动素质的基础，因此，体育教学过程也必然是一个掌握体育知识和形成运动认知的过程。

> **背景知识**

★ 人的三种认知和相应的学科学习

人的认知分三大类：一是概念认知，如我们不到赤道就可以知道赤道，这就是概念认知，担负概念认知的学科有语文、化学、物理等；二是感觉认知，如对音乐、绘画的认知，盲人无法从概念上理解颜色就是这个道理，担负感觉认知的学科有音乐、美术；三就是身体运动认知。

运动认知是人对运动的感觉和在这种感觉基础上形成的对运动规律的认识，这种认识只有在体育运动和技能习得中才能获得。一个典型的案例是，系统地学过体育的人与没有系统地学过体育的人相比，他们在身体反应、神经传递方面有突出的能力，他们反应快速、动作敏捷，而且在学习新的技能时也学得快、学得好，这实际上就是运动认知水平的表现。这种认知的获得和提高与人的学习、工作密切相关，也与人的健康和幸福生活密切相关。

（四）体育教学过程是集体学习和社会适应的过程

集体学习和小集体学习是体育教学的主要形式，这是由于大多数体育运动项目是在集体和小集体形式下完成的，因此，体育的习得也需要在集体学习和集体思考的过程中进行。与此同时，当前的体育教学目标也越来越指向学生的集体学习，以期获得集体教育的潜性作用。体育教学中的集体学习和集体思考可以加强师生、生生互动和沟通，是培养学生的社会交往和社会适应能力的有效途径，因此，我们也要把体育教学理解成为一个学生集体学习和社会适应的过程。

（五）体育教学过程是学生体验运动乐趣的过程

学生学习体育的过程是一个在生理上伴随着苦、累、汗甚至伤痛的过程，是身体经受生物学改造的过程，但同时也是一个在身体和心理方面体验运动固有乐趣的过程。这种乐趣是体育运动生命力的体现，也是体育教学的学习目标与内容，更是培养学生体育参与意识的途径和手段，是终身体育的重要基础。因此，我们还要把体育教学过程理解为一个学生体验运动乐趣的过程。

相关链接

★ 在体育教学过程中学生可以体验的运动乐趣

1. 充分的运动感

当学生在体育教学过程中进行了适度的活动时,他们的机体就会体验到一种适度运动后的快感,这种适度既不是气喘吁吁、大汗淋漓,更不是面不改色心不跳,而是在学习压力过大、运动明显不足时,通过体育活动带来的身体上的舒展、心理上抒发的运动快感。

2. 放大的空间感

当总在教室里活动的学生来到宽阔的操场上时,就会兴奋不已,加之新鲜的空气和明媚的阳光,学生体验运动快乐的效果就会更强烈。如果能在体育教学中充分利用学生的这种心理趋向,有意识地让学生在广阔的空间中活动,可以使其获得一种空间的解放感。

3. 人际交流的自由感

在文化课教学过程中,学生之间的人际交流是受限的,而在体育教学中学生、师生之间的交流就方便、自由得多。如果再通过合理运用体育教学组织方法,有意识地加强学生的交往与交流,就会使学生更好地体验到这方面的乐趣,这既有利于培养学生的体育兴趣,也有利于培养学生的社会性。

4. 运动技能提高的成就感

如同在文化课教学中的"解惑"一样,学生在体育教学中实实在在的成就感来自运动技能的提高,其中也包括对有关运动原理的新认识等。相反,如果在教学中忽略运动技能提高的目标和任务,总是在低水平上重复一些简单的动作,就会使学生逐渐丧失体育学习的兴趣,更不会有运动快乐的体验。

5. 体验新奇运动的满足感

体育运动通常是人体从事非日常动作的运动,而人对体位、速度的变化等,具有天生的兴趣,如同儿童爱荡秋千、青少年爱坐"过山车"一样,体育运动千变万化,各有各的特点和乐趣,当人尝试了一种新的运动,得到新的运动体验时,就会产生一种好奇心的满足,就会产生乐趣。

三、与体育教学过程有关的概念

为了便于大家更全面和综合地理解体育教学过程,在此就体育教学过程与体育教学原则、体育教学模式、体育教学设计、体育教学计划以及体育课堂教学等概念的关系进行简析。

(一)体育教学过程与体育教学原则

在许多著作中,"教学原则"都称为"教学过程的原则",可见,体育教学原则与体育教学过程有着密不可分的关系,但体育教学过程与体育教学原则又是不同的概念范畴。它们之间的联系主要体现在:① 体育教学原则是实施体育教学过程的基本要求;② 体育教学原则是优化体育教学过程的基本内容;③ 体育教学原则贯穿于各个层次的体育教学过程之中。

而体育教学过程与体育教学原则之间的主要区分为:① 体育教学过程是时间和流程的范畴,体育教学原则是要求的范畴;② 体育教学过程可以分阶段、有重点,体育教学原则是贯穿始终的;③ 体育教学过程与内容关系密切,体育教学原则与方法关系密切。

(二)体育教学过程与体育教学模式

体育教学模式实际上就是单元和课时体育教学过程的结构特征,是本着某种体育教学指导思想设计的教学过程类型,体育教学过程与体育教学模式是"抽象"和"具体"的关系。因此可以说,那些具体的、有特色的、长短不一的体育教学过程设计以及其中的方法体系就是体育教学模式。

(三)体育教学过程与体育教学设计

体育教学设计实质上就是体育教师对体育教学过程的构想与安排,任何一个体育教学过程都包含某种体育教学设计,体育教学设计是内含在体育教学过程中的工作。但是也不能认为有了一个体育教学过程就有了本教材所说的体育教学设计,因为本教材所讲的体育教学设计是"教师经过精心设计、实现体育教学过程最优化的工作"。

(四)体育教学过程与体育教学计划

体育教学计划是对体育教学过程设计的方案,通常是形成文字的体育教学过程。体育教学计划与体育教学过程一一对应,如学期教学过程有学期教学计划,单元教学过程有单元教学计划,学时教学过程有学时教学计划等。

(五)体育教学过程与体育课堂教学

体育课堂教学是教学的场景,通常指一个课时的体育教学,也是作为时间基本单位的体育教学过程。

总而言之,以上各个因素都与体育教学过程有着密切的关系,都是构成体育教学过程的因素,也都是观察体育教学过程的视角。

第二节 体育教学过程的层次及其特点

为更好地理解体育教学过程的全貌并掌握其特点,有必要对体育教学过程的层次作进一步的分解。体育教学过程可以分为超学段体育教学过程、学段体育教学过程、学年体育教学过程、学期体育教学过程、单元体育教学过程、学时体育教学过程等层次。

一、超学段体育教学过程及其特点

所谓超学段体育教学过程是指从小学到大学的体育教学过程。对每个人来讲,在9~16年长短不等的体育教学过程中,学生所享受到的是国家规定的体育教育。超学段体育教学过程具有以下特点:

(一)国家规定性

超学段体育教学过程受到国家教育意志、社会、政治、经济发展状况和生产力发展水平等多方面因素的直接影响。由国家安排的超学段体育教学过程可长可短，一般是 9 年、12 年乃至 16 年。超学段的体育教学过程是由国家控制的，体现的是国家教育课程设计思想和国家对体育教育的期待，其过程的目的和目标充分反映了国家的意志和要求，是一个宏观的、有系统性的学科教育过程。

（二）多模式性

超学段体育教学过程具有多模式性。超学段的体育教学过程是由若干个学段体育教学过程组成的，而每个学段体育教学过程又受各段教育性质的影响而时间长短不一，这使得超学段体育教学过程并不一样。特别由于我国地域辽阔、民族差异明显，使得超学段体育教学过程在目标表述、教学内容、学时规定以及教学特点上均具有多模式性。

（三）非全体性

超学段体育教学过程包含基础教育、中等教育和高等教育三个阶段。由于教育普及程度的问题，并不是每个学生都能享受到上述完整三个教育阶段的体育教学过程，因此，超学段体育教学过程对学生来说具有非全体性的特点。

二、学段体育教学过程及其特点

学段体育教学过程，按当前中国教育的学制进行划分，可以分为小学、初中、高中、大学等体育教学过程。学段体育教学过程表现为某个学段的课程方案或学段教学计划。学段体育过程的主要特点有：

（一）发展阶段性

学段体育教学过程主要依据学生的身心发育规律划分，如初中生处于青春发育期，生长发育迅速，体型变化大，身体机能迅速发育健全，性发育趋于成熟。随着生理的逐步发育成长，初中生的心理也发生了较大变化，感知能力和观察能力明显提高，记忆力处于高峰期，具体形象思维向抽象逻辑思维过渡，想象能力有所提高。因此，初中学段体育教学过程就是根据初中生上述生长发育的特点而制订的，这就是发展的阶段性。

（二）相互衔接性

学段体育教学过程与超学段体育教学过程相比，是进一步的细化，它是把超学段相对多样的、宏观性的国家体育课程目标、内容和要求进一步分解和细化，合理地分配于几个相互连续和相互衔接的学段中，并使之有机结合。学段体育教学过程主要是由国家来规定原则，由各级学校进行具体设计。

三、学年体育教学过程及其特点

学年体育教学过程是指根据学校的体育教学情况，针对学生的特点，把学段体育教学标准和方案的内容、任务、要求等具体分配到学年中，使之相互衔接并付诸实施的过程。学年体育教学过程是一种中观的体育教学过程，此过程一般由各级各类学校的体育部门来掌控，主要表现为学校的学年教学计划。学年体育教学过程的主要特点有：

（一）系统性

学年体育教学过程要完成学段体育教学的要求和目标，而学段教学目标如何分解、教学内容如何排列、教学时数如何分配、学年与学年又如何衔接等均是学年体育教学过程要着重解决的问题。因此，学年体育教学过程不仅要注意学段中各学年体育教学过程的关系，还要注意学年内两个学期间体育教学过程的关系，因此其系统性比较强。

（二）周期性

学年体育教学过程的计划和安排要考虑体育教学内容的周期性。另外，在全年 32~36 周的体育教学过程中安排什么教学内容、安排在哪个学期、出现几次、教学内容之间的相互关系等，都是学年体育教学过程需要重点考虑的。

（三）承启性

学年体育教学过程具有明显的承上启下性，它是超学段体育教学过程、学段体育教学过程和学期体育教学过程的连接点，对上具有体现的作用，对下具有指导的作用，是宏观过程转向微观过程的中介环节。学年体育教学过程也是超学段、学段体育教学过程的具体化，其实施效果会直接影响体育教学的质量。

四、学期体育教学过程及其特点

学期体育教学过程是学校根据教师、场地、教材的特点和气候等条件，把学年体育教学过程的内容、要求和任务分配到两个学期的各个教学周中去。此教学过程一般由各级各类学校体育教师和体育教研室来掌控，表现为体育教研组的学期教学计划，其主要特点是：

（一）季节性

学期体育教学过程的设计，最主要的就是根据季节变化和当地的气候特点，把学年教学过程中所选择的教学内容合理安排到学期中去，使体育教学符合季节的条件。如在夏季进行游泳、双杠、单杠的教学，而在冬季则可进行中长跑、滑冰以及室内运动的教学。

（二）集散性

学年的体育教学内容确定后，就要根据学生素质与教材之间的关系、教材的难易程度以及气候的变化等，把体育教学内容分配到学期中的各周中去，这就涉及教学内容的排列（集中与分散）。比如有的内容要集中起来进行安排，有的内容则可能要在两个学期中进行间歇性的安排。

五、单元体育教学过程及其特点

单元体育教学过程是指教师按照学期体育教学过程的方案，按教学内容的学理性，安排一些单元，进行课时分配并实施教学的过程。单元是体育教学过程的基本单位，是由若干课时组成的"教学板块"。单元体育教学过程在体育教学中具有重要的意义，表现为体育教师的单元教学计划。单元体育教学过程的主要特点有：

（一）规模变化性

单元体育教学过程有大有小，有长有短，而单元教学过程的长短和大小实质上决定了教学的容量和质量。单元的大小因教学目标、教材难度、学生水平、场地设施、教师水平的差异而不同。一般情况下，技术性不太强、教学内容难度不大的单元可小一些，如游戏、走、跑等，低年级的单元也应该小一些；而高年级随着教学内容的复杂程度和难度的增大，单元教学过程则会长一些。

> **相关链接**
>
> ★ **大单元体育教学**
>
> 近些年，"大单元体育教学"再次走到了体育课程教学的前沿。"大单元体育教学"被重视的原因是体育课教学出现了"蜻蜓点水、低级重复、浅尝辄止、半途而废"的问题和体育课程陷入"上了12年体育课什么都没学会"的困境。而《"健康中国2030"规划纲要》强调的"基本实现青少年熟练掌握一项以上体育运动技能"的目标正在倒逼体育教学朝着"教会、勤练、常赛"方向进行改革，这是体育课程教学步入"改革深水区"时面临的突出问题。
>
> "大单元体育教学"根据所教内容多少和"教会、勤练、常赛"程度，可大到几个学期，小到几十个学时，一般来说，小于十几学时的单元就不属于"大单元体育教学"了。教学单元的大小与所教运动项目的技战术范围与难度有直接的关系，此外还与教学思想和目标、教学条件、生师比、体育教师专业化水平等有密切的关系。
>
> "大单元体育教学"主要是以运动技战术的学习为主体，此外也有针对性集中性身体素质强化大单元教学、教学竞赛大单元教学、操练学习大单元教学、主题学习大单元教学、校外学习与活动大单元教学等形式和内容。
>
> "大单元体育教学"的正确方向是可选择性的专项化体育教学。体育走班制教学可以促进学生根据自己身体特点与爱好进行运动项目的选择并进行专项化教学，可以帮助每个学生熟练掌握1~2项运动技能，促进学校实现一校一品、一生一长、一师一专、一项多队、多学段一体化的良好体育课程教学格局。

（二）学理性

实施心理拓展训练的具体过程与方法

单元体育教学过程具有较强的学理性，安排和设计应根据学生的学习原理，突出教学目标和任务的要求。同一教学目标可设计出不同的教学单元结构，例如，同是篮球项目的教学，可以设计先分解教学再整体教学的单元结构，也可设计先整体教学再分解教学最后到整体教学的单元结构。而后一种方法往往比前一种方法在设计上要科学和先进，会避免"学生学了篮球的技术但不会打比赛"的现象，对比两种不同的单元设计，可清晰地发现其中的问题。

相关链接

★ 根据不同的学理对同一教材进行不同的单元设计

▶ 单元篮球教学过程设计一

阶段	1	2	3	4	5	6	7	合计
教学计划	计划	传球	运球	篮板球	投篮	布阵	比赛	
时数	1	2	2	2	2	3	3	15

▶ 单元篮球教学过程设计二

阶段	1	2	3	4			5	6				7	合计
教学内容	计划	发现问题的比赛	限制防守的比赛	5对5比赛	3对2比赛	4对3比赛	基本练习	2对1练习	2对2练习	5对5练习	5对4练习	比赛	合计
时数	1	2	2	2			3	2				3	15

资料来源：毛振明. 体育教学改革新视野 [M]. 北京：北京体育大学出版社. 2003：145.

六、学时体育教学过程及其特点

学时体育教学过程是指教师根据单元体育教学过程对每节课具体进行组织实施的过程，也是我们通常意义上讲的体育教学过程。根据学段和学校情况不同，有的学时体育教学过程为 45 分钟，有的则为 90 分钟。学时体育教学过程实践性较强，它是超学段、学段、学年、学期和单元体育教学过程实现的主要环节。学时体育教学过程的主要特点有：

（一）结构性

学时体育教学过程作为体育教学的主要实践环节，具有一定的结构性，这个结构遵循着课堂教学的规律，遵循着学生身体机能活动的规律，遵循着学生认知的规律。因此，在学时体育教学过程中，教师的教学要有一定的结构、层次和逻辑性，如课堂教学可以按"三段式"（即开始、基本、结束部分）展开，也可按导入、学习、活动、结束等结构展开。

（二）行为性

学时体育教学过程与其他阶段的体育教学过程相比，最大的特点就是行为性。学时体育教学过程表现为一种积极的教学实践，无论从学生的角度还是从教师的角度，它都是实实在在的行为过程，而不是表现为一种计划，它是在教学时间里发生的教学行为。

（三）方法性

学时体育教学过程作为一种教学行为，非常注重教学过程中方法的应用。方法主要指教法、学法和课堂组织与管理的方法等，这些方法是完成学时体育教学过程目标和任务的关键因素，也是完成学时体育教学内容的轴心。

七、技术学习点教学过程及其特点

技术学习点教学过程是指在学时体育教学过程中，课堂教学的关键和核心部分，也就是课堂教学中的重点和难点部分，其时间长短不等，通常为10~30分钟。技术学习点教学过程也具有较强的实践性，它是学时教学过程中的重中之重，主要特点有：

（一）技能形成的基本单位

技术学习点教学过程是课堂教学的重点部分，往往课堂教学是围绕这个点展开的，因此在这个点上要注意学生技能的形成，在这个技术学习点时间内要突出学生学习的重点、难点和技术的关键，注意学生掌握技能的情况，使教学的其他目标和任务的实现建立在学生技能形成的过程之中。只有学生掌握了技能，才有可能实现其他领域的目标和任务。

（二）身体负荷性

技术学习点教学过程还有一个突出的特点，就是要利用学习的重点来增加学生练习的负荷，在学生学习的高峰时期、注意力集中时期，提高其练习密度，提高学生的生理承受能力，从而达到增强体质、增进健康的目的。

第三节 体育教学规律

一、体育教学规律的含义

规律是客观存在于事物发展过程中的本质属性和必然联系，它是事物发展过程中本身所固有的、不以人的意志为转移的客观必然。体育教学过程作为一种以体育课程内容为中介、以促进学生体育素养发展为根本目的的师生互动活动，也存在客观的规律。在体育教学过程中必须认清和遵循这些客观规律，否则体育教学过程目标的实现就会大打折扣。

> **重要概念**
>
> 体育教学规律是在体育教学过程中客观存在和必然显现的，与体育教学的特殊性有着密切联系的现象及其有规则的变化。

那么，在体育教学过程中究竟存在着哪些规律呢？不同的学者对此有着不同的归纳。本教材在总结众多学者对体育教学规律认知的基础上，依据体育教学规律的基本定义，提出体育教学过程中客观存在的五大规律，即：运动技能形成规律、运动负荷变化与控制规律、体育知识学习与运动认知规律、体育学习集体形成与变化规律、体验运动乐趣的规律。

二、体育教学过程的五大规律

（一）运动技能形成规律

体育教学要让学生学会和掌握一定的运动技能，而运动技能的形成要经历一个由不会到会、由不熟练到熟练、由不巩固到巩固的发展过程。动作技能形成、提高的过程分为粗略掌握动作阶段→改进与提高动作阶段→动作的巩固与运用自如三个阶段。在体育课上，有时不能明显地体现和准确地划分出动作技能掌握的三个阶段，但从一个动作技能掌握的长链结构上看，运动技能形成规律仍是体育教学要遵循的基本规律。在体育教学过程中，运动技能形成的三个阶段还受到运动技术难度、学习的总时间和练习密度、体育教师的教学经验与教学能力、学生前期经验积累、学生体育基础以及学生身体素质强弱等因素的影响。

（二）运动负荷变化与控制规律

体育教学是学生通过身体练习来完成体育习得的过程。因此在体育教学中，学生的身体必定要承受一定的生理负荷，而且从某种意义上讲，这种生理负荷越大，对学生身体产生的生物性痕迹效应越深，对体能提高的效果也越强。但体育教学与一般的体育锻炼和运动训练不同，其追求的并不仅仅是生理负荷和生物性改造，还有其他的教育意义，因此在体育教学过程中，既要发挥生理负荷的作用，又要合理地控制生理负荷，这就是运动负荷变化与控制规律。

根据人体生理机能活动能力变化的规律，在体育教学过程中学生承受运动负荷的规律也与此相适应，运动负荷的安排要与机能变化的三个阶段相匹配，在人体机能活动能力最强的时段安排较大的负荷，在人体机能活

人体生理机能活动能力变化规律

动能力上升和下降阶段要控制运动负荷,这是一个基本规律。但是,在具体的体育教学中,由于学生的年龄特点、身体健康状况、体育基础水平、教材的性质、教学组织教法以及气候条件等不同,学生机能活动能力上升阶段所需要的时间、最高阶段的高度、稳定的时间以及身体承担急剧变化负荷的能力等均有所不同。因此,学生承受运动负荷的大小要根据现实情况酌情考虑,及时进行调整和控制。

体育教学中的运动负荷变化与控制过程:热身和逐渐加强运动负荷的阶段→根据教学的需要调整和控制运动负荷的阶段→恢复和逐渐降低运动负荷的阶段。

(三)体育知识学习和运动认知规律

在体育教学中,学生学习的重要内容之一是体育运动文化和身体锻炼知识,在体育教学中所培养的认知是其他学科不能替代的运动认知,因此,体育教学要遵循体育知识学习和运动认知的规律。

体育学科特有的运动认知体系是不断提高人对物体、对自我的速度、对时间、空间、距离、重量、力量、方位、平衡、高度等因素进行识别和控制的能力,是一种"身体—动觉智力"。所谓身体—动觉智力主要是指运用四肢和躯干的能力,表现为个体能否较好地控制自己的身体并使之对事件作出恰当的身体反应以及是否善于利用身体语言表达自己的情感和思想。身体—动觉智力有三个核心要素,其一是有效地控制身体运动的能力,其二是熟练地操作物体的能力,其三是体脑协调一致的能力。身体—动觉智力在多元智力中占有非常重要的地位。

用多元智力理论来解读体育教学,我们就可以在体育教学中帮助学生协调地控制身体运动、熟练地操作物体(器械、器材),培养学生的空间感知能力和方向判别能力,培养学生对器械的速度、重量、方向等感知能力,从而不断地提高学生的运动认知能力。

体育教学中的运动认知过程:广泛进行感性认知形成感性基础的阶段→进行理性的概括形成理性认知的阶段→将理性的认知演绎到各种运动情景的应用阶段。

7种智力

（四）体育学习集体形成与变化规律

体育学习集体形成与变化规律主要是指在体育教学过程中，学生的学习主要是在集体合作、配合和相互帮助中进行的。由于体育项目及游戏活动大多数是以集体形式呈现的，集体性学习也是体现体育的特性和目标指向的重要要素，因此，在体育教学中要注重和突出学生体育学习的集体性规律。

体育学习集体形成与变化规律要求教师在体育教学设计中，要选择体育集体性项目作为教学内容，要采用分组的小群体教学组织形式，要研究集体性学习的评价方法。只有遵循好这条规律，才能更好地把集体教育和思想政治教育融入体育教学过程之中，体现体育学科特有的集体特性和集体教育的价值。

体育教学中的集体教育过程：组成集体，形成集体因素的阶段→集体巩固，在集体中接受教育的阶段→集体成熟，自觉进行集体性行为的阶段→集体分解，形成新学习集体的阶段。

"班文化"与"队文化"

（五）体验运动乐趣的规律

在体育教学过程中，要让学生不断地体验运动的乐趣，这是培养学生体育兴趣、形成运动爱好和专长的首要条件，也是学生掌握运动技能、增进健康的前提条件，更是体育教学过程中教师自始至终要把握的客观规律。

体育本身就是充满了各种乐趣的运动文化，学生对体育乐趣的追求也是体育学习动机的重要组成部分。重视体育中的乐趣因素可使体育教学成为活泼和充满乐趣的过程，忽视体育中的乐趣因素会导致体育教学成为"身顺心违"的过程，成为"磨难"的"畏途"。

运动乐趣在体育课中的遗失与回复

体育教学中的乐趣体验过程：学生在自己原有的技能水平上充分地运动从而体验运动乐趣的阶段→学生向新的技能水平进行挑战从而体验运动学习乐趣的阶段→学生在习得运动技能以后进行技术和战术的创新从而体验探究和创新乐趣的阶段。

学校心理拓展训练项目实践

拓展阅读

董文梅,毛振明,包莹. 从体育教学的视角研究运动技能学习过程规律 [J]. 体育学刊, 2008 (11): 75-78.

思考题

1. 试分析体育教学过程与其他学科教学过程的主要区别。
2. 体育教学过程中的客观规律有哪些? 你有什么补充吗?
3. 如何理解体育教学过程也是一个认知过程?
4. 简述体育教学过程的不同阶段及其各自的特点。
5. 你对大单元体育教学有什么新的认识?
6. 如何将体育教学过程进行优化?

第六章
体育教学原则

🔬 本章导言

所谓原则，是人们说话或行事所依据的法则或标准，是人们工作时要遵循的基本要求，是在原计划上对工作进行拓展和变更时规定的界限，是保留某事物基本性质的"底线"。例如，我国在改革开放初期，面临诸多新事物、新问题和新困惑，为了更好地解放思想并防止自由化，提出了"四项基本原则"作为改革开放的最基本要求。

要保证体育课是正确的和高质量的教育教学过程，必须有基本要求作为保障，也必须有底线和标准，这些要求、底线、标准就是体育教学的原则。换句话说，没有遵循体育教学原则的体育课就不是好的体育课，甚至不称为体育课。这就是学习体育教学基本原则的意义所在。

📝 学习目标

1. 了解体育教学原则的含义、特点和作用。

2. 能够清楚表述新时代我国的体育教学原则，理解不同教学原则的含义和依据。

3. 能够灵活运用不同的体育教学原则，在教学中较好地贯彻体育教学原则，并学会在体育教学原则视角下对某一体育教学课堂进行分析。

第一节 体育教学原则概述

一、体育教学原则的概念与含义

（一）体育教学原则的概念

> **重要概念**
>
> 体育教学原则是实施体育教学最基本的要求，是保持体育教学性质的最基本因素，是评价体育教学质量的基本标准。

（二）体育教学原则的含义

从体育教学原则的概念中，可以看出体育教学原则的三层含义：

（1）体育教学原则是众多体育教学要求中最基本的内容。

（2）体育教学原则反映着体育教学的最本质特征。

（3）实施体育教学时必须遵循这些原则，如不遵循这些原则中的任何一条，就不能称为是好的体育教学，甚至不能称为是体育教学。

（三）体育教学原则的形成

1. 体育教学原则是体育教学实践经验的概括和总结

自从体育成为学校教育的重要组成部分之后，人们一直围绕着如何更好地完成体育教学目标、提高体育教学质量而进行不断的探索。在长期的体育教学实践中，人们不断地总结成功的经验和失败的教训，并探究其中的规律，久而久之，就形成了一系列较为成熟的体育教学原则。

2. 体育教学原则是体育教学客观规律的反映

体育教学原则虽是人为制定的，但却是体育教学过程客观规律的反映。无论是什么类型的体育教学，无论是国内、国外的体育教学，都有着共同的、不以人们意志为转移的客观规律，人们就是依据这些客观规律进行体育教学实践的。

3. 体育教学原则在不断地发展与完善

由于体育教学原则是根据人们对体育教学规律的认识而制定出来的，因此，体育教学原则必然受到人们认识水平的制约。随着人们对体育教学规律全面认识的不断深入，体育教学原则将会不断发展完善，我们不能把体育教学原则看作一成不变的教条，而应与时俱进地不断探讨和研究它们。

二、体育教学的特点与体育教学原则

（一）一般教学原则和体育教学原则

一般教学原则是各门学科在一般教学条件下应遵守的基本教学要求。一般教学原则是体育教学原则的上位原则，但一般教学原则又不能代替体育教学原则，因为体育教学有其特殊的教学条件和教学要求。

> **? 背景知识**
>
> ⭐ **一般教学论中的教学原则阐述**
>
> 1. 李秉德《教学论》中的教学原则
>
> ①教学整体性原则；②启发创造原则；③理论联系实际原则；④有序性原则；⑤师生协同原则；⑥因材施教原则；⑦积累与熟练原则；⑧反馈调节原则；⑨教学最优化原则。
>
> 2. 吴杰《教学论》中的教学原则
>
> ①密切师生关系原则；②引起动机原则；③启发诱导原则；④有意识和无意识协调统一原则；⑤及时反馈原则；⑥教学过程最优化原则；⑦科学性和思想性统一原则；⑧理论联系实际原则；⑨直观性原则；⑩循序渐进原则；⑪量力性原则；⑫巩固性原则。
>
> 3. 布鲁纳的教学原则
>
> ①动机原则；②结构原则；③程序原则；④反馈原则（强化原则）。
>
> 4. 巴班斯基的教学原则
>
> ①教学的目的性原则；②教学的科学性与生活实践和共产主义建设实际相联系原则；③教学的系统性、连贯性原则；④可接受性原则；⑤激发学生的认识兴趣和知识需求原

则；⑥ 积极性、自觉性、独立性原则；⑦ 各种教学方法最优结合原则；⑧ 各种教学形式最优结合原则；⑨ 为教学创造最优条件原则；⑩ 教学成果的巩固性和效用性原则。

（二）体育教学的特点

体育教学与其他学科的教学一样，都是"教"与"学"的双边活动，都是在教师指导下进行的有目的、有计划、有组织的教学和教育活动。这是体育教学与其他学科教学的相同点，但由于各个学科在教育中所担负的任务不同，因此，体育教学与其他学科的教学之间还存在着区别。与其他学科相比，体育教学的主要特点如下：

1. 体育教学主要以身体活动为基础传授技能

掌握运动技能是体育教学的主要任务，而运动技能的学习主要是在身体活动过程中进行的。学生只有通过大量的身体活动练习，才能更好地掌握运动技能，因此，身体活动性是体育教学的最主要特点。

2. 体育教学具有锻炼学生身体的目的和任务

体育教学作为学校体育的主要环节，还担负着锻炼学生身体并增强学生体质的任务，这是与其他学科所不同的，也是体育学科与其他学科的本质区别之一。

3. 体育教学在相对自由的集体活动中展开

体育教学是围绕着运动技能的传授展开的，运动技能的教学通常是在相对较开阔的空间和特殊的体育器械上进行的，有的运动项目还是小群体组合的运动（如篮球、排球等），这使得一部分运动技能的教学不能全班一起进行，需要在小组这样比较自由的群体条件中进行。在体育教学中，学生的行动也相对自由，运动技能学习还经常要依赖学生之间的相互观察、交流以及保护与帮助等。因此，在人际交流和合作方面，体育教学与其他在教室中全班一起学习的学科教学有很大不同。

4. 体育教学的组织和安全保障更加复杂

体育教学主要在体育场馆进行，教学环境开放，教学空间较大，需要实施控制的因素较多，教师要根据学生的性别、年龄、身体条件、运动技能以及季节、气候、体育场馆、运动器材等各种不同情况选择教学方法和组织教学，因此，体育教学组织比教室内的其他学科更为复杂，所面临的安全保障问题也更多。

理解和把握体育教学特点，是合理制定体育教学原则不可缺少的重要环节。只有全面深刻地认识体育教学的特点，教师才能更好地把握体育教学规律，自觉地遵循体育教学原则，进而构建出科学的体育教学原则体系。

三、体育教学原则的作用

（一）体育教学原则是更加明确的教学要求

体育教学原则作为体育教学工作的基本要求和体育教学规律的集中体现，是对体育教学工作的核心要求。以体育教学原则的形式来体现的教学要求具有更强的概括性、集约性，也更加生动、准确。体育教学原则是更加明确的教学要求，各级教学指导者应依据体育教学原则向教学实施者提出要求。体育教学原则还是体育教师实施体育教学所不能违反的纪律。

（二）体育教学原则是教师实施教学的工作思路

在体育教学过程中，教师涉及的教学工作很多，有对体育教学内容的选择与安排，有对学生的调动与管理，有对教学条件的准备与优化，有对教学情境的组织与设计等。但体育教师只要把体育教学原则铭记在心，就会有明确的工作准则和思路。遵循体育教学原则，教师的教学就是基本正确的，教学质量就有了基本保证；反之，违背了体育教学原则，教师的教学就会出现各种问题。

（三）体育教学原则是观察体育教学的视角

由于体育教学原则是对体育教学工作的基本要求，一般来说，遵循体育教学原则的教学会呈现出合理的外部特征，而不遵循体育教学原则的教学是不能满足教学要求的，会呈现出不合理的外部特征。因此，可以将体育教学原则作为"评价视角"，用以观察和评价体育教学的合理性。体育教学原则的贯彻与否从外观上是可以进行观察的，可观察和评价的要求可以作为体育教学原则,否则就不适合作为体育教学原则。

(四)体育教学原则是评价体育教学的标准

评价体育教学牵涉方方面面,在实践中经常会出现"公说公有理、婆说婆有理"的现象。但有了公认的体育教学原则,那么在评价体育教学时,就会有清晰和简明的标准。

四、体育教学原则体系

无论是一般教学原则,还是体育教学原则,一般都是由几个或十几个原则构成的,因为教学涉及因素较多,单一教学原则难以单独发挥作用。教学原则与五个大的因素有关,即政治因素、学生发展因素、学科体系因素、教法学理因素、教学工作因素(表6-1)。

▶ 表6-1 教学原则的因素与范例

教学原则的因素	范例
政治因素	教学的科学性与生活实践和共产主义建设实际相联系原则;教学的目的性原则;科学性和思想性统一原则
学科体系因素	有序性原则;结构原则;科学性和思想性统一原则
学生发展因素	启发创造原则;因材施教原则;引起动机原则;反馈原则;启发诱导原则;动机原则;可接受性原则;激发学生的认识兴趣和知识需求的原则;积极性、自觉性、独立性原则;量力性原则
教法学理因素	理论联系实际原则;积累与熟练原则;反馈调节原则;程序原则;直观性原则;有意识和无意识协调统一原则;及时反馈原则;教学的系统性、连贯性原则;教学成果的巩固性和效用性原则;巩固性原则;循序渐进原则
教学工作因素	教学整体性原则;师生协同原则;教学最优化原则;各种教学形式最优结合原则;各种教学方法最优结合原则;为教学创造最优条件原则;教学过程最优化原则

因此,构建一个概括完整、词义准确、意义明确、相互交叉少、指导性强、数量适当和便于记忆的体育教学原则体系,有助于发挥体育教学原

则对整个体育教学过程及体育教学活动各个环节的指导作用。

第二节 体育教学七项原则

本书以体现体育教学活动特点和增强体育教学原则指导意义为侧重点，结合新时代我国体育课程与教学改革实际，提出体育教学七项原则。即：激发兴趣与体验运动乐趣原则、合理安排运动量原则、促进运动技能不断提高原则、提高运动认知与传承运动文化原则、在集体活动中进行教育原则、因材施教原则以及安全教育促进运动安全原则。

一、激发兴趣与体验运动乐趣原则

（一）激发兴趣与体验运动乐趣原则的含义和依据

激发兴趣与体验运动乐趣原则是指要通过有趣有效的体育教学，使学生较好地掌握运动技能和锻炼身体，让学生体验身体锻炼与技能提高的成就感，激发运动的乐趣并养成自觉参加运动的好习惯。

激发兴趣与体验运动乐趣原则是依据游戏、运动的特性及学生在体育教学中的情感变化规律提出的。体验运动乐趣是人从事游戏与运动的重要目的，运动乐趣是体育所独有的特质。因此，通过体育教学让学生体验运动乐趣是必要和必须的。由于现代生活方式给人们的身心健康带来许多不利影响，人们有必要在一生中持续参加体育锻炼以维持身心健康，体育运动已越来越成为人们生活的有机组成部分。通过体育教学让学生体验运动的益处和乐趣正是终身体育的需要，也是现代社会对体育学科的要求，让学生体验运动乐趣理所应当也成为体育教学的重要目的。激发学生兴趣，让学生体验运动乐趣还是优化体育教学的手段，学生只有不断地体验到运动和学习的乐趣，有成功的体验，才能更加充分地调动其学习动机，达到身心愉悦和高质量体育学习的目的。

（二）激发兴趣与体验运动乐趣原则的基本要求

在体育教学中贯彻激发兴趣与体验运动乐趣原则的基本要求有以下几点：

1. 正确理解和看待运动中的乐趣

成熟的体育运动项目都有其固有的乐趣，这些乐趣来自该项目特有的运动和比赛特征，作为体育教师，必须正确地理解这一点，既不能无视运动乐趣的存在，也不能盲目过度地追求运动乐趣，要从"目标"和"手段"两个层面的含义上去深刻理解运动的乐趣，帮助学生在体育锻炼中享受运动的乐趣。

2. 注重从学生的立场去理解教学内容

教师和学生对运动的理解往往并不相同，教师多从"教育"和"传授"的立场看待教学内容，而学生多从"乐趣"和"挑战"的角度看待教学内容，因此，需要把两者紧密地结合起来，使"体育学习"和"体验乐趣"在深层次融合起来。

3. 让每个学生不断地获得成功体验

体育是一个与学生身体条件密切相关的文化活动，但学生的身高、体重、身体素质、运动能力等有很大的差别，这些受遗传影响很大，因此，一部分学生在体育学习和活动中很容易产生"劣等感"和"挫折感"。体育教师应适当加工各种教学内容和改变教法（如改变比赛条件、规则等），让每个学生都有机会体验到成功。

4. 处理好体验乐趣与掌握技能的关系

在体育教学中，既要让学生掌握运动技能，又要让学生在体育锻炼中享受运动的乐趣，二者要很好地统一起来。在体育教学中，既有一些趣味性较强或学生容易体验到乐趣的教学内容，也有一些趣味性不太强或学生不容易体验到乐趣的教学内容。在教学意义方面，既有教学意义很强的内容，也有教学意义不太强的内容。为此，体育教师应该把"趣味性强和教学意义强"的教学内容作为教学重点。与此同时，对于"教学意义强但趣味性差"且必须要教的内容，体育教师要善于挖掘或附加一些趣味因素，努力使体育教学更有趣味性，但也不能一味追求趣味化而放松了运动技能教学，最终影响了教学质量。

背景知识

★ 体验乐趣与技能学习的关系

从目标上讲,掌握运动技能是体育学科的本业、主业,运动技能不但要教,还要教好、教会。让学生体验到运动的乐趣也是体育教学的核心任务之一。运动乐趣是体育的内在因素,是体育的魅力和生命,是体育参与者的本质性追求,也是终身体育的动力源泉。

因此,掌握运动技能和体验运动乐趣,都是体育课程教学的目标,它们在目标层面上是一致的。从内容上讲,掌握运动技能和体验运动乐趣有时是统一的,有时是不统一的。因为,在体育教学内容中,的确有趣味性很强的内容(学生容易体验其乐趣),也有一些趣味性不强的内容(学生不太容易体验其乐趣)。在教学意义方面,也有教学意义很强的教学内容(技能性强),也有一些教学意义不太强的教学内容(技能性不强)。

如果用趣味性和教学意义画一个象限来表示的话,可分为趣味性和教学意义都强、趣味性强但教学意义不强、教学意义强但趣味性不强、趣味性和教学意义都不强四大类体育教学内容(图6-1)。四类体育教学内容对于体育教学来说也都有用,但针对四类教学内容要采用不同的认识和处理方法:

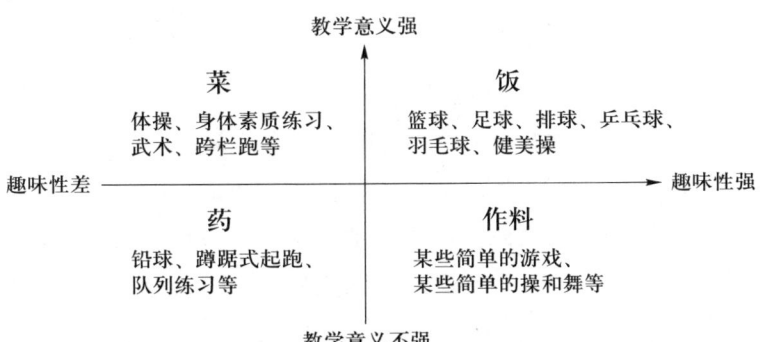

图6-1 教学内容的教学意义和趣味性关系图

(1)应该把"趣味性和教学意义都强"的教学内容当作教学的重点,可以将其理解为"饭"(主食),针对这类教学内容,我们要仔细研究它们的教学规律(学理),充分发挥出教学内容固有的趣味性和技能性,认真教好这些内容并让学生充分体验到其中的乐趣,以提高体育教学的实效性。

（2）对必须要教的那些教学意义强但趣味性差的教学内容，可以将其理解为"菜"（副食），针对这类内容，体育教师不仅要仔细研究它们的教学规律（学理），还要大力发掘或附加上一些乐趣的因素，如通过情节化、游戏化、竞赛化、简化等多种手法，使这些教学更有乐趣，但也千万不要只顾趣味化而放松了运动技能教学，影响了教学质量。

（3）对教学意义差但趣味性强的教学内容，体育教师可将其理解为"味精"（作料），它们不是主要的教学内容，更多的是作为调节教学的辅助内容，如在准备活动、调节情绪和休息放松的时间里使用。除小学低年级的课和活动课，这类内容的运用不能过多，一般不要超过教学总时间的10%。

（4）对趣味性和教学意义均差的教学内容，体育教师可将其理解为"药"（针对某种症状），它们也不是主要的教学内容，更多的是作为锻炼和教育学生的特殊内容来使用，如在冬天集中一段时间让学生长跑以锻炼他们的耐寒能力和耐久力等。这类教学内容在使用时应有明确目的，要"对症下药"，不必也绝不能滥用。

在体育教学中，体育教师只有让学生掌握好运动技能，才能让其更好地体验运动的乐趣；而体验到了运动乐趣，能进一步激发学习运动技战术的热情。在体育教学中，掌握运动技能与体验运动乐趣不是非此即彼的关系，而是相辅相成和互相依存的关系。

5. 要开发多种有利于体验运动乐趣的教学方法

在教学中，教师要在重视传授教学方法的同时，善于采用多种方法来帮助学生体验运动乐趣，如采用游戏法、挑战性练习法、让位比赛法、分组总分比赛法、领会教学法、发现式教学法等教学方法，通过情节化、游戏化、竞赛化、简化、生活化、变形化、文化化等多种手法，让学生能够充分地、平等地体验到学习挑战、运动竞赛、交流创新的多种乐趣。

6. 体验乐趣不忘"磨炼"，体验成功不怕"失败"

"磨炼"往往是体验乐趣的必然过程，"失败"往往是成功之母。体育教师在注重学生体验运动乐趣的时候，千万不能忽视体育中的"磨炼"，不要忽视有意义的"挫折"和"失败"，更不能一味地为了兴趣而迁就学生，放松要求，甚至用幼稚化的玩耍来代替体育运动中挑战与表现的真正乐趣。

二、合理安排运动量原则

（一）合理安排运动量原则的含义和依据

合理安排运动量原则，是指在体育教学中必须要体现体育教学的本质特点——身体活动性，还要使学生身体所承受的运动负荷有效、合理，以满足学生锻炼身体和掌握运动技能的需要。

合理安排运动量原则是依据体育教学的本质特点和体育锻炼需要适宜的运动负荷的规律而提出的。在体育教学中，无论是锻炼学生身体，还是使学生掌握运动技能都依赖于身体大肌肉群活动。科学的身体活动过程是学生锻炼身体和掌握运动技能的基本保障，因此要保证体育教学中合理的运动量，切忌上成"三无七不"[①]体育课和"不出汗不出力"的体育课。

但是，体育教学中学生的运动量也不是越大越好，而是要适宜。适宜是指要考虑课的目标、课的内容、学生身体条件、性别等因素，也要考虑运动量，受班级学生人数、气候、场地器材等方面的影响。片面强调大运动量，不仅不能增强学生体质，反而会对学生健康造成损害。

（二）合理安排运动量原则的基本要求

在体育教学中贯彻合理安排运动量原则的基本要求有以下几点：

1. 运动量的安排要服从体育教学目标

合理安排运动量是为了实现特定的身体锻炼和技能掌握的教学目标，运动量科学与否也关系到教学目标能否实现。教师既不能忽略运动量对实现体育教学目标的决定性作用，也不能漠视各特殊课型需要而一味追求相同的运动量。

2. 运动量的安排要适应学生发展需要

运动量的科学性既体现在学生的发展性上，也体现在运动的安全性上，而这都取决于学生的身体状况和发展需要。教师合理地安排运动量，必须了解学生身体发展阶段的特点，掌握学生身体发展的科学原理，熟悉各个

[①] "三无七不"体育课中的"三无"是指无强度、无难度、无对抗；"七不"是指不出汗、不喘气、不脏衣、不摔跤、不擦皮、不扭伤、不奔跑。

运动项目特点等，这就是我们常说的备课要"备好学生"。

3. 通过科学的教学内容和教法设计合理地安排运动量

体育运动项目及其技战术练习多种多样，有的运动量大，有的运动量小，有的运动强度大，有的运动强度小，因此在设计体育教学内容时，要仔细考量运动量的问题，要进行合理的搭配和必要的改造。

由于体育教学过程是"学习—练习—发展"的过程，各个阶段都有着不同的任务和特点，因此，还要根据教学过程不同阶段的特点来科学安排运动量。

教法是调节运动量最方便的手段，因此，在体育教学中要根据情况随时调整运动量和运动强度。例如，通过改变练习顺序、分组、运动强度等调整运动量。

4. 要因人而异地考虑运动量

把握体育教学中的运动量，首先要从学生的整体情况来考虑，然后还要进行因人而异的调整，教师要根据学生的身体强弱等具体情况个性化地安排运动量，要把整体要求和因材施教结合起来。

5. 要提高学生自我控制运动量的能力

体育教师在体育教学中强化对锻炼原理、运动负荷以及运动处方等知识的讲授，教会学生自我判断和调整运动量的常识，以便他们在体育锻炼中能够把握合理的运动量，逐步学会科学锻炼的方法。

三、促进运动技能不断提高原则

（一）促进运动技能不断提高原则的含义和依据

促进运动技能不断提高的原则是指在体育教学中要不断提高学生的运动技能及参加比赛和表现活动的能力，确保体育教学的有效性。

促进运动技能不断提高原则是依据较好地掌握运动技能有利于参与终身体育的规律和体育教学条件下运动技能形成规律而提出的。掌握运动技能既是体育"授业"的本职，也是体育"解惑"的基础，是提高学生身体素质的途径，是学生体验运动乐趣和掌握体育锻炼方法的前提。不断提高学生的运动技能是体育教学的最基本要求，是判别体育教学有效性和质量的标准，同时也是判别体育教师教学能力的标准。

（二）促进运动技能不断提高原则的基本要求

在体育教学中，贯彻促进运动技能不断提高原则的基本要求有以下几点：

1. 正确认识提高运动技能的意义

掌握运动技能既是体育"授业"的本职，也是体育"解惑"的基础，掌握运动技能是学生掌握锻炼方法、发展运动素质及体验运动乐趣的前提。体育教师要充分认识提高运动技能在体育学习中的重要意义，认真做好运动技能教学，杜绝运动技战术"蜻蜓点水"和"低级重复"的错误，教学评价要从"教了多少"转向"教会了多少"，不能再陷入"上了12年体育课什么技能都没掌握"的泥潭和怪圈。

2. 明确目的并有层次地掌握运动技能

不同于运动员掌握运动技能的目的，学生掌握运动技能主要是为了健身和娱乐，因此，在体育教学中，运动技能传授要树立"健康第一"的教育理念和终身体育的思想，围绕"熟练掌握一项以上运动技能""初步掌握多项运动技能""掌握基本的锻炼身体方法的运动技能""体验一些运动项目的技能"等不同层次的运动技能目标，有层次地让学生掌握终身体育所需要的各类运动技能。

3. 认真钻研运动技能形成的学理与教法

要让学生很好地掌握运动技能，体育教师必须掌握运动技能形成规律，特别是在体育教学条件下的运动技能形成规律。体育教学时间相对有限、学生众多、场地器材有限，这与运动员训练和学生自由活动的情况差别很大，因此，认真研究体育教学中运动技能形成的规律，研究体育的学理和教法是提高教学质量的前提和保证。

4. 优化有利于运动技能提高的环境与条件

要让学生很好地掌握运动技能，体育教师还必须创造良好的运动技战术学习条件，其中包括体育教师的运动技能和教学技能水平，包括场地器材的合理利用、体育教学中互助激励环境、竞争比赛环境、运动安全环境等，还包括对学生集体的组织和开展学生间的相互交流、相互评价等工作。

四、提高运动认知与传承运动文化原则

（一）提高运动认知与传承运动文化原则的含义和依据

提高运动认知与传承运动文化原则是指在体育教学中通过体育知识和运动技术的学习，培养学生的运动认知能力，提高学生对运动与文化的理解，传承运动文化。

提高运动认知与传承运动文化原则是依据运动实践与运动认知相互促进的规律提出的。运动认知是通过运动经验形成的特殊认知方式，擅长运动的人在身体反应、神经传递方面具有突出的能力，他们反应快速、动作敏捷，这就是运动认知水平高的表现。运动认知的获得和提高不仅与人的学习、工作、生活密切相关，而且也与人的健康和幸福有密切关系。在学校教育中，不同的学科担负着不同认知能力的培养任务，体育教学是学生获得运动认知最重要的手段。运动文化是人类灿烂文化的重要组成部分，当代青少年有责任将前人创造的优秀体育文化传承发展，因此，传承运动文化也是体育教学的重要任务。

（二）提高运动认知与传承运动文化原则的基本要求

在体育教学中贯彻提高运动认知与传承运动文化原则的基本要求有以下几点：

1. 重视体育中的认知因素，实现"学懂"的目标

要通过体育教学实现学生对体育既"会"又"懂"的目标，"会"是指对运动技能的掌握，"懂"是指对运动原理和运动文化的理解。对运动原理的理解有利于学生在未来的体育锻炼中做到"举一反三"；而学生对运动文化的理解有利于他们区别运动文化与其他文化的本质和形式，从而更好地理解和热爱体育，二者都与学生的终身体育有着密切的关系。

2. 重视培养学生运动表象和再造想象能力

运动表象和再造想象是学生形成动作、掌握运动技能的基础。学生头脑中的运动表象储备越丰富，再造想象力越强，运动技能掌握得也就越迅速、越准确。由于学生对某一动作的认识在很大程度上依赖于其对那个

动作所形成的表象,因此在体育教学中,教师要关注学生运动表象的形成,通过教师的示范、讲解、观看录像、模仿练习等形成正确而清晰的运动表象,同时加强再造想象训练,使学生的动作得以巩固、熟练和达到自动化。

3. 重视发现式学习和问题解决式教学法

在体育教学中要重视发现式学习和问题解决式教学法,以提高学生发现问题、分析问题和解决问题的能力,并不断提高学生对运动原理、运动方法的理解,提高体育教学的"智育"质量,使理性的认识成为学生终身体育实践能力的有机组成部分。虽然体育教学与其他认知类学科在教学过程上有很大不同,但仍需要体育教师遵循认知规律来设计体育教学过程,事先将有关原理和知识进行挖掘整理,组成"课题串"和"问题串",构建认知性的体育教学。

4. 开发有利于学生认知的教学方法与手段

要实现体育教学中开发认知的任务,就必须大力开发有利于学生认知的教学方法与手段。在教学方法层面,要重视对设疑提问、问题验证、学习讨论、集体思考和集体归纳等教学方法的开发。在教学手段层面,要重视对黑板、模型、计算机课件、学习卡片等可提高学生认知的教学手段的开发,从而把学习运动技能和提高运动认知紧密地结合起来。

五、在集体活动中进行教育原则

(一)在集体活动中进行教育原则的含义和依据

在集体活动中进行教育原则是指在体育教学中充分发挥集体的教育意义,在集体的自主性活动中利用集体要素对学生进行团队精神与行为教育,培养学生正确的集体观念和团结、合作、服从等集体行为。

在集体活动中进行教育原则是依据运动以集体活动形式为主,体育学习依赖于学习集体的特点以及集体组成、发展和分化的客观规律而提出的。体育活动以竞争、协同、表现为主要特点,这些特点又与集体活动密切相关。体育的许多项目都在集体教育作用很强的小团队中进行,如篮球、排球、足球、健美操和艺术体操等,因此,体育运动与小团队有着天然的联系。另一方面，体育教学受场地、器材和活动方式的影响，教学形态也经常是以小组形式进行的，这使得体育学习方式也与集体有内在关联。

从体育教学目标来讲，对学生进行集体教育既是青少年社会化的要求，也是学生形成良好的集体行为、参加终身体育锻炼的需要，因此，体育教学要充分发挥体育的集体教育作用，为学生的未来发展和社会体育参与打下基础。

（二）在集体活动中进行教育原则的基本要求

体育教学中贯彻在集体活动中进行教育原则的基本要求有以下几点：

1. 挖掘体育活动与学习中的集体教育要素

体育活动与学习中的集体教育要素很丰富，如集体共同的目标、成员的团队意识、集体内的领导核心、成员的职责分担机制、团队规则的建立、集体的共同活动以及集体共同活动的场所与环境等。体育教师应加强对这些因素的关注和研究，将这些教育因素有目的、有意识地渗透在学生的集体活动与学习中，为培养学生集体意识和集体行为打好基础。

背景知识

集体的七要素

1. 共同的目标；2. 士气（团队的意识）；3. 领导核心；4. 职责的分担；5. 规则的建立；6. 共同的活动；7. 共同的活动场所。

---

2. 根据教学内容设立集体学习的场景

集体学习的出现主要依据两个前提条件，一个是共同学习的课题，另一个是共同学习的平台。

共同学习的课题就是每个学生都关心，都具有学习欲望的学习任务，它可能是一个需要解答的难题，也可能是一个关键的技术和战术，可能是需要毅力或智力的练习，也可能是关系到团队荣誉的比赛等。如此课题的提出是凝聚集体意识和培养良好集体行为的前提和关键。

共同学习的平台是集体的组织构成和组织形式，它不单单是简单的分组，也不是几个人凑在一起的简单行为，它是建立在共同的目标、团队的意识、领导核心、职责的分担、规则的建立、共同的活动以及共同的活动场所等集体因素上的集体形态。共同学习的平台是凝聚集体意识和培养良好集体行为的载体和依托。

体育教学要贯彻在集体活动中进行教育原则，就必须通过教学内容研究挖掘那些有意义的、与运动技能教学联系紧密的集体共同学习的课题，通过改进教学组织方法有意识地形成各种有效的"集体共同学习平台"，将集体教育落到实处。

3. 开发有助于集体学习的教学技术手段

体育教学要贯彻在集体活动中进行教育原则，还必须有集体教育的技术手段作为支撑。在国内外的体育教学实践中，已开发出许多有利于学生在集体间交流的教学技术手段，包括形成团队凝聚力的方法、集体讨论的形式、在全班面前的小组报告、小组内同学之间的相互评价等。而教学手段则主要体现在组内互动的媒介——"学习卡片"的开发和运用上。教学技术手段为贯彻在集体活动中进行教育原则提供了技术的保证。

4. 处理好集体学习和个性发展之间的关系

体育教学既要贯彻在集体活动中进行教育的原则，还要注意发展学生的个性，促进学生个性和集体意识协调统一发展。良好的个性体现应是在集体的道德共识和行为规范范畴内的个体创新，而集体意识应是包容各种正确的个人思想与行动自由的群体集合，不能一谈集体教育就否定那些合理的个性化思想和行为权利，更不能一谈个性发展就纵容那些有悖于集体利益的不合理思想和行为的存在，要将集体教育与个性发展有机融合在集体活动之中，实现以约束为前提的自由。

六、因材施教原则

（一）因材施教原则的含义和依据

因材施教原则是指在体育教学中贯彻面向全体学生的宗旨，根据每个学生的具体情况，实施各不相同的、有针对性的教育，使每个学生的运动技能和身心健康都在各自基础上得到充分的发展。

因材施教原则是依据体育教学受制约于学生身心发展的特点规律提出的。学生身心发展在一定年龄阶段上虽然具有一定的共同性和普遍性，但由于遗传、生长环境等因素的影响，同一年龄段学生的身心发展也会有较大的差异，他们在体育方面的差异则更为明显。因此，体育教学必须充分考虑学生的个体差异，坚持因材施教，争取使每个学生都得到平等的教育和充分的发展。

（二）因材施教原则的基本要求

体育教学中贯彻因材施教原则的基本要求有以下几点：

1. 深入细致地研究和了解学生

体育教学中贯彻因材施教的原则，首先就是要了解学生的个体差异情况，为因材施教作好准备。充分了解和研究学生是良好教学的基础和出发点，教师可通过问卷、查阅资料和咨询班主任等方式对学生进行细致了解，摸清学生在身体条件、兴趣爱好和运动技能等方面的个体差异。在对个体差异进行分析的基础上，体育教师要考虑好在教学中因材施教的对策。

2. 正确看待和引导学生客观对待个体差异

体育教学中贯彻因材施教的原则，还必须正确看待并引导学生客观对待个体差异。第一，教师自己不能歧视身体条件和运动技能较差的学生，同时要告诉学生不能歧视；第二，教师不能偏爱身体条件和运动技能好的学生；第三，教师要使学生理解：人在各个方面存在个体差异很正常，在体育方面存在个体差异更是正常现象。体育教师要引导学生不要因为这些差异而自满或沮丧，要有自己的发展目标和努力方向。体育教师还要教导学生用发展的观点来看待个体间的差异，引导学生互相帮助、互相学习、互相评价等，从而使师生在思想上树立正确对待个体差异的认识。

3. 运用多种教学组织形式创造因材施教的条件

体育教师要采用多种教学组织形式进行因材施教，如采用"等质分组"（按体能分组、按身高分组、按体重分组、按技能水平分组等）的形式进行教学。对身体条件和运动技能差的学生要开"小灶"，给予特别的关怀和照顾；对身体条件和运动技能都好的学生，要提出更高的要求，为他们的进一步发展创造条件，以保证全体学生都能有进步，每个学生都能体验到进步和成功的乐趣。

4. 采用多种教学方法进行因材施教

由于有些体育教学的场合不能进行"等质分组"，因此还要运用多种教学方法，如8秒钟赛跑、五分手篮球、目标跳远等，这些教学方法既能让每个学生拥有自己的挑战目标，实现自己的突破，又能与强手一起同场竞技。

5. 把因材施教与统一要求结合起来

统一要求是面向多数学生，而因材施教是面向全体学生；统一要求是客观标准，而因材施教是主观评价标准；统一要求与学籍管理有关，而因材施教与学习自觉性有关。但是无论怎样，统一要求和因材施教都是体育教育的目标和手段，两者不可偏废。

七、安全教育促进运动安全原则

（一）安全教育促进运动安全原则的含义和依据

安全教育促进运动安全原则是指在体育教学中要强化对学生的运动安全教育，促进学生安全地从事身体锻炼和运动竞赛。

安全教育促进运动安全原则是依据体育运动特点和保障运动安全的规律提出的。体育是由角力活动、非正常体位活动、剧烈身体活动、器械身体活动、持器械身体活动、野外活动、极限探险运动等活动构成的，因此体育运动中存在一定的危险因素，初学者从事体育运动时的危险因素更多。但这种危险是相对的，也是可以避免的。体育教学既是安全问题的多发点，又是进行安全教育的最好情境。安全教育促进运动安全原则是一个一票否决性的要求，如果一堂体育课在安全保障方面存在重大隐患，那么其他方面的教学设计即使再周到也是失败的。

（二）安全教育促进运动安全原则的基本要求

在体育教学中贯彻安全教育促进运动安全原则的基本要求有以下几点：

1. **教师必须周到地预测所有可能发生的危险因素**

一般来说，体育教学中绝大多数危险因素是可以预测的。可以预测的危险因素如表6-2所示：

▶ 表6-2 在体育教学中可预测的危险因素

几种可预测的危险因素	举例
因学生思想态度产生的危险因素	如莽撞行事、擅自行事、准备活动不充分等
因学生身体条件与运动难度悬殊而产生的危险因素	如力量不及、动作难度太大、对该运动非常不熟悉、缺乏必要的保护与帮助等
因器械坏损产生的危险因素	如绳索折断、双杠折断、羽毛球拍头脱落飞出等
因场地条件变化产生的危险因素	如雨雪地上的滑倒、塑胶地破损的绊倒等
因学生身体变化产生的危险因素	如在学生伤病期间勉强参加运动引发的危险等
因特殊天气产生的危险因素	如酷暑时进行长跑、寒风中做体操、被暴雨淋浇等

对于以上可以预测的危险因素，体育教师在课前必须要逐一地进行思考和检查，以消除一切潜在危险因素。

2. **时刻对学生进行运动安全的教育**

要贯彻好安全教育促进运动安全原则，必须有广大学生的密切配合。体育教师要时时刻刻对学生进行运动安全教育，让每个学生都绷紧安全这根弦，并要组织专门时间讲解保证安全的知识和要领，教师还要注意传授学生互相保护和帮助的技能。

3. **建立安全管理制度，设置安全保护装置**

对于一些比较危险的教学内容要制定严格的安全管理制度，限制那些危险部分的教学内容和教学手段；对于一些比较容易发生危险的体育设施要安装必要的保护装置和警示标志，警示学生在体育活动中注意防范。

4. **在体育教学中安排负责安全的学生干部**

教师还要充分发挥体育委员和其他学生干部的作用共同防范危险，确保全体学生的运动安全。

第三节 坚持体育教学原则的案例分析

一、较好坚持体育教学原则的案例分析

所谓较好地坚持体育教学原则，是指能够根据体育教学规律和体育教学特点，较好地设计和实施体育教学，很好地整备体育教学的条件，实现了好的教学效果，达到了上述几条反映体育教学特点的基本要求和评价的"好课"标准。

下面的水平四足球单元及课时教学计划设计方案较好地贯彻了体育教学的基本原则（表6-3，表6-4）。

▶ 表6-3 水平四足球单元教学计划设计方案示例

题目	进入足球的世界	课时预计	10~18学时	辅助内容	发展速度和灵敏性
单元学习目标		激发学生对足球运动的学习兴趣，在足球文化氛围中使学生理解和掌握足球战术，在比赛中培养学生的合作竞争精神，在自我挑战过程中克服困难并体验达到目标的欢乐，结合足球运动的特点发展学生速度、灵敏、耐力素质等			

课次	学习内容	课时学习目标	学习策略	辅助内容	对规则的改造
1~2	足球游戏	在多种游戏中感受到足球运动的乐趣，充分发挥应变能力。体验个人与集体的关系，熟悉足球运动的基本规则	发界外球、角球、任意球的游戏；游戏比赛	跑的游戏	以橄榄球的形式进行比赛
3~5	运球与个人突破	明确运球的动作与方法，在比赛中合理运用个人突破技术以取得战机，在足球游戏中体验与同伴合理分配角色、为集体争光的感受	各种玩球的练习；各种形式的运球；个人突破分层练习（消极防守 积极防守 停球过人）	规则介绍；合理冲撞与犯规	以底线为球门，运球越过对方底线为得分

续表

课次	学习内容	课时学习目标	学习策略	辅助内容	对规则的改造
6～7	激动人心的射门	在探究性学习中思考正脚背射门的技术要领，提高分析问题和解决问题的能力，培养学生勇于向新目标挑战的品质	研究问题：怎样射门力量大？怎样射门才准确？技术分析与归纳；实战检验	发展速度的练习	分层教学比赛：A组在射门前可以调整；B组在射门前不可调整；C组必须用凌空射门技术，但最后的传球可用手
8～9	传接球技术	掌握脚内侧传接技术；在一定心理压力下，能表现出自己应有的技术水平，逐步增强自信	传接球练习；10米踢准比赛；传抢游戏；点球大战、比赛	规则介绍；发展灵敏性的练习	比赛中不设守门员，攻门必须在禁区外用脚内侧完成
10～11	精彩的头顶球	记住头顶球技术的要领，在合作中感悟到战术的意识；在设置的各种情境中进行练习，形成一定的技能	原地练习对顶练习 { 对顶 攻门 分层练习 鱼跃 } 实战运用	自我保护方法；足球运动文化	在比赛中可以用手，但必须用头顶球完成攻门
12～18	足球教学比赛	体验足球比赛乐趣，明确足球常用阵型与规则，在实战中检验自己的运动技能，在比赛中和同伴建立良好的合作关系	比赛阵形与特点介绍；教学比赛；给自己和他人的场上表现评分	发展体能；欣赏体育比赛	根据学生的技能情况设3分手，2分手，1分手，一般学生进球得3分、中等技能的学生进球得2分、较好技能的学生进球得1分

▶ 表 6-4　水平四足球课时教学计划设计方案示例

时间/分钟	教学过程和主要内容	分析
9~11 24~26 33~35 40	学习阶段：水平四　课型：新授课　初二年级　男生40人 学习目标：学习头顶球技术 在参与中体验足球文化的魅力 在合作中感悟战术意识 在对抗中产生运动兴趣 在文化氛围中追求技术、技能与享受运动快乐的和谐、统一 学习内容：足球头顶球技术及实战运用 【教学程序】 足球文化导入、准备活动、玩球 ↓ 头顶球技术学习、分层次教学 技术学习／分层次教学 技术分析／合作学习／对顶／攻门／鱼跃头顶 ↓ 头顶球技术实战运用展示与评价 【教学策略】 创造文化氛围，使学生对足球文化有较全面的认识 ↓ 优化教学目标，做到目标难易适中，确定在各类学生的"最近发展区"之间 ↓ 尊重差异，提高每个学生的学习兴趣，创造成功体验 ↓ 师生共同评价，在评价中发现、发展、发扬 ↓ 对竞技项目进行改造，使学生能在实战中成功运用头顶球技术，在对抗中产生运动的激情，在合作中感悟战术的意识，在比赛中体验运动文化的魅力	分析1： 学习目标定得很全面，但依然以运动技能习得为重点；对运动文化的认知要求很具体、恰当；把学生的合作与战术意识培养结合起来，有利于学生的集体学习和集体思考；强调对抗的乐趣，符合足球教学的特质。这些目标都为该教学体现诸教学原则作好了准备，提出了要求 分析2： 该教学过程以运动技术为主线，教学进行得很细致，充分体现了促进运动技能不断提高原则；教学目标兼顾其他学习目标，在教学策略中明确提出了对足球文化的认识问题，并努力营造文化氛围等，这些体现了提高运动认知与传承运动文化原则；在教学中安排了玩球和文化的导入以及在比赛中体验运动文化魅力的要求，这都体现了激发兴趣和体验运动乐趣原则；在教学策略中还明确提出了"最近发展区""尊重差异，提高

续表

时间/分钟	教学过程和主要内容	分析
	平均心率：115~120次/分 练习密度：45%以上 心理负荷：平衡→上升→平稳→上升→平稳 安全检点内容：学生的服装，重点检查学生的鞋，检查足球有无大的破损，课中要对头顶球时容易出现的伤害和预防要领进行讲解，检查体育场地等 课后反思：_____	每个学生学习兴趣"等要求，以体现因材施教原则；教学策略中还提出了"师生共同评价"的要求，教学中安排了"展示与评价"的内容等，这些体现了在集体活动中进行教育原则；该教学计划明确要求练习密度为45%以上，心率为115~120次/分，这些都较好地体现了合理安排运动量原则；在安全方面考虑得也很细致

选自：N市某中学老师的足球课教学方案。

以上足球单元及课时教学计划设计体现着教师对学生学习的尊重，体现了对技术学习及运动技能掌握效果的重视，同时还注意到了体育教学中的身体锻炼因素，对学生集体的学习和思考安排得当。教师在体育教学中充分注意到了对足球运动乐趣的挖掘和强化，体现了"教会、勤练、常赛"的要求，使学生可以体验到足球运动的乐趣，在教学中还十分注重运动认知和知识学习。以上教学设计既有助于实现技战术学习的目标，也体现了多方面的教育功能，且没有明显的安全问题，使单元和各节课具有良好的教学效果，是坚持各项体育教学原则较好的范例。

二、未能较好坚持体育教学原则的案例分析

在体育教学中，也有不少教学未能较好地坚持体育教学原则，即在课时和单元的教学设计与实施中未能体现体育教学规律和教学特点，不能很好地整备体育教学条件，教学效果不好。

以下的这个示例就没能较好地坚持体育教学的基本原则（表6-5）。

▶ 表6-5　未能较好坚持体育教学基本原则的示例

教学过程和主要内容	分析
学生年级：初中二年级（八年级），人数40人，男女各半 教学内容：多种形式的投掷练习 （一）学习目标 1. 激发学生的学习兴趣 2. 进行多种形式的投掷练习 3. 培养学生的集体主义精神，发扬爱国主义精神 （二）教学重点与难点 1. 教学重点 体会并能运用2~3种投掷技术 2. 教学难点 如何通过合理教学，调动学生的学习积极性 （三）教学方法 情境教学法、游戏比赛法 （四）组织形式 （男女生分组练习）投准练习→低势前抛练习→侧向投掷练习→"保龄球"练习 （五）教具 1. 废旧自行车外胎7条 2. 装沙矿泉水瓶45个 3. 实心球10个 4. 细铁丝约30米 5. 录音机一台 （六）场地示意图（略） （七）教学过程 1. 战前动员 设置情境（安排本次课的练习内容及组织方法等），女生命名为"巾帼队"，男生命名为"勇士队" 2. 战前训练（准备活动） （1）慢跑：男、女生分别以一路纵队的形式，从↑方位跑进，先把手中的瓶按1米左右间距沿直线放置，然后绕瓶做"S"形跑动，2~3分钟后，再依次收瓶 （2）做简易自编操5~6节	分析1： （1）教学目标中只提出"激发学习兴趣"，但教学设计中并未明确投掷的兴趣是什么，因此，体验乐趣及其方法都不明确 （2）教学目标中没有针对技能掌握的具体目标，只提了进行投掷的练习 （3）"集体主义和爱国主义培养"应该落实在具体的教学环节里，而不是知识口号 分析2： 在教学重点的设计中，对体验乐趣的内容与方法没有说明 分析3： 教学过程中的掌握运动技能主线不清晰。技战术学习的逻辑不清楚："投准练习→低势前抛练习→侧向投掷练习→保龄球练习"的技术关系不明 分析4： 采用了情境教学的方法，但从情境设置的具体情况来看，不符合初二学生的心理特征，教学有明显的幼稚化倾向

续表

教学过程和主要内容	分析
（3）抛接练习时提醒学生高度要适宜，注意安全 3. 战斗开始 （1）"炸碉堡"（投准练习）：按男、女生分组进行比赛，看哪个队能把"炮弹"（装沙矿泉水瓶）准确地投入"敌人"的"碉堡"（自行车外胎）内 要求： ① 让学生选择适合自己的投准方法，按统一口令投掷、捡瓶 ② 通过调整投掷距离来调整投掷难度 （2）"打坦克"（低姿势前抛练习）："敌人"的"坦克"（细铁丝制成）一辆接着一辆地开过来，"战士们"分站在两边，发射"炮弹"，奋力击毁"坦克" 要求："投弹"时重心要下降，"炮弹"要低平，出手时机要把握住 （3）"打飞机"（原地侧向投掷练习）："战士们"将"炮弹"射向空中行进中的"飞机"（细铁丝制成） 要求： ① 侧向投掷，把握时机，争取击中目标 ② 对学生进行侧面示范展示，建立正确的动作概念 ③ 采用下蹲姿势前行通过"敌机侦察区" （4）打"保龄球"：男、女生分组进行打"保龄球"比赛，击倒瓶多者组为胜 4. 战斗结束（放松活动） 师生共同庆祝战斗的胜利，并唱歌表示庆贺 （1）注意事项 ① 练习过程中，体育教师应充分调动学生干部的积极作用 ② 让学生想办法完成学习目标，使练习既安全有效又充满乐趣 （2）联想 ① 在"坦克"和"飞机"上系上彩带，教学效果是否会更好些 ② "飞机"是否可以设计成上下两圈相连，便于学生调整投掷角度	分析5： 教学中只安排了男、女生分别分组比赛，但如何利用这种集体的比赛导入集体学习和教育，教师缺乏深入思考，集体教育意识不强 分析6： 教学中没有设定任何知识学习和运动认知性学习。其实各种投掷方法的异同及要领的不同是个很好的认识课题 分析7： 投掷教学是一个容易出现危险的科目，而且教学中学生面对面投掷的场面很多，但教师没有提出进行安全检查的措施，也没有进行安全教育 分析8： 整个教学课没有提出素质锻炼的目标，也没有针对练习密度和运动负荷的要求，没有体现锻炼负荷的原则 分析9： 最后的"唱歌庆祝胜利"显得有些幼稚，有画蛇添足之感

思考题

1. 原则的含义是什么？原则与要求是同一概念吗？
2. 为什么要为制定体育教学原则？
3. 制定体育教学原则的依据是什么？
4. 你同意本教材提出的七个教学原则吗？为什么？你有什么补充？
5. 请用是否很好地贯彻了体育教学原则的视角对某一堂体育课进行分析。

第七章 体育教学设计

❖ 本章导言

体育教学设计是体育教学研究的新视角和新领域，人们关注体育教学设计是希望用整体和系统的观点对体育教学过程进行优化，体育教学设计的成果是科学的教学方案。体育教学设计与体育教学计划是过程与结果的关系，是思想与工作的关系。

本章在概述体育教学设计的基础上，重点对体育教学设计的操作程序进行阐述，并对学年教学计划、单元教学计划和课时教学计划的制订进行重点讲解。

📖 学习目标

1. 理解体育教学设计的含义及内容，明白体育教学计划和体育教学设计的区别，明确体育教学设计的基本要求。

2. 熟悉不同层次体育教学计划的特点和要求。

3. 熟练掌握学年、单元和课时体育教学计划的设计，并能够根据教学反馈对教学计划的设计进行反思和调整。

第一节　体育教学设计与体育教学计划

一、体育教学设计的含义与工作

教学设计是 20 世纪 50 年代以后逐渐发展起来的实践性很强的教学研究领域，是教育技术学的重要分支。教学设计综合各种学术理论而自成体系，是运用系统分析方法解决教学问题，实现教学最优化的过程。我国对教学设计的研究始于 20 世纪 80 年代中期，现在，教学设计的原理和方法越来越受到重视，并已在课程计划制订、教学软件开发以及课堂教学改革等方面予以应用。目前，我国对体育教学设计的研究还不多，在体育教学实践中的教学设计主要体现在教学计划制订与备课的工作中。

关于教学设计，教学论专家的解释大都定位在教学规划、课程开发等含义上。著名教学设计专家加涅（R. M. Gagne）认为："教学设计是一个系统化规划教学系统的过程。"我国的教学论研究者则普遍认为，教学设计是运用系统方法分析教学问题和确定教学目标，建立解决教学问题的策略方案、评价施行结果和对方案进行修改的过程。

根据以上教学设计的基本含义，本教材对体育教学设计作出如下的定义：

> **重要概念**
>
> 体育教学设计是根据《课程标准》的要求和教学对象的特点，将体育教学诸要素有序安排，确定合适的教学方案的设想和计划。

体育教学设计是牵涉因素很多的研究和计划工作，它从实现体育教学基本目的与各层次教学目标的需要出发，对体育教学过程中的诸要素进行分析，科学地制订全面而系统的体育教学策略。体育教学设计包括许多工作内容，如制订合理的达成目标、选用适当的教材和适宜的场地器材、设计有效的媒介、设计符合学理的教程、设计特色的教学模式、运用最佳技术手段、设置优良的教学环境、组织团结友助的集体、制订适当的评价方案等。体育教学设计的问题几乎涉及体育教学论的所有内容，本教材的许多章节中都涉及体育教学设计的问题（图7-1）。

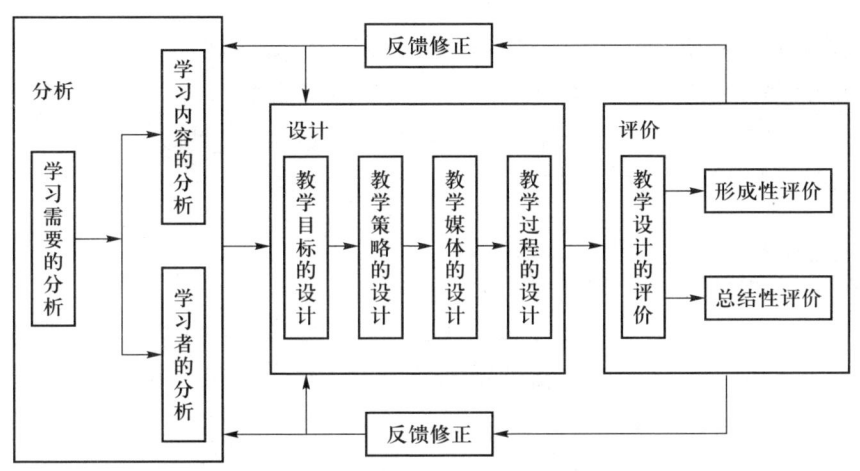

图7-1　教学设计的各种工作和流程图

根据体育教学的实际，本章通过对体育教学设计的操作性工作——制订不同层次的体育教学计划来阐述体育教学设计问题。

二、体育教学计划的概念

体育教学计划与体育教学设计是一个很近似的概念。体育教学计划是体育教学设计的成果和表现形式，是按照体育教学规律将体育教学诸要素综合起来制订的方案。应该说，体育教学设计是形成体育教学计划的程序，体育教学计划是体育教学设计的成果形式。体育教学计划是在工作层面，而体育教学设计是在思想层面。体育教学计划与体育教学设计之间的异同见表7-1。

▶ 表7-1　体育教学计划与体育教学设计的异同

相同点	不同点
1. 教学设计和教学计划同是对教学的研究和筹划 2. 教学设计和教学计划的工作对象同是体育教学的过程 3. 教学设计的工作和教学计划的工作有时是交叉进行的	1. 教学设计是研究的过程，而教学计划则是研究的成果 2. 教学设计完成的主要标志是方略的形成，而教学计划完成的主要标志是方案的形成 3. 教学设计往往宏观和全面，而教学计划往往细致和具体

本教材对体育教学计划定义如下：

> **重要概念**
>
> 体育教学计划是体育教学设计的成果形式，是根据国家的体育教学指导文件，参照学校所选用的体育教科书，结合学校体育教学实际而制订的体育教学指导方案和教学过程实施方案，包括学段、学年、学期、单元和学时等层次的教学计划。

三、体育教学计划的层次

对应体育教学过程的6个层次（超学段、学段、学年、学期、单元和课时），体育教学计划也有超学段、学段、学年、学期、单元和课时6个层次。

（一）超学段体育教学计划

超学段过程是学生从小学到大学毕业所接受的国家规定的体育教育的过程，这一过程纵贯九年义务教育、高中教育和高等教育等阶段，是体育教学的总过程。超学段的体育教学计划就是体育教学总过程的指导方案，一般由国家教育行政部门来制订，如《体育教学大纲》和《体育与健康课程标准》就是超学段的体育教学计划。

（二）学段体育教学计划

学段体育教学计划一般是指各个学段以年级为单位的，根据超学段的体育教学计划，参考所选用的体育教科书，结合本校的体育实际，将教学总时数合理地分配到各年级的体育教学内容中去，并制订相应的体育教学指导方案。

1. 学段体育教学计划的特点

（1）划分学段的方法不同。我国现在学段体育教学计划的划分方式有两种，一种是按年级划分，如高中和大学；另一种是按"水平"划分，如九年义务教育"水平一"对应小学的一、二年级。

（2）以身心发展特点为主要依据。由于学段本身就是按学生身心发展阶段来划分的，因此，制订学段的体育教学计划更多地应依据学生的身心发展特点。

2. 制订学段体育教学计划的要求

（1）要认真领会国家制订的体育教学指导性文件，认真钻研《体育与健康课程标准》。

（2）要认真研究本学段学生的身心发展特点、兴趣爱好和体育需求等，认真研究学校的体育场地、器材和师资等条件，同时考虑学校和地区的体育传统。

（3）要合理安排教学内容，要考虑项目之间的逻辑性、连续性以及学生的可接受性。

（4）要特别关注学段之间的衔接性。学段的体育教学计划必须是体育教学的总目标，因此，学段体育教学计划要注意与上、下学段的教学计划相衔接。

3. 制订学段体育教学计划的基本方法与步骤

（1）制订学段体育教学目标。根据《体育与健康课程标准》提出的教学目标制订出本学段各个方面的教学目标。例如，技能的学段目标为："熟练掌握一项运动技能""粗略掌握3~4项较常见运动技能""掌握锻炼原则和运动处方方法""培养团队合作的意识"等。

（2）选择和编排教学内容。学段的教学内容可根据学校条件（场地器材、体育传统项目等）、教师情况和学生兴趣等来选择，然后将整个学段的教学时数按照某种排列理论，以"大项"（如"精学类"或田径）分配到各个年级（或水平）的教学内容中。

（3）分配各个教学内容的教学时数。体育教学总时数是国家规定的，但具体的内容时数则是由各个学校根据实际需要来分配的，一般以周数表示。在确定各项运动教学时数时，要注意体育教学效果的时效性，其背后有着深刻的教学指导思想。

（三）学年体育教学计划

学年体育教学计划是以年级为单位，根据学段教学计划和本学年学生的身心特点、发展需要以及两个学期的气候条件，将学段规定的年度教学内容分配到两个学期中，同时确定每学期的考核科目与标准的教学文件。学年体育教学计划一般由各学校的体育部门制订。

（四）学期体育教学计划

学期体育教学计划又称教学进度，是根据学年体育教学计划和本学期的气候条件，将学年教学计划所规定的学期教学内容，组成规模与目标不同的教学单元并制订单元评价科目的教学文件。学期教学计划一般由各学校的体育部门和体育教师共同制订。

（五）单元体育教学计划

单元体育教学计划也称单项教学计划，是根据学期教学计划对各单元的设计，把某个教学内容按照某种教学模式安排出各个课时教案的教学文件。单元教学计划一般由体育教师制订。

（六）学时体育教学计划

学时体育教学计划又称教案，是根据单元的设计和时数安排，设计本节课教学过程的教学方案。学时教学计划一般由任课教师设计和撰写。

上述6种不同形式的体育教学计划构成了整个体育教学计划体系，也构成了体育教学设计的基本内容（图7-2）。

6个层次的体育教学计划层层递进、互相衔接，计划制订是按超学段体育教学计划→学段体育教学计划→学年体育教学计划→学期体育教学计划→单元体育教学计划→学时体育教学计划自上而下的顺序，每个上位计划都是下位计划的制订依据，计划逐步详尽和具体，直至具体的教学情境与场面。

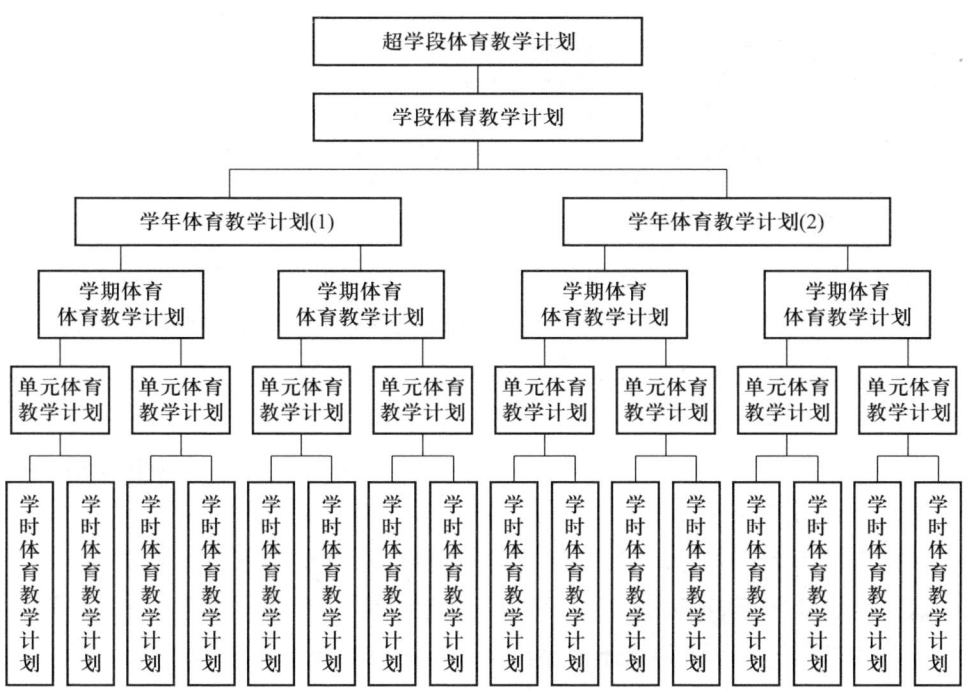

图 7-2　体育教学计划的层次图

第二节　学年、单元和课时体育教学计划的制订

一般来说，超学段和学段的教学设计与计划是以《体育教学大纲》或《体育与健康课程标准》的形式出现，属体育课程的范畴，体育教学内容编排方法参考第四章第四节。学期教学设计与计划实质上是根据两个学期的季节特点把学年体育教学计划一分为二的工作，相对比较简单，本书也不作详述。

一、学年体育教学计划的制订

（一）学年体育教学设计与计划的基本要求

1. 教学计划的系统性

（1）学年教学设计与计划要与上、下学年的教学设计与计划有机衔接，计划的表述也应与上、下学年一致。学年教学计划不仅要注意与学段中其他学年教学计划的关系，还要注意本学年内两个学期教学计划之间的关系。

（2）学年教学计划与单元、学时教学计划相比是比较宏观的计划，因此，要有清晰的课程理论作指导，如在本学年内安排什么教学内容，安排多少教学内容，为什么安排这些教学内容，安排多少时间，安排在哪个学期，出现几次及教学内容之间的相互关系等都应统筹考虑。要处理好教学内容的纵向（即教学内容本身系统）和横向（即教学内容与教学内容之间）的关系。

2. 教学内容安排要分门别类

在进行学年教学设计和计划时，依然要对体育教学内容进行类型（如精教类、简教类、介绍类、体验类和锻炼类等）的划分和统筹考虑。在安排两个学期的教学内容时，还要注意不同性质教学内容的合理搭配。

3. 要依据本学年学生的身心特点来设计教学

由于学年教学计划主要是根据本学年学生的身心特点来制订的，因此，体育教师应对本学年学生的身心发展特点进行有针对性的研究。

4. 教材安排要考虑季节性

学年的周期是四季，因此，教学内容的选择和教学安排要考虑季节性，如冬季安排长跑，夏季安排游泳等。

5. 年度学习评价要全面

学年是学生评价的重要周期，在评价时，要注意终结性评价与过程性评价相结合，在评价的内容上要比较全面。

6. 与学校年度工作相配合

学校的各项工作是按年度来安排计划的，因此，各学科的学年教学计划要与学校的学年工作紧密配合。体育教学与学校工作（如军训、运动会、无偿献血、劳动、春游、体检等）的关系极为密切，因此，体育学年教学设计和计划要注意与学校年度工作相结合。

（二）制订学年体育教学计划的基本内容

1. 制订学年体育教学目标

教学目标如何分解、教学内容如何排列、教学时数如何分配、学年与学年如何衔接等均是学年体育教学计划中应该考虑的问题。要根据学段体育教学目标、本学年教学内容特点、学生特点、学校场地器材条件等确定本学年体育教学目标。制订学年教学目标还要考虑学校年度的其他工作安排，如军训、夏令营和各种全校体育活动等。

2. 分配本学年教学时数与教学内容

全年实际授课的时数按照校历的周数分配，在选定了教学内容以后，则要根据体育教学内容排列理论将全年的教学内容合理地分配到两个学期中去，并确定各个教学内容的教学时数。这个工作是学年教学设计和计划的中心工作。

3. 制订年度的考核和评价内容

根据对全年教学效果的预测，制订年度和每学期教学内容的考核方案及其他评价标准。

4. 提出相应的教学要求

计划制订后，还要根据年度体育教学目标，针对教学内容的实际情况提出相应的教学要求。

（三）学年体育教学计划案例

表7-2是按照本教材的"精教类、简教类、介绍类、锻炼类四类教学内容划分理论"设计的水平四第二学年体育教学计划案例。

表 7-2 水平四第二学年的体育教学计划案例

	教学内容类型	教学内容	学时安排 1	2	3	4	5	6	7	8	9	10	11	12	13	14	15	16	17	18	总学时	备注
上学期	精教类教学内容	篮球	1	3	3	3	3	2													15	
	精教类教学内容	武术							3	3				3	3	3	3				15	
	简教类教学内容	羽毛球									2	2	3								10	
	简教类教学内容	毽球																3	2		5	每周3课时
	介绍类教学内容		介绍体育运动文化项目和保健知识，每学期2~3学时																			
	素质练习		各种专项练习和基本素质练习，融于实践课中经常练习																			
	锻炼方法		1									1						1			3	

	教学内容类型	教学内容	学时安排 19	20	21	22	23	24	25	26	27	28	29	30	31	32	33	34	35	36	总学时	备注
下学期	精教类教学内容	篮球	1	3	3	3	3	2													15	
	精教类教学内容	武术							3			3	3	3	3						15	19~36为周次，每周3课时
	简教类教学内容	毽球								2	3										5	
	简教类教学内容	双杠														3	3	2	2		10	
	介绍类教学内容		介绍体育运动文化项目知识，每学期2~3学时																			
	素质练习		各种专项练习和基本素质练习，融于实践课中经常练习																			
	锻炼方法		1							1								1			3	

教学效果、评价内容与标准	1. 精教类教学内容的技能评价标准 （1）篮球：掌握半场篮球所需要的技战术；能较好地参与半场篮球比赛 （2）武术：能完成少年拳套路，能正确展示武术的手、腿基本功动作 2. 简教类教学内容的技能评价标准 （1）羽毛球：大致掌握持拍、正手发后场球、正手击后场球、正手发后场球、正手抽球、扣杀球和反手抽球等技术，知晓单打和双打的比赛规则 （2）毽球：能做出两种踢球和两种停球动作，知晓毽球的比赛规则 3. 身体锻炼评价标准 （1）引体向上：男生 8 个以上，女生 5 个以上 （2）1 分钟跳绳：男生 160 个以上，女生 145 个以上 4. 身体锻炼方法掌握评价标准 可以举出 10 种锻炼力量的器具和方法，能根据假设的锻炼要求制订力量锻炼方案 5. 体育文化知识掌握评价标准 （1）能说出高尔夫球、棒球、保龄球的基本规则 （2）掌握抽筋和中暑的救治方法 （3）明确交通安全的原则
教学要求	1. 教学追求实效 2. 时刻注意安全 3. 加大学生的练习密度，不少于 35% 4. 注重学生的理解，鼓励学生探究，进行 2~3 次探究性教学 5. 形成和谐教学气氛 6. 加强学生自主学习和交流

二、单元体育教学计划的制订

（一）体育教学单元的基本理论

体育教学单元是一个教学内容相对完整的教学阶段，是体育教学过程的实质性单位。单元最反映运动技术的"学理"过程，单元也是承载各种体育教学模式的教学过程。因此，我们要非常重视单元和单元体育教学计划。

1. 不同的单元形式

"单元"的本意是指一个有机的教学过程和与之配套的教学内容"集合"或"板块"。在体育教学实践中，我们基本上是以各项运动技术来划分单元的，单元名称一般为"跳远""单杠"等，大多数的单元也是按运动技术的传授顺序来设计的，但也有一些辅助性的其他教学单元，见表7-3。

▶ 表7-3 体育教学单元的种类、特点与适用范围

	单元种类	内容构成	范例	目的与特征	适用范围
1	技术单元	以某运动项目或运动的技术组成	跳远、单杠、篮球运球等	以掌握技术为主要目标，以传授、练习为主要内容	各年级、各教学内容
2	活动单元	以某类活动或某个活动组成	跑的游戏、跨越障碍等	以娱乐、提高身体基本活动能力为主要目标，以活动和尝试为主要内容	低年级、发展身体活动能力的教学内容、体验性教学内容
3	题材单元	以题材和情节串联组成	夏令营、远足、运动会、救护等	以情感体验和发展运动能力为主要目标，以模仿、练习为主要内容	中年级、与生活和实用技能相关的教学内容
4	运动处方单元	以某健身原理和练习组成	发展上肢肌肉、提高耐力、发展柔韧性等	以掌握健身原理和培养身体锻炼能力为主要目标，以运动处方的制订和实施为主要内容	中高年级、发展身体素质的教学内容

续表

	单元种类	内容构成	范例	目的与特征	适用范围
5	理论单元	依据某理论及相关运动组成	人体运动力学、篮球中的犯规、运动疲劳消除等	以理论知识的掌握和有关技能的发展为主要目标，以讲授和验证为主要内容	高年级和理论密切相关的实践教学内容
……	……	……	……	……	……
n	综合单元	以上述两种以上形式组成的单元		根据组合情况而变	根据组合情况而变

过去我们对运动技术传授以外的各种单元研究得不多，但随着体育教学改革的不断深入，多种体育教学单元的并存成为发展趋势。

2. 不同的单元规模

教学单元的大小也是单元体育教学设计与计划的重要问题。单元的大小实质上是教学过程长短的问题，而教学过程的长短决定了教学的容量，也决定着教学的深度。单元的大小受教学目标、内容难度、学生水平、场地条件等影响。一般来说，技术性不太强的单元（如锻炼性单元）和低年级的单元可小一些，相反，技术有难度的单元和高年级的单元应大一些。过去，我国体育教学存在"蜻蜓点水"的缺陷，体育教学单元比较单薄，随着体育教学改革的深入和体育课程教学理论的完善，适当加大单元和拓展单元类型成为一种趋势。《义务教育课程方案（2022年版）》在"课程实施"中提出："探索大单元教学，积极开展主题化、项目式学习等综合性教学活动，促进学生举一反三、融会贯通，加强知识间的内在关联，促进知识结构化。"

大概念统摄下的篮球大单元之"跑空位"教学设计

（二）单元体育教学设计与计划的基本要求

1. 要有明确的教学指导思想

同一个教学内容用什么教学思想去指导，就会有不同教学设计和教学计划，也会有不同的教学效果。如在"精教""简教""知识""体验""发

新课标下的小学体育与健康课程跨学科主题学习设计与研究

现""探究""锻炼""方法"等不同的教学指导思想下，就会有不同的教学设计，就会形成不同的单元教学计划。

2. 要认真钻研体育教学内容

要制订好的单元计划，首先要很好地钻研体育教学内容，把握住该本运动项目的技术结构、重点和难点；其次，要把握住该本运动项目与学生发展之间的联系；再次，要把握该本运动项目在每次课的分配，每次课前后的联系，每次课的重点与本运动项目重点的联系等。根据上述"学理"因素，精心设计教学过程。

3. 要努力优化教学条件

首先，要了解学生对本单元教学内容掌握的基础、兴趣度等，做到心中有数；其次，收集并开发一切可利用的场地、器材和教具资源，使学生的体育学习条件更好，使学习环境得到最大的优化。

4. 适当增强单元模式的多样性

单元体育教学计划具有很强的学理性，不同类型的运动项目可以形成不同类型的教学计划方案，同一运动项目也可以形成不同的单元体育教学计划。要适当增强单元形式和规模的多样性，这种多样性可以体现在单元教学计划的内容和形式上。

中学体育跨学科学习的价值、内容与路径探寻

（三）制订单元体育教学计划的基本方法与步骤

（1）根据教学目标和教学内容，明确单元的性质。

（2）根据单元的性质，调整单元的规模（确定教学时数）。

（3）根据某个单元教学设计原理，或者参照某个体育教学模式，设计出该单元教学过程，其具体的工作就是定出每次课的教学目标和任务。

（4）选择适当的教学方法，填充到各节课中去。

（5）确定某项教学内容的考核方法与评价方法。

比赛能力导向下小学六年级软式排球大单元教学设计与实施

（四）单元体育教学计划案例

这里介绍的是常规的以运动技术教学为主的单元体育教学计划案例（表7-4）。

▶ 表 7-4 水平四排球单元体育教学计划案例

题目	进入排球的世界	学时预计	15～20	辅助内容	速度和灵敏练习
单元教学目标		在排球文化氛围中，使学生基本掌握排球的正面双手垫球、正面下手发球、侧面下手发球技术，在比赛中培养学生合作与竞争的精神；在自我挑战过程中体验到克服困难的成就感，结合排球特点发展学生速度、灵敏等素质			

课次	教学阶段	学时教学目标	教学内容与方法	辅助内容	比赛与规则
1	激发兴趣，熟悉球性	让学生感受排球运动的乐趣，在排球游戏中认知、体验个人与集体的关系，熟悉球性，对排球基本知识有所了解	1. 多样的排球游戏 2. 排球的基本知识（场地、基本规则）	步法移动练习	各种球体的排球比赛（气球、球胆、软式排球、排球）
2	正面双手垫球学习	学习正面双手垫球技术，让学生掌握正面双手垫球前的移动方法，明确击球部位	排球游戏、垫球动作练习、垫击固定球练习、自抛自垫球练习、垫球比赛	1. 移动步法练习 2. 研究问题：正面双手垫球常见错误是什么	降低球网高度、一方可4次击球过网的垫球比赛
3	正面双手垫球的练习（一）	进一步熟练正面双手垫球技术	对墙垫球练习、一抛一垫练习、两人对垫练习、垫球比赛	1. 排球规则简介 2. 研究问题：什么样的垫球完成动作后更有利于球运动轨迹的平稳	降低球网高度、一方可3次击球过网的垫球比赛
4～5	正面双手垫球的练习（二）	能接住有一定难度的来球，巩固正面双手垫球技能，增强自信心	两组垫球换位练习、多人垫球练习、垫准练习、垫球比赛	排球战术简介、触网、过中线的判断	同上
6	正面下手发球学习	知晓正面下手发球的技术要领，做出正面下手发球的动作	发球游戏、徒手模仿、固定球练习、对墙发球练习	各种发球法的比较	降低网高、在场内离底线1米处进行发球成功率比赛

续表

课次	教学阶段	学时教学目标	教学内容与方法	辅助内容	比赛与规则
7	正面下手发球练习	进一步掌握正面下手发球技术，提高成功率到大约60%	两人隔网对发球、发球的比准游戏	发球的战术	在对面场地画出得分区域进行发球比准比赛
8	侧面下手发球学习	知晓侧面下手发球的技术要领，做出侧面下手发球的动作	徒手模仿练习、固定球练习、对墙发球练习	灵敏素质的练习	降低网高、在场内离底线1米处进行发球成功率比赛
9	侧面下手发球练习	进一步掌握正面下手发球的技术，提高成功率到大约60%	两人隔网对发球、发球的比准游戏	灵敏素质练习	在对面场地画出得分区域进行发球比准比赛
10~13	发垫组合练习	巩固垫球和发球技术，并能在排球实战中运用	1. 排球游戏 2. 各种发垫组合练习：6人对抗赛、8人对抗赛、12人对抗赛	速度素质练习	降低网高、增加每边的人数
14~15	"玩中练"的排球游戏和教学比赛	体验排球运动的乐趣，熟悉排球竞赛规则，熟练发球和垫球技术、尝试其他技术，在比赛中体验配合	各种排球游戏、排球教学比赛	排球的自我评价方法、排球比赛欣赏要点	根据情况适当改变比赛规则
单元评价内容	1. 技能评价标准 （1）较好地掌握垫球技术；能在比赛中运用 （2）能用正面下手发球技术和侧面下手发球技术进行发球，成功率要在60%以上 2. 灵敏素质 "两点移动"达到相应的要求，可参照《国家普通人群锻炼标准》的有关要求 3. 体育文化知识掌握 熟知排球比赛的基本规则和裁判手势，知道观赏排球的要点				

三、学时体育教学计划（教案）的制订

（一）学时体育教学计划的特点与格式

学时体育教学计划（以下简称教案）是根据单元体育教学计划的内在学理逻辑性分解而成的课时教学方案。

体育教案的格式和写法多种多样，概括起来主要有文字叙述式和表格式两种。文字叙述式教案一般按课的顺序依次书写，这种教案书写比较容易，但不如表格式教案一目了然；表格式教案是按表格形式填写内容，比较清楚明了，但书写比较复杂。目前，大多数体育教案都是表格式的，而最常用的是双栏表格式教案，也有把双栏式表格再细分后变成多栏式表格的教案。有的教师还创造了卡片式教案、图表框架式教案等新的教案形式，但不管何种教案格式，都应以清楚、简明和便于指导教学为原则。

（二）制订体育教案的基本内容与步骤

1. 确定课的教学目标

制订体育教案首先要依据单元教学目标和单元的教学设计来确定课时教学目标。目标要针对本课教学内容所要解决的主要问题，课的目标要全面、明确和可检验。

2. 排列教学内容

排列课的教学内容时，应先考虑基本部分的教学内容，如果本节课有两个以上的教学内容，应先确定其先后顺序，排列要符合运动负荷的基本要求，除特殊的教学目的和设计外，一般要按照先易后难、先简后繁、先负荷小后负荷大、先局部后全身的顺序，然后根据内容的重点、难点再排列练习的顺序。基本部分内容排列完成后，再考虑准备部分的内容和结束部分的内容。

3. 针对教学内容组织教法

排列完教学内容以后，要根据各个教学内容的重点、难点考虑教法，如示范讲解、提问、讨论、演示等教法和诱导性练习、辅助性练习等。教

法的设计比较复杂,一般说来要考虑以下 10 个方面的问题:

(1)教法的选用及运用顺序:选用什么教法?什么教法在前?什么教法在后?

(2)教具的安排:需要不需要教具?需要什么样的教具?是否需要购置和制作?如何进行演示?

(3)分组和分组轮换的方法:按什么分组?分几组?需要不需要交换场地?如何交换?

(4)学生的调动:如何在最短的时间内完成学生队伍的调动?何种队形效果最佳?

(5)如何有效地利用场地与器材:有什么器材?有多少器材?用多少器材?如何使学生获得较多的练习次数?

(6)学生自主练习的时间与形式:什么时间安排自主练习?安排多少时间?以什么形式练习?个人练习还是分组练习?如何分组?在哪里练习?教师如何进行指导?出现问题时如何集中?

(7)交流与反馈:如何与学生进行情感交流?如何反馈学生的学习情况?如何进行过程中的评价?用什么样的态度和语言进行评价?

(8)集体性活动安排:要不要安排比赛和游戏?规则及要求如何?组织时会有什么问题?

(9)安全措施:各个教学环节有哪些安全隐患?如何消除?万一出现意外时应采取什么措施?

(10)学生干部:是否需要学生干部的辅助?如何选择体育委员?是否应对其进行课前的培训?

4. 安排各项教学内容、时间和练习的次数

(1)先定出课的各部分时间。课一般分为 3~4 个部分:开始部分和准备活动部分、基本部分、结束部分。各个部分的时间分配主要根据各部分在全课所起的作用来决定,以典型体育课(45 分钟一节课)为例,通常为:准备活动部分 8~10 分钟,基本部分 30 分钟,结束部分 3~5 分钟。

(2)定出各项教学内容的时间。各项教学内容时间的总和应等于或小于课的总时间。

（3）定出练习次数并算出时间。练习次数是每项练习内容中一个学生的练习次数。练习次数应根据各项内容的教学时数和相应的组织时间来确定，要留有一定余地。

5. 设计课的运动负荷和练习密度

教师应以授课班上中等水平的学生为依据，根据教学内容、场地器材条件、气候条件等，设计课的运动负荷，预测课中最高心率、全课的平均心率，还要根据教学人数和场地器材情况设计课的练习密度。

6. 计划本课所需的场地器材和用具

安排场地时，要相对集中以便于指导，要尽可能充分地利用学校现有的体育器材以增加学生的练习量。设计后，应在"场地器材"一栏内填上本课所需的场地器材和用具的名称、数量、规格，以便课前进行准备。

7. 课后小结

课后小结是每节课后教师要完成的工作，也是教案的重要组成部分。体育教师应在课后及时将本次课教学目标的完成情况、主要优缺点及改进的方面等扼要地写在"课后小结"中，以便为今后总结教学经验的备课和教学检查提供参考和依据。

（三）教案的案例："珍珠球"教学课

珍珠球的学时体育教学计划见表7-5。

▶ 表7-5 珍珠球的学时体育教学计划

××省××市育才中学	教师：戴××	学生人数：36人	年级：初二（男）
教学目标	1. 运动技能目标：在基本掌握珍珠球运动规则与方法的基础上，学习传接球技术，明确动作方法并能合理运用 2. 运动参与目标：产生较高的运动参与热情 3. 心理健康目标：通过自主而有效的学习建立起自信心 4. 社会适应目标：在学习和比赛中加强集体协作意识		

续表

情景导入阶段（10 分钟）

教学内容	组织与教法				练习	
	教师	学生	教学组织	设计意图	次数	时间/分
一、游戏 1."采珍珠"	导入 激发 讲解 组织 观察 监控 评价 设疑	兴趣浓厚 积极参与 遵守规则 气氛活跃 注意安全	（图示）	激发兴趣，培养学生团结协作意识，让学生在快乐的氛围中充分热身。同时，对学生进行思想教育	3 1	4 4
2."橄榄球"		主动思考				
3. 球性练习	示范领做 语言提示	模仿练习 积极努力	教师面前 自由散开	熟悉球性	1	2
二、传接球 1. 个性发挥 2. 归纳总结	引导设疑 组织分组 观察监控 巡回指导 适当提示 选优示范 语言提示 归纳总结	动脑思考 合作创新 积极尝试 气氛活跃 研究展示 积极主动 喝彩鼓励 观察体会 自由组合	（图示）	给学生充分的创新空间，让学生尽情展示，培养学生团结协作、刻苦钻研的学习热情，创造一个和谐的学习氛围，让学生边活动、边思考、边学习，充分体现学生的主体地位，使学生的身心	3 2 5	
三、自由练习 传抢球游戏			传抢练习			

154

续表

教学内容	组织与教法				练习	
	教师	学生	教学组织	设计意图	次数	时间/分
1. 传接高抛球、低水平、反弹球、地滚球	巡回指导个别纠正表扬鼓励	2~6人一组，运用归纳的传接球技术进行如三对一、五对二传抢游戏。掌握正确动作方法，创新隐蔽传球	高抛球 反弹球 地滚球 自由散开	得到锻炼、提高		
2. 个性发挥"隐蔽传球"如"头后、体后、胯下"等传球方法	适当点拨提示正规动作运用鼓励创新组织教学提出要求观察监控巡回指导个别纠正讲解示范语言提示表扬鼓励激发热情参与活动并裁判					
四、攻防演练 1. 运动中传接球配合投网练习 2. 二对一或三对二攻防投网、封挡练习 3. 半场攻防 五、全场比赛		自由组合气氛活跃小组研究 4~6人一组，运用归纳的传接球技术进行运动中的攻防演练 分组比赛情绪激昂运用技术服从裁判		通过循序渐进地练习，使学生的传接球技术得到实际运用。增强学生的学习兴趣，培养竞争意识和团结协作、积极进取的集体主义精神	6 3 1	2 2 38

续表

教学内容	组织与教法				练习	
	教师	学生	教学组织	设计意图	次数	时间/分
情景放松阶段（5分钟）						
一、情境放松 二、小结 三、下课	舒缓语言 引导学生 总结 宣布下课	听讲解，听 音乐放松 听教师总结 击掌解散	教师面前 自由散开	引导学生进入音乐意境，配合深呼吸，使学生充分放松	1	8

脉搏曲线	运动指数：1.6~1.7 脉搏(次/分)曲线图	平均心率/（次·分$^{-1}$）	135~140
		最高心率/（次·分$^{-1}$）	190~200
		练习密度/%	50~60
		基本部分练习密度/%	40~50

场地器材	篮球场2个，珍珠球4个，抄网20个，球板20个，录音机1台

注：本教案根据L省育才中学某老师的教案修改而成。

思考题

1. 体育教学设计和体育教学计划有什么区别？
2. 体育教学设计包括哪几个方面的工作？
3. 谁来制订学年和学期教学计划？制订学年和学期教学计划应注意什么？
4. 为什么说单元的设计非常重要？体育的单元计划可以有什么样的类型？
5. 什么是好的教案？制订教案的工作有哪些？

第八章
体育教学模式

🜨 本章导言

"模"是模子的意思,"式"是样式的意思,体育教学模式是指有特色的体育教学过程的模子和样式。如果把体育教学过程比作"道路",教学模式就是实现体育教学目标的不同道路,其中有"大道",有"捷径",也有"有价值的弯路"。

有关体育教学模式的研究一直很多,但关于什么是教学模式却缺乏深入的讨论。

体育教学模式与体育教学的指导思想、体育教学过程、体育教学方法有着密切关系,但又不等于体育教学思想、过程和方法,更与体育教学风格、体育教学内容有着重要区别。

成熟的体育教学模式并不是很多,但我们可以从一些相对成熟的体育教学模式范例中看出体育教学模式的重要意义以及形成过程。

📖 学习目标

1. 了解体育教学模式的概念、含义和性质。

2. 掌握不同类型体育教学模式的指导思想及结构特征,能够分析不同模式在教学实践中的优缺点。

3. 学会在教学过程中灵活选择、运用、组合适当的体育教学模式,根据学生的不同特点、目标和需求,设计并实施相应的教学方案。同时,能够根据教学实践不断反思、调整和优化体育教学模式的使用，不断提高教学质量。

第一节　体育教学模式概述

一、体育教学模式研究的兴起和意义

（一）体育教学模式研究的兴起

新中国成立以后，中国教学理论界根据苏联的教育理论，将整个教学过程分为感知、理解、巩固、运用4个基本阶段，这个教学过程反映在体育课上就是以掌握运动技能的顺序为主线设计体育课堂教学程序，即"开始阶段（课堂常规、准备活动、专项准备活动等）→基本部分（技能练习和课课练等）→结束部分（放松练习和讲评）"的教学程序，它也被称为"三段制"或"四段制"教学程序。这种教学程序能较好地发挥教师的教学作用，有利于学生较系统地掌握运动技术，也有利于学生在掌握运动技能的同时也得到相应的身体锻炼，因此，这种教学过程的模式从新中国成立开始到"文化大革命"结束后的一段时期一直占了主导地位，成为一种惯例性的教学程序，以至于有人称这种教学程序为"传统的体育教学模式"或"传习式的体育教学模式"等。

20世纪70年代末和80年代初，中国的体育教学思想、体育教学方法以及体育教学过程的研究非常活跃，最终形成了体育教学模式的研究热潮。随着教育改革和学校体育改革的不断深化，关于体育教学模式的探讨成为最热的研究课题。在体育教学第一线，广大体育教师依据各种新的体育教学思想和体育教学理论，结合实际的体育教学问题，不断寻求新的体育教学方法，思考、构思、实验和理论总结着各种有特色的教学模式，有关体育教学模式的研究与成果报告层出不穷。

（二）体育教学模式研究的意义

1. 有利于深化体育教学改革

当前，中国体育教学的目标（为什么教）已明确，概括地说是"为学生的身心健康和终身体育打基础"，但关于课程（什么时候教、教多少）、内容（教什么）、教材（用什么教）、方法（怎么教）等问题则是体育教学改革要深入探索的，而体育教学模式研究与教学思想、教学内容、教材编排以及教学方法密切相关，是承上启下的教学设计和教学方略的问题，因此，体育教学模式的研究对深化体育教学改革至关重要。

2. 有利于简化复杂的体育教学过程

模式化是方法论中重要方法，其特点是排除事物次要、非本质的部分，抓住事物主要、本质的部分进行研究。因此，体育教学模式研究可以简化复杂的体育教学过程，将体育教学中的重要因素凸显出来，从而对体育教学过程进行概括的观察、总结，并将其标准化，以便于模仿。

3. 有利于理论与教学实践的结合

体育教学模式研究涉及的教学因素非常广泛，包括教学指导思想、教学过程结构和教学方法等。从体育教学理论来看，体育教学模式有助于从动态上把握体育教学过程的本质与规律；从体育教学实际来看，体育教学模式既是体育教学过程理论的具体化，又是体育教学经验的系统总结，它在理论和实践之间架起桥梁，使抽象的理论变成了可操作的行为，便于人们理解和应用。

4. 有利于活跃一线体育教师的研究

一线体育教师面临着日常的体育教学设计，而教学模式就是体育教学的设计，依据所学的理论设计并改造教学过程与教学方法实质上就是教学模式的研究。因此，教学模式的研究是体育教师最需要的、最能与日常教学工作相结合的、也最具可行性的研究内容。

二、体育教学模式的概念与结构

美国学者乔伊斯（B·Joyce）和韦尔（M·Well）在《教学模式》（*Model of Teaching*）中认为："教学模式是构成课程和课业、选择教材、提示教师活动的一种范型或计划。"此后，国内外众多研究者对体育教学模式的概念进行了界定。本书综合各种对教学模式和体育教学模式概念的界定，并对上百种体育教学模式研究结果进行了分析，总结出体育教学模式的基本性质如下：

（1）任何体育教学模式都是在特定的体育教学思想和理论指导下提出来的。
（2）体育教学模式的主体是教学过程和相应的教学方法。
（3）体育教学模式的差异主要体现在教学过程结构的不同设计上。
（4）教学模式的时空定位主要是教学单元，其次是教学课。

至此，可以将体育教学模式作如下定义：

重要概念

体育教学模式是在某种教学思想和理论指导下建立起来的体育教学的程序，它包括相对稳定的教学过程结构与相应的教学方法体系，主要体现在体育教学单元和课堂教学的设计与实施上。

可见，体育教学模式的概念由三个基本要素组成：教学指导思想、教学过程结构及相应的教学方法体系。这三者的关系是：教学过程结构是支撑教学模式的"骨架"；教学方法体系是填充教学过程的"肌肉"；而教学指导思想则是内含在"骨骼"与"肌肉"中、起协调和指挥作用的"神经"。教学指导思想（"神经"）体现了教学模式的理论性；教学过程结构（"骨骼"）体现了教学模式的稳定性；教学方法体系（"肌肉"）体现着教学模式的直观性和可操作性。体育教学模式的基本构造如图8-1所示。

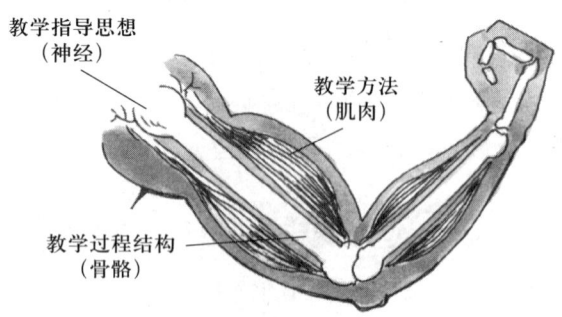

图8-1 体育教学模式的基本结构

举例来说，"发现式教学模式"的指导思想是启发学生发现和思考问题，以发展学生认知能力。这一指导思想决定了"发现式教学模式"的基本性质和效果评价。根据这一指导思想，就要建立一个"让学生发现和解决问题"的教学过程结构，即"设定问题—提出假设—验证学习—集体讨论—提出答案"的教学程序，于是该程序就成为"发现式教学模式"的单元教学过程，并由相应的课来组成。"发现式教学模式"还需要相应的教法以使这个教学过程功能化并具有可操作性，如设问的方法、提问的方法、提供思考线索的方法、组织学生进行验证问题的方法、组织学生讨论的方法等。当这三个基本要素都具备时，"发现式教学模式"就基本形成了。

也就是说，只有具备了体育教学指导思想的"神经"、教学过程结构的"骨骼"和教学方法体系的"肌肉"时，体育教学模式才算是真正建立起来了。

背景知识

★ 体育教学模式研究中存在的若干不足

中国开展体育教学模式的研究已经有近50年的历史了，许多理论层面上的问题开始逐渐厘清，对概念含义和模式构造也逐渐趋向统一的认识。但是在实践层面上的探索仍有许多困惑，许多体育教师按照不同的理解，甚至是想象进行着教学模式的探索。体育教学模式探索中存在的问题主要表现在以下几个方面：

1. 对体育教学模式概念缺乏统一的理解

许多教师在探索前并未对体育教学模式定义进行认真的思考，因而，有的教师把体育教学模式理解为教学思想，如所谓"终身体育教学模式"；有的教师把体育教学模式理解为目标，如"发展运动能力的教学模式"；有的教师把体育教学模式理解为方法，如"程序教学模式"；有的教师把体育教学模式理解为教学风格，如"乐趣教学法"等。

2. 对体育教学模式缺乏空间上的定义

一些体育教学模式的探索对时空定位不清，有的教师把教学模式理解为教学方法或课的样式，如"体育教学中学生自主学练"；有的教师把教学模式理解为单元教学过程，如"学导式教学模式"；还有的理解为一个学段的课程的样式，如"高中模块制教学模式"等。

3. 缺乏对体育教学模式适用对象的界定

一般来说，体育教学模式也有对象的对应性，如一些"情景教学模式"就不太适合大学生，也不适合技术性很强的教学内容。同理，"问题发现式教学"也不太适合小学低年级学生和浅显的活动性教材等。有些对体育教学模式的探索正是忽略了这一点。

4. 缺乏体育教学模式建立机制的研究

很多教师用很简单的经验总结创造出了名目繁多的体育教学模式，但体育教学模式的结构是怎样的？体育教学模式是经过怎样的程序研究出来的？却少有教师关注这些问题，这导致对体育教学模式的结构性和规律性的认识不深。

5. 缺乏对体育教学模式的合理命名和科学分类

许多研究者和教师对教学模式的命名很随意，名称也不规范，如"走向大自然，创体育教学新模式""21世纪体育教学方法模式"等，其背后是缺乏对体育教学模式的分类研究。为此，本教材提出了"依据体育教学过程规律进行分类"的方法，供大家参考。

第二节　体育教学模式的性质

一、体育教学模式的属性

本教材根据教学模式的先行研究，归纳提出体育教学模式的6个基本属性：理论性、稳定性、直观性、整体优化性、对应性和可评价性。

（一）理论性

所谓理论性，是指任何一个比较成熟的体育教学模式都反映着某个体育教学的指导思想，是体现了某个教学过程理论的教学程序，换句话说，只有以明确的教学指导思想与理论作为基础的教学模式，才有可能比较完善、清晰。体育教学模式对教学思想及理论的依存关系，形成了教学模式的理论性。

（二）稳定性

一种体育教学模式的确立，实际上是一个新型的体育教学过程结构的确立。既然是结构，就必然有其稳定性。所谓教学模式，是指无论在何时何地运用，其基本程序和主要环节都不会有大的变化（根据学生情况和教学条件变化进行的微调是存在的）。如果某种教学模式因不同的人在不同时间运用产生了大的变化，就说明该教学模式是不稳定的，只是一个似是而非的教学程序模型。

（三）直观性

一种新体育教学模式的建立，意味着它和以往的体育教学模式是不同的，具有明显的特点和独特的教学效果。如不具备这一点，就说明它雷同于或相似于其他教学模式。所谓明显的特点和独特的教学效果，一般体现在教程的特殊结构或某个特殊环节上。因此，根据特定的教学环节和独特的教程安排可以判断是否属于该教学模式（直观性）。直观性特性还有助于通过设置独特教程或特定环节来重现该教学模式（可操作性或可重复性）。

（四）整体优化性

一种新的体育教学模式的形成意味着某个教学系统的改变，即在某个新教育思想的指导下，将教学过程设计、教学方法选用以及教学评价方法的选定统合起来，组成一个全新的教程。因此，一种新的体育教学模式的形成必然产生教学程序的整体优化，并由此产生更好的教学效果。相反，如果只有局部的改变而没有整体优化，不能说是形成了成熟的体育教学模式。

（五）对应性

任何一种体育教学模式都不是万能的，都有某种特殊功能和特点，因此，某种体育教学模式一般有个大概的适用范围，如适合什么样的教学内容、适合处于什么发展阶段的学生、适合具有何种问题的学生、适合何种体育场地设施条件、适合何种教学风格的教师等。各种体育教学模式的特点不同，其适用的范围也会不同。

（六）可评价性

一种成熟的体育教学模式必定有其相对应的评价方法体系。新的评价体系的建立，体现着该教学模式的教学理念，也体现体育教学组织的可行性和有效性。因此，任何体育教学模式，都应有针对实施该教学模式的教师、参与该教学模式的学生的教学评价标准，这不仅是对教师采用该教学模式执教能力的评价，也是对学生参与该教学模式的学习效果评价。

二、体育教学模式与其他体育教学因素的联系和区别

（一）体育教学模式与体育教学指导思想的联系和区别

体育教学模式与体育教学指导思想之间有着密切的联系，但有所区别。一般说来，一种体育教学指导思想会有一种或几种相对应的教学模式，也有一种教学模式受几种教学思想指导的现象。无论怎样，教学指导思想必然反映在教学模式的基本结构之中，如主张培养发现问题和解决问题能力的教学思想必然存在于"发现式教学模式"之中，必然有"设定问题""学生提出假设""边验证边学习""讨论""提出答案"等独有的教学环节，这些环节充分体现了发展能力的教学思想。教学思想和教学模式之间是指导与被指导、反映与被反映的关系。

（二）体育教学模式与体育教学目标的联系和区别

任何一种教学模式都会有实现特定教学目标的功能。但提出了特定的教学目标，并不意味着形成了体育教学模式。特定的教学模式以其特殊功能，与某一特定的教学目标相对应，但是特定的目标并不能固定教学过程和教学方法，特定的目标也可以通过多种教学模式来完成。因此，有的学者用特定的目标来代表教学模式的说法是不对的，如"发展运动能力为主的教学模式"。

（三）体育教学模式与体育教学方法的联系和区别

从某种意义上讲，教学模式本身也是教学方法的一部分，但相对教学技术和手段来说，教学模式是教学方法的上位概念（请参阅体育教学方法一章的有关论述，这里所说的教学方法是指教学技术和教学手段层面的）。

体育教学模式是一个稳定的教学过程结构和相应的教学方法体系的结合体，也就是说，教学方法是教学模式的重要组成部分，但教学方法本身并不等于教学模式，因为某个教学方法的改变不能构成一个新的教学模式，甚至几种新方法的结合也不能称为教学模式。例如，某体育教师只是运用了新的提问方法，就不能说是创设了"发现式教学模式"。

（四）体育教学模式与教学组织的联系和区别

从广义上讲，体育教学模式也是一种体育教学组织方法，但体育教学模式与体育教学组织还有很大的不同。一般所说的体育教学组织是指体育课的组织，包括课堂常规、分组教学等，是一种在体育课中几乎可以通用的教法组织方式。而体育教学模式则是对应特定体育教学思想的，是对单元和课的结构进行整体改造的方略，它具有独特的构造和功能。有的学者把课堂教学组织方法的改善也称为是新的体育教学模式，这是不准确的。

（五）体育教学模式与体育教学风格的联系和区别

体育教学风格也不等于体育教学模式。一般来说，教学风格是个体的概念，如"李老师的教学风格"，而教学模式是群体概念，如"发现式教学模式""反映某某教学思想的教学模式"等。教学风格中有相当部分是与个人的性格、修养相联系的，与语言能力、技能水平、幽默感、人生背景，甚至长相、身材有关，是很难被他人学习或模仿的。而教学模式则是教程和教法的改造，如教材的处理方法、教程的设计原理、设问方法、讨论方法、评价方法等。因此，只要具有基本教学能力的教师都可以学习和运用教学模式。另外，运用同一种教学模式也可以有不同的教学风格，同一教学风格的老师也可以进行各种教学模式的教学，因此，把某个教师的教学风格总结为教学模式的做法是不准确的。

第三节 几种较成熟的体育教学模式

多年以来，随着体育教学研究的不断深入，在国内外的体育教学实践中已经形成了一些较成熟、可行或具有新意的体育教学模式。这里介绍5种比较成熟并有所实践的体育教学模式。

一、技能掌握式体育教学模式

（一）指导思想

技能掌握式体育教学模式经常被称为传统的体育教学模式，这种模式主要受苏联传统教学理论的影响。它主要依据运动技能的形成规律而设计，是以传授运动技能为主要目的，同时对学生进行德育教育的体育教学过程。

（二）教学过程结构特征

教学的单元设计以某一运动项目的技术教学为主线，以一定难度的技战术为目标，规模多是中小单元（一般为5~8学时），单元教学内容排列以各项技术的难度为序。课的设计以某个技术的学习与练习为主线，注重练习次数和必要的运动量，主张精讲多练，注重对运动技术掌握效果的评价。由于对课的开始部分、基本部分和结束部分都有详尽的要求，这种教学过程也被称为"三段制教学"。

（三）典型案例

某教师进行初二的篮球教学，单元由5课时组成，教学内容为学习篮球跳投技术，按难易程度教授技能的顺序为：原地跳投→急停跳投→实践应用→一人两点移动跳投→自由发挥→技术动作评价。每次上课先进行一般性准备活动，再进行结合跳投技术的准备活动，然后讲解跳投的动作要领并示范，随后是学生练习，教师纠正错误动作，学生再练习，最后进行技能学习情况的总结评价和放松活动。

二、快乐体育的"目标学习"教学模式

（一）指导思想

快乐体育源于 20 世纪 70 年代，是针对当时学生厌学体育的现状，为实现学校体育教学与终身体育的连接而提出来的。快乐体育依据游戏理论，主要依据学生在体育活动中体验运动乐趣的规律而设计。"目标学习"教学模式的主要特征是让学生在较好地掌握运动技能和身体锻炼的同时充分体验运动与学习的乐趣，从而树立终身体育的理念。

（二）教学过程结构特征

这种教学模式设置有"让学生充分运动体验运动乐趣""让学生挑战新技术体验学习乐趣""让学生探究学习体验创新乐趣"等教学环节，这些环节互相连接，层层推进，使学生在体验运动、学习、挑战、交流中感受体育、学会体育、热爱体育。"目标学习"教学模式注重自主学习法、探究学习法、比赛法、讨论法、小组合作学习法等教学方法。

（三）典型案例

某教师进行初一的跨栏跑教学，单元为 18 课时，在单元的前半部分，教师采用游戏法让学生跨越不同形状、不同高度的障碍物，充分体验跨越障碍进行活动和竞赛的乐趣；随后逐渐转入跨栏跑的教学阶段，教师根据学生不同的技能状况将学生分成几个小组，让学生自定小组的目标和个人的目标（如不同的栏数、不同的栏间距、不同的栏高等），并向各自的目标发起挑战，体验运动学习的乐趣；在单元的后半部分，教师组织小组间的比赛，采用超过自己最好成绩的比例作为得分的相对评价方法（如某人超过自己最好成绩 95% 为 3 分，90% 为 2 分，85% 为 1 分，80% 为 0 分，75% 为 -1 分，70% 为 -2 分等，最后将各组成员的分数相加作为小组成绩，看哪个小组分数高），各小组自定比赛的策略，互相帮助，争取胜利。单元结束时，教师让学生写出学习体会、总结成果，并以此来加深对运动乐趣的体会。

三、小群体学习式体育教学模式

（一）指导思想

小群体教学模式也称小集团教学模式，以提高体育教学质量，发挥学生的学习自主性、适应学生的个体差异，促进学生交往和提高社会适应能力为目的，主要依据体育学习集体发展和发挥教育作用的规律而设计。根据班级学生情况和教学需要，体育教师可将全班学生分成几个异质（或等质）的学习小组，在教学中的某个阶段进行以小组为单位的学习，最后组织小组间的比赛与展示，促进师生之间、同组学生之间、异组学生之间相互切磋与交流，从而提高教学效果。

（二）教学过程结构特征

一般在单元的开始，教师都要根据学生的年龄、性别、素质、兴趣爱好等特点，将学生分成若干个学习小组，并让各个小组推选组长，形成团队精神，要求各小组制订出本组的学习目标。在单元的前半部分，教学一般以教师指导性较强的班级学习形式和小组学习形式为主，学习内容是全班一样的；而在单元的后半部分，教学一般以学生自主性较强的小组学习形式为主，各组学习目标和内容是不尽相同的，此时，教师主要发挥指导、参谋和保证安全的作用。单元的前半段以学习活动为主，单元的后半段则以练习和探究活动为主。在单元结束时，一般有小组间比赛、小组内总结、发表感想和全班总结等教学步骤。

（三）典型案例

某教师进行初二的跨栏跑教学，单元为15课时。在教学开始阶段，教师按学生情况分成6个异质的学习小组，先用一些时间向学生讲解本单元的教学目标和教学内容，让学生对整个教学过程有初步的了解。然后教师让各小组讨论一下本组的学习目标。在单元的前半部分，教师对全班进行跨栏的讲解和教授，并以全班练习和小组练习的形式让学生熟练技术；在单元的后半部分，教师要求各小组根据本组的学习目标和组内同学的情况进行有针对性的组内自主练习，学生相互帮助，共同思考，教师则在一旁进行观察，不时给予指点，并提供必要的学习建议，保证处在安全的教学环境中；在单元结束前，教师组织小组间的跨栏比赛，比赛后让各小组总结并发表各自学习进步的感想，最后教师进行总结。

四、发现式体育教学模式

（一）指导思想

发现式体育教学模式包括问题解决式教学模式和探究式学习教学模式等。该类教学模式主要遵循学生认知规律进行设计，以发展学生创造性思维为目标，以提高学生解决问题能力，增强学生获取新知识，发现、分析和解决学习锻炼问题能力为主要目的。

（二）教学过程结构特征

这种教学过程是归纳整理运动教材中有关知识和原理，组成"问题串"和"探究课题串"，对探究的课题进行验证、讨论和归纳，将能启发学生思考和具有"举一反三"意义的各个问题分别设计在各节课中。其教学过程一般有问题提出、验证性学习、集体讨论、归纳问题和得出结论等几个主要的学习阶段，运动学习和练习穿插其中。在教学中，除教学法和练习法之外，会较多地运用提问—回答、设疑—假说、验证—发现、讨论—思考、归纳—总结等教学方法。

（三）典型案例

某教师进行高一的跨栏跑教学，事先设计出"什么是跳栏、跨栏、跑栏？""跨栏为什么要攻栏？""攻栏的要素有哪些？""如何练出攻栏的动作？""你的攻栏动作如何？""你同伴的攻栏动作如何？""你和你同伴要改进什么？""如何改进？""改进得怎么样？""你从学习攻栏中领会到了什么？"等互相关联和层层递进的问题，然后将问题放在10~15个课时的单元中进行教学。如第三节课的课题是"攻栏的要素"，教师可先让学生们测量自己从起跨点到栏的距离和下栏第一步着地点与栏的距离，以诱导学生认识攻栏的技术结构，在实地验证和讨论中得出攻栏与速度、身体柔韧性与技术之间的关系，使学生找到练习的方向，并实践了如何理性地进行运动学习的过程与方法。

五、可选择性的专项化体育教学模式

（一）指导思想

与前述4类体育教学模式有所不同的是，可选择性的专项化体育教学模式是一个更加综合的教学模式，是介于课程与教学之间的教学模式，而且是大单元和超大单元规模的教学模式。该教学模式主要遵循熟练掌握运动技能的规律进行设计，是一种以克服体育教学"蜻蜓点水、低级重复"和实现大中小学体育教学有机衔接和一体化目标，以实现"中小学生熟练掌握一项以上运动技能"为目的的教学思想和选课方式。

（二）教学过程结构特征

可选择性的专项化体育教学模式也称为体育走班制教学，其中的"可选择性"旨在让每个学生根据自己的特点和兴趣选择自己心仪的运动项目，形成以每个学生为主体的个性化课程教学体系；而"专项化教学"是希望学生在一个长达数年的体育学习中真正熟练地掌握运动技能。可选择性的专项化体育教学模式可以从小学中高年级开始（具体是从中年级，还是从高年级开始，可根据各个学校的实际情况而定），将同一年级的体育课排在同一时间里，上课时打破行政班级管理机制（例如，打破四（1）班、四（2）班、四（3）班的界限），学生根据自己的兴趣，在学校提供的运动项目选项中组成诸如篮球班、足球班、跳绳班、健美操班、乒乓球班等，进行专项化体育教学。

（三）典型案例

××市××学校推行了足球、篮球、健美操和跳绳4个项目的体育走班制教学模式，经过4年的教学实验，取得了如下的教学成果：① 促进形成了"一校多品"。学校通过体育走班制教学形成了数个传统的体育项目，构成了体育"一校多品"的教学特色；② 促进形成了"一生一长"。通过"体育走班制教学"，该校学生更加精深地掌握了所选的运动项目技战术，确保学生在本学段能熟练掌握一项运动技能；③ 促进形成了"一师一专"。该校的体育教师在体育走班制教学中，在各自的足球、篮球、健美操和跳绳专长上进行固定的项目教学，摆脱了过去因"什么都要教，什么都教不深"而形成的运动专项退化问题，促进了教师专项技能和教学能力的保持与发展；④ 促进形成了"一项多队"。该校的体育走班制教学为学校在区域内的竞赛带来"一项多队"的惊喜：由于各项目专选班明显提高了学生的运动技能，形成了不少具有参赛水平的"运动队"。

拓展阅读

1. 毛振明，邱丽玲，李海燕等. 通过体育课程改革培养学生社会性和社会适应能力的假说——行政班体育课走向走班制体育课："班文化"走向"队文化"[J]. 沈阳体育学院学报，2018，37（03）：1-5+30.

2. 丁秀娟. 高校体育教学研究与实践——评《新时代高校体育教学的多维研究与运动教育模式探索》[J]. 中国教育学刊，2023（04）：124.

3. 曾海，张颖，刘安清等. 当代体育课程个人与社会责任模式（TPSR）的发展解析[J]. 北京体育大学学报，2016，39（01）：89-95.

4. 胡小清，唐炎，陈昂等. 美国SPEM课程的特征及对我国小学体育教学的启示[J]. 体育学刊，2017，24（04）：78-83.

思考题

1. 什么是模式？为什么要研究体育教学模式？
2. 体育教学模式的三个基本因素是什么？它们之间的关系如何？
3. 体育教学模式都有哪些特性？
4. 体育教学模式与教师的教学风格有什么区别？
5. 简述发现式教学模式中的"骨骼""神经"和"肌肉"分别指代什么。

第九章 体育课堂教学

本章导言

体育课堂是体育教学的细胞，体育教学的任何因素和规律都会在体育课堂教学中显现出来。

良好的体育课堂教学组织与管理是体育教学质量的基本保证，也是体育教师业务工作的基本内容之一，更是体育教师教学能力的重要体现。

体育课堂教学组织与管理的关键在于，能否妥善地处理好讲解与练习、约束与自主、师生关系与生生关系、成功与挫折等体育教学中的几个基本矛盾。

体育课堂教学组织与管理涉及许多方面，从组织与管理的基本内容来看，可分为运动技能教学的组织与管理、身体锻炼的组织与管理、体育学习集体的组织与管理、体育行为教育的组织与管理4个主要方面。

学习目标

1. 了解体育课堂教学、体育课堂教学组织与管理的概念。

2. 掌握体育课堂教学组织与管理的内容与基本方法，学习如何有效地组织课堂教学活动，能够根据教学实际进行管理和调整。

3. 能够通过合理有效的体育课堂教学组织与管理，培养学习兴趣，获得真正的体育乐趣。

第九章 体育课堂教学

第一节 体育课堂教学概述

一、体育课堂教学的概念

重要概念

体育课堂教学是指在法定的一节课的时空中,教师按照教学计划规定的内容,在规定的教学地点对学生进行体育教学和教育活动的过程。

从体育课堂教学的概念可以看出,体育课堂教学包含以下三个规定性因素:

(1)体育课堂教学是以一节课为基本时间概念的。

(2)体育课堂教学是法定的课程教学形式,它区别于课外体育活动和课余训练中的教学行为,也区别于学生自由体育锻炼中的学习行为。

(3)体育课堂教学是在规定的教学地点(如教室或各种体育场馆)进行的体育教学活动。

二、体育课堂教学的基本矛盾

体育课堂教学是教师和学生共同参与的包含多种教学因素的复杂动态系统,其中有些基本矛盾是进行体育课堂教学组织与管理所必须面对的,也是必须要充分认识和妥善处理的。这些基本矛盾有讲解与练习的矛盾、约束与自主的矛盾、师生关系与生生关系的矛盾、成功与挫折的矛盾等。

(一)讲解与练习的矛盾

在体育课中,讲解与练习是一对矛盾,体育学习既依赖技能练习,又依托示范讲解,但它们又相互矛盾。讲解时间长了,练习时间就会短;练习时间长了,讲解时间就可能不够。因此,体育课堂教学组织与管理首先要处理好讲解和练习的比例关系。在长期的体育教学实践中,体育教师们摸索总结出了"精讲多练"的原则。

（二）约束与自主的矛盾

体育课堂教学中约束与自主的矛盾，体现在教育与游戏、教授与学习、纪律与自由、基本与发展的各种矛盾之中。"约束"是教育服从发展要求，用教学纪律维持教学秩序，以便提高教学效率的方面；而"自主"则是体育服从游戏特性、在尽可能宽松的条件下发挥学生学习自主性以促进主动学习的方面。

上述两个方面都是体育教学中不可或缺的要素，不能强调某一方面忽略另一方面。如果过度强调了"约束"，体育教学会失去活力、学生会失去自主性和创造性，体育会失去游戏的乐趣，体育教学有可能会变成"满堂灌"或"训练课"。相反，如果过度强调了"自主"，体育教学就失去了效率，甚至失去正确的方向，教师会失去主导性，教学可能会变成简单的游戏而失去教学和教育的意义，体育教学有可能会变成"玩耍课"甚至是"放羊课"。

（三）师生关系与生生关系的矛盾

在体育课堂教学中，师生关系与生生关系是同时存在的，但有时也会有矛盾。师生关系是教学关系，是体育教学活动中人际关系的主要方面，包括教师与学生个体、群体之间的两种关系；在班级授课制的条件下，生生关系是教学活动的重要人际关系，包括学生个体之间的交往、学生个体与群体之间的交往以及学生群体与群体之间的交往三种形式。在体育教学中，既要重视师生关系及其作用，也要重视生生关系及其作用，而且要处理好两者之间的关系。

在过去的体育课堂教学中，往往强调单向性的师生关系，而对双向性的师生关系和生生关系不太重视。在这种教学里，教师负责教，学生负责学，教学就是教师对学生单向培养的活动，于是教授是中心，教师是课堂的主宰者，所呈现的师生关系是"我讲，你听；我问，你答；我示范，你观察；我指导，你练习"。在这样的课堂里，双边活动变成了单边活动，体育教学中的学生集体因素不受重视，学生间的交流互动受到限制，形成了一种单调、呆板、效果差的课堂氛围。瞄准终身体育的体育教学改革，要求体育课堂教学既要重视师生关系，也要重视生生关系，要求师生关系由单向活动向双向互动转变，要求生生关系朝着促进集体学习、集体思考和集体发展的方向发展。

（四）成功与挫折的矛盾

在体育课堂教学中，成功与挫折、快乐与痛苦同时存在，不能克服和战胜痛苦和挫折就没有真正意义上的成功和乐趣。没有最后的成功和快乐体验，痛苦和挫折就成为彻底的失败。只有快乐和成功的体育教学是不存在的，但只有挫折和痛苦的体育教学却是存在的，后者虽然不多，但危害很大。

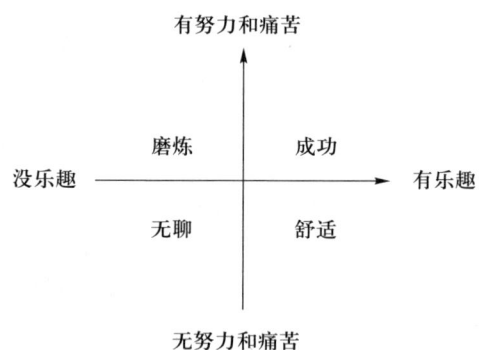

图 9-1　成功与痛苦、乐趣之间的关系

从图 9-1 中可以看出，伴随着努力和拼搏的乐趣是成功的喜悦，只有努力但没有乐趣的工作是一种磨炼，不需要努力和奋斗的乐趣是一种舒适，而不需要努力又得不到乐趣的状态是无聊。

因此，处理好体育课堂教学中成功与挫折、乐趣与痛苦的关系也是做好课堂教学组织与管理的关键所在。

第二节 体育课堂教学组织与管理

一、体育课堂教学组织与管理的概念

重要概念

体育课堂教学组织与管理是指体育教师为了保证体育课堂教学的秩序和效率,在课中对教学形态、运动负荷、教学秩序、教学信息及运动体验等方面进行的设计与控制工作。

体育课堂教学组织管理与体育教学设计、体育环境优化的关系如图 9-2 所示。

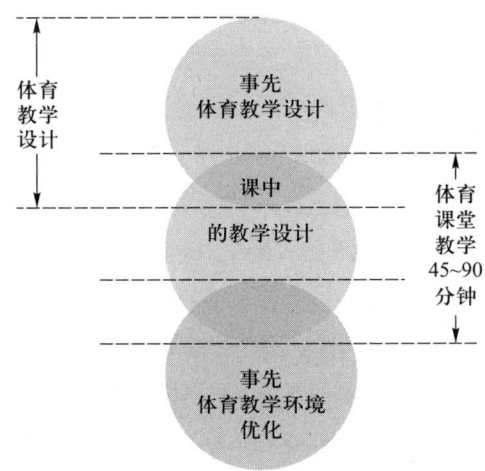

图 9-2 体育课堂教学组织管理与体育教学设计、体育教学环境优化的关系

二、体育课堂教学组织与管理的基本内容

体育课堂教学组织与管理涉及许多方面,从组织与管理的基本内容来看,可分为运动技能教学的组织与管理、身体锻炼(体能发展)的组织与

管理、体育学习集体的组织与管理、体育行为教育的组织与管理 4 个主要方面。体育课堂教学组织与管理的内容较多，但重要的方面有 4 点：教学形态、教学信息、运动负荷、教学环境，具体内容见表 9-1。

▶ 表 9-1　体育课堂教学组织与管理的基本内容

	教学形态	教学信息	运动负荷	教学环境
作用	保证体育教学顺利进行的人际关系和沟通条件的因素	保证体育教学得到高质量评价和反馈的因素	保证体育教学顺利进行的教育教学规定和奖惩因素	保证体育教学安全和顺利进行的物质和非物质环境因素
表现形式	教学组织形式的设计、学生交流课题的准备、学生交流的组织与控制	建立经常性教学反馈机制、小组的建立、班干部的作用发挥、民主教学方法的使用	教学常规的执行、体育所需要的特定教学纪律制订与执行、教学中纪律教育手段	场地的选择、场地的清洁、器材的检查、场地器材的布置

相关链接

★ 课堂立体五结构优化的理论

1. 智能结构优化：指具体的、清晰的、可测的课堂教学目标，包括运动认知的容量、思想道德教育的要点和技能训练的重点。

2. 时间结构优化：指为保证教学目标的圆满完成，课堂各个教学环节所用的时间合理分配，即看是不是把有效的时间分配到课堂教学的难点和重点上。

3. 认知结构优化：指按照学生的认识安排教学过程，组织学生的认识活动。即看课堂教学是否能遵循由浅入深、由易到难、循序渐进的原则。

4. 信息结构优化：指在充分发挥学生主体地位的基础上，使教学信息传递迅速、反馈及时，师生活动积极，协调配合。在体育课堂教学中，组织调动学生能及时有效，评价能准确到位。

5. 训练结构优化：指规定练习内容、练习方法、练习步骤，以达到巩固知识、培养能力、掌握运动技能的目的。

第三节 体育课堂教学管理的内容与方法

一、体育教学形态的组织与管理

体育课堂教学中的集体问题多体现在教学组织形态上,因为教学组织形态的选择是基于人际交流、集体机制、学习心理、教材特性等方面的。体育课堂教学中的教学组织形态可分为按自然班级上课的班级授课和把一个班级分成若干小组教学两种形式。把一个班级分成若干小组进行教学的形态通常称为小集体教学形态。小集体教学形态有几种表现形式,如机械分组教学、同质分组教学、小集团教学(或称小组教学)、学习集体(或称学习小组)等。这里重点介绍体育课堂教学中学习集体的组织与管理。

常见的体育课堂教学组织形式主要有班级教学和分组教学两种。

(一)班级教学

班级教学又称班级授课制,是体育课堂教学的基本形式。这里的"班"不仅仅是传统意义上的"行政班",也包括对它进行改造后而形成的"班"(如实施"体育走班制教学"而形成的篮球班、武术班、健美操班、跳绳班等)。目前,体育课堂教学的班级编制形式多种多样,例如,把一个年级的学生编成若干个班叫单式班级编制,又如把两个年级或两个年级以上的学生编成一个班叫复式班级编制。此外,还有按运动水平、体育兴趣、性别等标准划分班级的。

班级教学的优点:① 一名体育教师同时教 30~40 个学生,受教育的学生多,教学效率高;② 学生学习的速度一致,有利于完成统一的教学计划,体现教学的一致性;③ 有利于发挥教师主导作用;④ 便于体育教师对课堂教学进行统一管理。

班级教学的不足:① 难以照顾学生的个别差异;② 不利于学生的自主性和探索性学习;③ 学生之间的深入交流比较困难。

（二）分组教学

分组教学是把一个班分成若干小组，教师以组来进行指导的教学形式。这种教学既保留了班级教学的长处，又能在一定程度上解决区别对待的问题，即教师可以根据各个小组的不同特点进行不同的指导。这种分组通常是以学号、身高来进行的（机械分组）。每组指定有小组长，通常起着"小教师"的作用。近几年来，随着教学改革的不断深入，在体育课堂教学中涌现出了多种分组方式。

1. 同质分组

同质分组，是指分组后，同一小组内的学生在体能、运动技能、兴趣爱好等方面上大致相同。因此，在体育课堂教学中，可以按体能状况、运动技能水平、性别、兴趣爱好等进行分组。例如，以运动技能水平为标准进行分组，其优点在于能增强活动的竞争性，有利于学生的同水平竞争以提高学生参与活动的兴趣。但这种以运动能力划分的分组方式也会使各组学生之间产生优劣感，反而造成学习积极性的下降。

2. 异质分组

异质分组，是指分组后，同一小组内学生在体能和运动能力方面均存在差异。它不同于随机分组，是人为地将不同体能和运动技能水平的学生分成一组，或根据某种特别需要对"异质"进行分组来缩小各小组之间的差距，以利于开展游戏和竞赛活动。

二、运动负荷和课堂时间的组织与管理

《体育趣味课课练1260例》节选

身体锻炼的目的是发展体能，发展体能是体育教学中非常重要的一个领域目标和内容，体能与身体健康密不可分。在体育课堂教学中，教师可以通过各种游戏活动、身体素质练习、技能练习等来发展学生的体能。但是，体能的发展不是一朝一夕的事情，不仅要靠课堂教学，还要靠学生在课外积极主动地进行锻炼。体育教师不仅要有调动学生积极参与锻炼的能力，还要具备组织学生进行身体锻炼的组织与管理技能，使学生在承受较大运动负荷的基础上，享受体育带来的乐趣和快乐。因此，体育教师应根据学生的具体情况，选择合适的练习内容，确定合适的运动负荷，在体育

第三节 体育课堂教学管理的内容与方法

课堂教学中实现发展体能的目的。

从管理学的角度来看，体育教学过程也是管理的过程，其中涉及计划制订、计划执行、信息反馈和计划评估等管理学的理论。从提高效益角度来讲，体育教学过程应非常重视管理，不仅要注重对教师教学能力的管理，还要重视对学生学习行为和方式的管理；不仅要重视课堂秩序的管理，还要重视课堂问题的管理；不仅要对学生进行约束，还要创设良好的学习氛围。

体育教学过程管理的内容比较多，包括对教学计划、教学场馆设施、体育教师、学生学习、学生成绩的管理等，最常见的是对体育课堂时间的管理。课堂时间是有限的，如何在一堂课中让学生掌握更多的知识和技能，提高教学效率是提升体育教学质量的核心问题。在体育课上如何减少浪费时间，提高时间使用率既是体育教师专业化水平的体现，也是体育教学过程优化的重要标志。据国外的研究表明[①]，通常体育教师在体育教学活动中的时间分配百分比大致如图 9-3 所示。

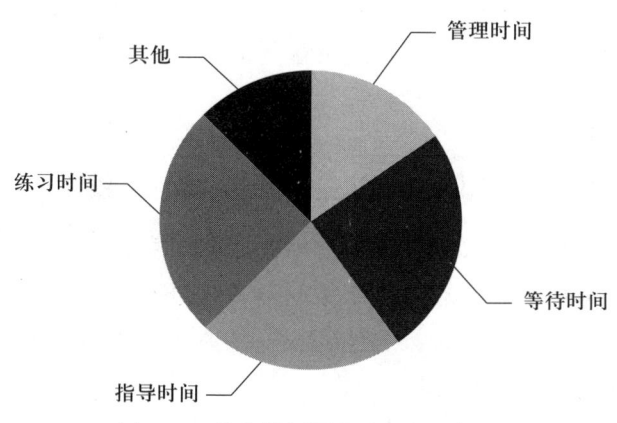

图 9-3 体育教师课堂时间利用情况

如图 9-3 所示的这种体育课堂时间管理方式会导致大量的时间浪费，让学生等待的时间较长，也会影响学生体育课的参与度和积极性，这表明教师运用管理的时间太多，说明课堂秩序不太好，教学组织比较零乱。由此可见，体育教师在课堂上要应尽量减少无效管理和等待时间，增加学生

---

① Grant, b, and Olson, j looking inside the physical education lesson.Set research information service for teacher, NZCER.1990.NO 1.1-6.

练习的时间，以提高教学效率。

中国台湾学者陈景星教授认为，较理想的体育课堂教学时间分配应该如图9-4所示。

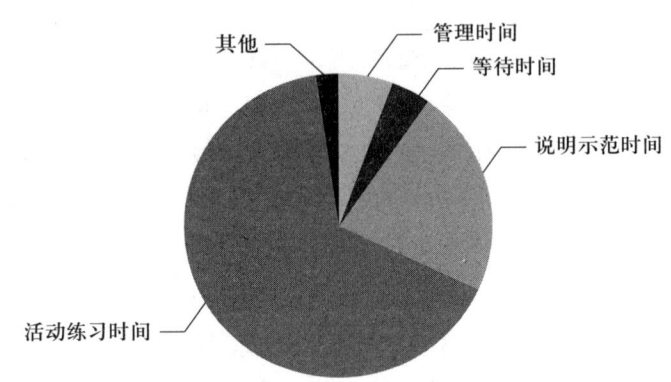

图9-4 较理想的体育课堂教学时间分配

为了更好地提高体育课堂教学效率，提升学生学习的积极性，体育教师首先应加强课堂的管理，合理地分配时间，提高教学技巧，使教学在条件许可范围内达到最优化。

三、教学秩序的组织与管理

一节好的体育课，既要有约束性又要有自主性，要做到约束合理，自主适当，这就需要依靠合理的教学组织与管理进行调控。体育课堂教学中约束与自主的协调与教学效果关系密切，是体育课堂教学组织与管理必须处理好的一对矛盾，具体见表9-2。

▶ 表9-2 体育课堂教学组织与管理时必须处理好的一对矛盾

在体育课堂教学中应强调约束的情景	在体育课堂教学中应强调自主的情景
1. 进行课堂常规活动时 2. 进行队列练习时 3. 学习新教材时 4. 进行集中讲解示范时 5. 进行集体练习时	1. 进行自主准备活动时 2. 进行分组学习时 3. 进行探究活动时 4. 进行反复练习时 5. 进行创新性活动时

续表

在体育课堂教学中应强调约束的情景	在体育课堂教学中应强调自主的情景
6. 进行集体纠错时 7. 进行教学比赛时 8. 进行必要的教育时 9. 集体进行放松练习时 10. 教师进行总结时	6. 进行互帮互学时 7. 进行个人和小组总结时

四、教学信息的组织与管理

在体育课堂教学中存在大量的信息交往，对信息的科学管理也是提高教学质量的重要内容与标志。体育教学信息的具体形式很多，有教师讲解与提问，学生回答、同学间讨论、教师总结等，还有教材上的信息、在线课程上的信息、多媒体上的信息、学习卡片上的信息、课后作业上的信息等，但体育教学信息管理的主要内容还是讲解和练习的关系。讲解和练习的关系具有如下规律性：

1. **在不同教学目标下的不同课型中，讲解和练习的比例不一样**

（1）在新授课中，教学任务以学习新技术为主，教学的组织应以讲解和示范为主。讲解有引导性讲解、叙述性讲解、说明性讲解等。在新授课中，学习与练习都要求精确，练习的量要服从学习的需要，不是越多越好。练习种类主要有尝试性（体验性）练习、模仿性练习、对比性练习等。

（2）在复习课中，教学任务以熟练技能为主，教学的组织应以练习和素质锻炼为主。在复习课中的讲解是有针对性、画龙点睛性的，讲解量不能很大。

（3）在探究课中，教学任务是发现和探究问题，明白道理，因此，围绕发现问题的引导性讲解是很重要的。教师与学生之间的问答也是很多的，练习则是尝试性的、验证性的、体验性的，练习量不能很大。

（4）在活动和锻炼课中，教学任务是身体的发展，讲解只是提醒性和指导性的，而练习的量是最重要的因素，要有较大的练习量。

2. 在不同任务的不同课堂教学阶段中，讲解和练习的比例不一样

（1）在课的开始部分，教师主要采用简明扼要的讲解方式向学生说明本次课的任务，并根据本次课的教学目标安排准备活动。这一阶段教师的讲解相对较少，而准备活动则需要有必要的练习量。

（2）在课的基本部分，前半部分一般是技术学习，这一阶段的讲解比较重要，而练习则是模仿性的、尝试性的，练习量不是很大；后半部分一般是技术的熟练，此阶段的练习比较重要，而讲解则是针对性的、画龙点睛性的，讲解量不是很大。

（3）在课的结束部分，教学任务是使学生身心得到放松和进行总结。在身心放松阶段，一般以放松性身体活动为主；在总结阶段，则以教师的讲评为主。

3. 学习不同的教学内容时，讲解和练习的比例不一样

有的体育教学内容技术性不强，但活动性强，如长跑；有的体育教学内容活动性不强，但技术性强，如体操和武术；因此，在体育教学中，教师要根据教学内容的特点，适当地处理讲解和练习的关系。

五、运动乐趣的组织与管理

图9-1说明了"努力"和"体验乐趣"之间的关系：体育教学中，在老师严格要求下的，学生朝向目标努力和拼搏后的运动乐趣是体育成功的喜悦；只有教师的严格要求而学生始终体会不到乐趣的教学是一种磨炼；没有教师的任何要求，学生也不需要努力和奋斗的状态是舒适，且与体育教育毫无关系；既无教师的要求又无学生的努力，更无运动乐趣的状态只是无聊，与体育教育没有关系。应该说，上述4种现象多多少少在体育教学中都有表现，可以作如下归纳（表9-3）。

▶ 表9-3 成功、磨炼、舒适和无聊之间的区别

效果	学名	特征	功能	使用	课的判断
成功	成功体育	内容充实、要求严格、运动量充分、效果明显	学习体育、热爱运动	常用	好课

续表

效果	学名	特征	功能	使用	课的判断
磨炼	强迫体育	内容单调、要求严格甚至过分、学生常常不解其意、有压抑感	锻炼身体、磨炼意志	不常用	视目标判断
舒适	无	内容简单、有一定趣味、无要求、运动量小、无教学效果	休闲休养	几乎不用	视情况判断
无聊	放羊教学	内容虚无、无要求、运动量很小、无教学效果	无用	不用	坏课

在体育教学改革中提出的诸如"快乐体育""成功体育"等，都是强调让学生通过努力和刻苦锻炼，在提高技能、锻炼身体、明白道理和懂得友好相处的基础上，体验到运动学习中的深层次乐趣。"快乐体育"和"成功体育"不否认失败和挫折，更强调学生在学习中的努力拼搏。"快乐体育"和"成功体育"都认为快乐和成功是建立在努力的痛苦和失败基础上的，所谓"失败是成功之母"。"快乐体育"和"成功体育"坚决反对"莫名其妙的失败与痛苦"和"以失败而告终的失败与痛苦"，反对"貌似快乐的无聊"和"嘻嘻哈哈的假快乐"以及"没有学习收获与教育意义的游乐"。

快乐离不开学生的努力过程、离不开体育教师的严格要求、离不开有深度和有教育意义的教学内容，也离不开附加在身心之上的适宜的运动负荷。反之，快乐不是来自对学生的迁就、不是来自所谓的自由、不是来自学生身体的暂时舒服，也不是来自某些庸俗浅显的游戏和花样翻新的所谓新教法。有无意义的乐趣和有无意义的痛苦内容见表9-4。

▶ 表9-4 是否有意义的乐趣和痛苦

深层次并有意义的乐趣	● 运动技能提高的成就感 ● 同伴和睦相处的一体感和亲近感 ● 明白道理的求知满足感 ● 充分运动后的身体快感 ● 获得表扬后的被承认感

续表

浅层次缺少意义的乐趣	● 教师的小玩笑 ● 同伴的滑稽 ● 小比赛的取胜 ● 有趣的游戏 ● 新颖的运动器具 ● 教师号召下的掌声 ● 教师或同学的风趣语言和可笑的行为等
有意义的努力和痛苦	● 科学合理的大负荷练习 ● 科学合理的大强度练习 ● 运动技能提高过程中的可以克服的技术障碍 ● 教师有目的的恰当的批评甚至是斥责 ● 健康和安全范围的寒冷和暑热中的运动 ● 不伤害身体范围内的伤痛 ● 有意图的可以导向成功的挫折和失败等
无意义的努力和痛苦	● 不科学的大负荷大强度练习 ● 惩罚性的运动 ● 莫名其妙的失败 ● 以失败而告终的失败 ● 教师的无端指责或叱骂 ● 来自他人的嘲笑和讽刺 ● 不可逾越的技能困难 ● 超出安全的酷热和严寒中的运动 ● 造成身体伤害的伤痛

当前，在部分学生中出现的"喜欢体育但不喜欢体育课"的现象，既与呆板教学所导致的内容训练性和枯燥性有关，也与一些体育课片面强调学生兴趣而导致的内容虚无性和无效性有关，两种课都是错误的，都不可能使学生获得真正的体育乐趣。

思考题

1. 体育课堂教学的基本矛盾是什么?
2. 体育课堂教学组织与管理的四项基本内容是什么?
3. 运动负荷的组织与管理应注意什么?
4. 教学信息的组织与管理应注意什么?
5. 体育课堂教学组织与管理的基本方法有哪些?

第十章 体育教学方法

⚛ 本章导言

体育教学方法是体育教学论的主题和主体。但长期以来，体育教学方法一直是体育教学论的难点和薄弱部分，这是因为我们对体育教学方法的定义、层次等仍缺乏深度的认识。

体育教学的对象是活生生的学生，不是物品，因此体育教学方法不可能是一成不变的，更不能以不变应万变。学习体育教学方法贵在通过理论和范例掌握其精神实质和基本要领，正所谓"教学有法，法无定法，贵在得法"。

📖 学习目标

1. 了解体育教学方法的概念、含义和层次，熟悉体育教学方法的历史演变。

2. 掌握体育教学方法和教学手段的分类，熟悉常用的体育教学方法的含义和实施要求。

3. 掌握不同体育教学方法的应用、要求和选择策略，能够根据不同的教学目标和任务选择合适的教学方法并正确地组织教学过程，指导学生进行体育锻炼。

4. 学会评价和反思不同体育教学方法的效果，利用不同体育教学方法进行教学创新，开展教育教学改革，提高体育教学质量和教学能力。

第十章 体育教学方法

第一节 体育教学方法概述

一、体育教学方法的概念

（一）从教学方法到体育教学方法的认识

在教学论众多概念中，教学方法的概念最为复杂。本教材对至今的教学方法的各种定义进行分析后得出：教学方法定义的中心词很不明确，用两个词作为中心词的很多，有的中心词还用了"总和"的表述，由此判断，教学方法是个复杂的、多层次的概念。

体育学者对体育教学方法的概念解释，基本是沿用一般教学论中有关教法的概念，因此，体育教学方法的概念与教学方法定义有着同样的问题。并且体育有着许多的方法，如体育锻炼方法和运动训练方法等，这使得体育教学方法的概念更加复杂。体育教学方法的概念界定问题既影响着有关的理论研究，也直接影响一线体育教师对教学方法的理解和使用，更妨碍着体育教育专业有关教材和教法课程的教学，影响体育师范专业学生对体育教学方法的掌握及教学能力的提高。因此，体育教学方法的界定非常重要，是亟待研究解决和澄清的问题。

背景知识

✪ 不同学者对教学方法的定义

学者	对教学方法的定义
彭永渭	教学方法是教师和学生为完成教学任务，实现教学目的采用的工作方式或手段
王道俊	教学方法是为完成教学任务而采用的办法。它包括教师教的方法和学生学的方法，是教师引导学生掌握知识技能、获得身心发展而共同活动的方法
李秉德	教学方法是在教学过程中，教师和学生为实现教学目的、完成教学任务而采取的教与学相互作用的活动方式的总称
关更霞	教学方法是教师为了完成教学任务，实现教学目的，在教学过程中所采用的一系列方法措施

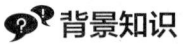背景知识

❖ 不同教材对体育教学方法的定义

教材	对体育教学方法的定义
《学校体育学》 体育运动学校《学校体育学》教材编写组编（人民体育出版社 1998 年版）	体育教学方法是体育教学过程中为完成教学任务所采取的教学途径和手段
《体育教学论》 樊临虎（人民体育出版社 2002 年版）	体育教学方法是指在体育教学过程中，教师指导学生为达到一定的教学目标所进行的一系列活动方式、途径和手段的总和
《体育教学论》 张志勇（高等教育出版社 2019 年版）	体育教学方法是指在体育教学过程中，为达到一定的教学目标与任务，教师指导学生所进行的一系列活动方式、途径和手段的总和。

（二）体育教学方法与体育教学行为的关系

为什么人们会对教学方法和体育教学方法的概念理解有着分歧甚至产生混乱呢？这与教学方法与教学行为的区别不明确有着密切的关系。

体育教学方法和体育教学行为是有区别的，否则就不必有体育教学方法的概念，也不必在体育教学论的课上教教学方法了。那种"体育教师在教学中做的事都是体育教学方法"的认识是错误的。教学行为只是教师在教学中的举止与行动，而教学方法是教师运用某种教学技术的行为，如"讲解"是某个教学中教师的行动，而"讲解法"则是教师所采用的教学技术。

教学行为与教学方法之间的联系与区别有以下几点：

● 除了运用不当的教学方法外，一般来说，教学方法都应是合理、科学的，是教师所运用的教学技术；而教学行为有的是合理的，有的是不合理的，有的还是错误的。

● 教学方法是教师群体归纳总结出来的有规律可循的教学技法，而教学行为则是教师个体的相对偶然和随机的行为。

● 教学方法是有目的、有意识、有遵循的教学行为组合，所有教学方

法都由教学行为组成，但不是所有的教学行为都是教学方法。

（三）体育教学方法的层次

当前，对体育教学方法的概念理解存在多样性和不统一的原因还有"教学方法的空间界限定位不明"的问题。

当笼统地说到体育教学方法时，很难确定其所指的是什么。有时所说的是教师教学的方略（如发现式教学法），有时说的是教师的教学手法（如提问法、口令法、限制法），有时说的则是教师使用的技术手段（如录像演示法）。体育教学方法是有层次性的，本教材根据对现有体育教学方法的分析，将体育教学方法分为以下几个层次：

1. "教学方略"的层次

"教学方略"是教学方法的上位层次，是广义的教学方法概念，是传统教学方法定义中的组合设计层面，是教师运用多种手法与手段的组合进行教学的行为整体，也可称其为教学方式或教学模式（教学方式的说法更强调与其他教学法的区别，而教学模式则更强调其是成熟的教学法），教学方略主要体现在对单元和课的设计上。举例来说，发现式教学法就是一种广义和上位的教学方法，它是由许多中层次的教学方法组合而成的，如其中的提问法、组织讨论法、总结归纳法等多种教学手法，也包括模型演示、实地测量等多种教学手段。

2. "教学方法"的层次

这是教学方法的中位层次，也可称为教学技术，它基本等同于传统定义上的教学方法。教学方法是教师主要运用某种手法进行教学的行为方式。例如，提问法就是为了实现某个教学方式而采用的具体教法，是运用提问和解答去实现某个教学方式，这个层次的教学方法主要体现在课中的某个教学步骤上。

3. "教学手段"的层次

这是教学方法的下位层次，也可称为教学工具，是传统定义上教学方法的组成部分，它是教师运用某种主要的手段进行教学的行为方式。如提问教法中使用挂图的方法（或称挂图法），就是主要运用挂图工具去实现某教学方式的具体手法。这个层次的教学方法主要体现在课中某个教学步骤上。

体育教学方法的三个层次的比较见表10-1。

▶ 表10-1 体育教学方法的三个层次

层次	实质	空间	与传统教学方法定义的关系	举例
教学方略（也可称为教学方式或教学模式）	教师运用多种手法和手段的组合进行教学的行为方式	单元和课的设计	是传统定义教学方法的组合	发现式教学法：包括提问、组织讨论、启发等多种教学手法，也包括模型演示、实地测量等多种教学手段
教学方法（也可称为教学技术）	教师运用一种主要的手法进行教学的行为方式	课中	等同于传统定义的教学方法	提问法：主要运用提问和解答的手法达到教学目的的方法
教学手段（也可称为教学工具）	教师运用一种主要的手段进行教学的行为方式	教法中	是传统定义教学方法的组成部分	挂图法：主要运用挂图的工具达到某方面教学目的的方法

（四）体育教学方法概念的界定

至此，我们可以对体育教学方法的概念作出如下界定：

> **重要概念**
>
> 体育教学方法是在体育教学过程中，教师与学生为实现体育教学目标和完成体育教学任务，有目的、有计划地采用的、可以产生教与学相互作用的、具有技术性的教学行为的总称。

二、体育教学方法的发展

（一）体育教学方法发展简史

体育教学方法是体育教学现象出现以后才有的，但不是课堂体育教学出现后才有的，一些体育教学方法在近代体育课出现之前的民间体育传授中就已经存在。例如，在民间武术的教学中必然存在武术的教学方法；在杂技的教学中必然存在类似体操的教学方法；在涉水的教学中必然存在类似游泳的教学方法；在野外的生产实践中也必然存在类似野外活动的教学方法，等等，只不过那时人们并没有用现在的教学方法来理解它们，也缺乏系统而科学的总结。当近代体育教学出现以后，体育教学方法作为教学理论的研究对象而被体育教育者所重视，体育教学方法才迅速发展起来。

体育教学方法的发展受到多种因素的影响，其中最主要的是受各个时代体育内容变化的影响，这是因为体育教学内容随时代的变化远大于其他的学科，因此，体育教学方法也受到体育教学内容时代变迁的影响。

1. 体操和兵操时代

在封建社会和资本主义社会前期，体育更多的是兵士的训练，在这种以发展身体为主要目的的体育中，训练式和注入式的教学方法占主导地位。这种方法一般偏重苦练式的重复，注重通过大运动量形成运动记忆并增强体能。

2. 竞技运动时代

到了资本主义社会，随着生产力的发展和社会的进步，代表现代社会文明的竞技体育项目迅速发展起来。这些竞技体育本身就充满着人本主义和自然体育的精神，充满着青春的活力，而且竞技运动汇集了许多文化的因素，此时，苦练式的教学方法就不适应了，这在客观上要求体育教学方法的改进，这种改进体现在加快教学速度、提高教学效率等方面，于是领会教学、小集团教学、现代体能训练、心理训练等新型的教学方法随之出现。

3. 体育教育时代

在当代，体育已经成为一种文化，也成为教育的组成部分，体育的内容向着健康教育、心理健康教育、行为规范教育、安全教育等方面迅速扩张，体育知识和技能的总量也在急剧增长，这就对体育教学和体育教学方法提出了更新、更高的要求。当代体育教学不但要帮助学生掌握体育知识技能，还要帮助学生享受乐趣、增强体质、健全人格和锤炼意志，帮助学生建立自信心、形成良好的行为规范和安全生活的能力等。因此，体育教学方法需要与时俱进，要随着互联网、人工智能等技术手段的发展，使得体育学习更加有效，向着更高层次和更高科技的方向发展。

但是，体育教学方法的更新与发展并不意味着传统体育教学方法的过时和消失，而体现的是传统教学方法与反映时代特征和新技术特点的新教学方法的结合。某个时代具有代表性的教学方法出现，既反映了某一时期社会生产和科学发展的状况，也反映出体育教学理论和体育教学实践的变革特点。

从体育教学方法的发展简史中可以看到，体育教学方法不是一成不变的，而是随着体育教学实践的内外部条件变化而变化，随着教学内容的发展而不断发展。

（二）体育教学方法的不断改善

体育教学方法的主体是教学技术，同其他技术一样，体育教学的技术也是不断进步和发展的。体育教学方法的发展除了受科学技术发展的影响，还受到体育教学内容的发展、体育教学理论的发展、学生的发展与变化等方面的影响，因此，不同时代的教学方法有着各不相同的特点。

1. 科技进步促进体育教学方法的改善

日新月异的科学技术对体育教学方法的影响主要体现在：计算机技术的应用使得运动技术的示范更加准确，更不受时间和空间的限制，如可以任意调整动作的快慢，也可以展示动作的各个观察面和放大各个动作的局部等。计算机技术的应用，使讲解、示范、展示等教学方法都产生了质的变化。

2. 体育教学内容的发展促进体育教学方法的改善

新的体育教学内容的引进会带动教学方法的改变，如引入心理拓展训练内容，可促进团队凝聚、组织团队内讨论和组织集体展示等教学方法得到开发；引入野外生存训练内容，可使得野外活动中的组织方法和教学方法得到开发；引入攀岩训练内容，可使得绳索保护下的教学方法得到开发，等等。

3. 体育教学理论进展促进体育教学方法的改善

体育教学理论的进展促进体育教学方法改善的典型例子是"领会式教

学法"的出现。过去的体育教学理论缺乏对运动技术类型的分析，也缺乏针对不同运动技术项目应有不同体育教学方法的认识，因此，在面对众多的运动项目时，体育教学方法是"以不变应万变"。但随着对球类运动项目研究的不断深入，适合球类运动的"领会式教学法"就应运而生了。

4. 学生变化促进体育教学方法的改善

随着时代的发展和变化，学生的情况也有了很大变化，主要体现在：① 学生接受知识的来源越来越多，知识面随之大为拓宽；② 学生的身体发育提前；③ 学生的个性越来越强，对问题的认识深度提高；④ 学生的思辨能力和反思能力增强。这些变化必然带动探究性、思考性、集体性和民主性教学的开展，也会对一些德育教育的方法产生新的要求。

其次，体育教学方法也是相对稳定的。体育教学方法是人们长期在对体育教学规律认识的基础上不断总结和归纳出来的。许多优秀的体育教法实践背后有其必然性，因此，这些好的教学方法也是相对稳定的。这提醒我们：虽然改善体育教学方法这一主题是永恒的，但也要认真学习前人留下的好的教学经验和教法成果，没有必要盲目地否定一切过去的教学方法，推倒了重来。

（三）体育教学方法的发展趋势

现代体育教学已有 200 多年的历史了，至 2023 年，中国的近代体育教学也有整整 120 年历史了。体育教学已经逐渐发展成为一个比较成熟的学科，其教学方法随着学科的发展而不断发展，已从运动训练和师徒传教发展成为有自己特点的教法体系。随着科学技术的发展以及教育学、心理学领域的新发展，体育教学方法正呈现出现代化、心理学化、民主化和个性化等趋势。

1. 体育教学方法的现代化

体育教学方法的现代化与整个教学方法的现代化一样，其主要表现在教学设备的电子化、网络化和智能化上。20 世纪随着电子化技术的发展，先是录音、录像等进入了体育课堂，将学生的视野扩展到教学空间以外，为学生展示了在体育课中无法感觉和体验的东西。后来，随着计算机技术和网络技术的发展，体育教学有了多媒体的手段。未来，随着大数据和人工智能技术的发展，体育教学将进入万物互联互通的时代，那时的体育教学方法会把学生带入新的感知空间。

2. 体育教学方法的心理学化

学习本身就是一个心理过程，而体育知识学习和运动技能的提高更是一个复杂的心理过程。对体育教学方法影响最大的基础学科是心理学和体育心理学。随着心理学和脑科学研究的不断发展，体育心理学家和运动心理学家开始用脑科学和心理学研究来证明运动学习的学理是怎样的。这些成果正逐渐应用于体育教学方法的改革上，如分散学习和集中学习的研究会直接对分解教学法和整体教学法的优选起到重要的理论支持，如心理的念动理论会使"念动训练"更加科学有效，脑科学的发展心理学将给体育教学方法的改进和创新提供更多的理论支持等。

3. 体育教学方法的个性化和民主化

重视个性发展将是体育教学方法的进步方向。传统的以班级为主体的教学强调教师的中心作用，具有很强的统一性。但是，学习效果与天生的身材及身体素质有密切的关系，有时更需要针对学生的个体差异进行教学。因此，个性化的教学方法改革就有了重要的意义。民主化教学也是如此，在以操练和锻炼为主要内容的体育教学中，教师的口令与讲解是最重要的教法，但是随着培养体育实践能力目标的确立，学生进行自主的、探究性的、民主和谐的学习成为必然，近年来的小群体教学法、合作学习法、自主学习法等探索就显现了这一改革的趋势。

相关链接

几种新型体育教学方法

教学方法	探究式教学法	合作式教学法	自主式教学法
目的	让学生通过探究性学习过程，对某些难题进行理解，并通过典型的探究过程帮助学生学会学习	通过建立学生共同拥有的学习课题，建立适合学生交流的学习平台，促进学生互帮互学和共同提高	通过建立学生的"自我学习目标"和有意地设置一段"自我练习时间"，让学生独立自主地学习

续表

教学方法	探究式教学法	合作式教学法	自主式教学法
优点	有利于学生认识学习的过程，有利于提高学生发现问题和解决问题的能力	有利于学生之间的相互交流和取长补短，有利于培养学生的社会意识和集体意识	有利于学生适应自主性学习，有利于培养学生的独立性和思考能力
难点	学习效率不高，不能常用，对教学内容的加工和教师的教学能力有很高的要求	学习效率不太高，要求有很好的学生集体作为基础，对教师的教学能力有很高的要求	教学不容易组织，要求学生有很强的自觉性和学习能力，安全方面有一定的隐患
适用教学对象	具有一定知识基础、有一定发现问题和归纳问题能力的学生	已经形成了一定集体意识、已经具有交流意识的学生	掌握了一定基础技能、明确了学习目标、有学习自觉性的学生
适用教学内容	有典型意义、有学习深度（通常是有一连串问题）的内容	集体性项目，或需要在集体环境下进行学习的个人项目	不需要进行有难度的学习、以练习为主、比较安全的项目
使用频率	每学期1~2次课	在每个单元的学习阶段后安排2~3次课	在每个单元的学习阶段后安排2~3次课

第二节 体育教学方法的分类

对体育教学模式的分类请参见第八章有关论述，本节只对教学方法和教学手段的分类进行阐述。

一、体育教学方法的分类

狭义的"体育教学方法（技术）"是广义体育教学方法中最核心的部分，也是体育教学方法分类最重要的部分。

本书按照体育教学方法的外部形态（信息传递途径）和该形态下学生

认识活动的方式进行分类，理由是：

（1）媒体和信息途径本身就是教学方法的重要构因。

（2）运动技战术学习比知识学习更依赖多媒体和信息途径，分类符合我国中小学体育教学实际。

（3）这种分类方法能将常用的教学方法包括在内，符合分类的基本要求，也便于一线体育教师选择运用。

（4）这种分类方法既注意了教法的外部特征，又注意了学生学习活动的内部过程。以往的教学方法多是以教学活动的外部形态区分命名的，传统的分类法侧重体现某教法的独特教学功能，但反映学生认识特点不足。

（5）对信息传递的分析有利于揭示教和学的关系。按照教学方法的外部形态和学生认知活动方式进行分类，有利于实现教与学的统一，有利于发挥教师的主导作用和调动学生学习的积极性。

（6）教学方法本身具有很大的相对性，现实中各类教学方法相互交织、有所重叠，不同的方法也可能有着相同的效用，不便在功能上截然分开，各种教学方法只是依据教学需要有所侧重。在方法分类的表述上，用"以……为主"来表示比较合理恰当。

据此，本教材将我国体育教学中比较常用的教学方法分为5类：① 以语言传递信息为主的体育教学方法；② 以直接感知为主的体育教学方法；③ 以身体练习为主的体育教学方法；④ 以比赛活动为主的体育教学方法；⑤ 以探究性活动为主的体育教学方法（表10-2）。

▶ 表10-2 比较常用的体育教学方法分类

以语言传递信息为主的体育教学方法	以直接感知为主的体育教学方法	以身体练习为主的体育教学方法	以比赛活动为主的体育教学方法	以探究性活动为主的体育教学方法
讲解法 问答法 讨论法	示范法 演示法 纠正错误动作与帮助法	分解练习法 完整练习法 循环练习法	游戏法 比赛法 情景法	发现法 问题探究法 小群体学习法

二、体育教学手段的分类

根据"辅助学生学习的功用"划分，体育教学手段可分为"帮助学生进行认知的教学手段""帮助学生加强本体感受的教学手段""帮助学生进行思考和交流的教学手段"三类。确定体育教学手段的分类能帮助一线教师更好地领会各个教学手段的特征，明确各个教学手段的用法（表10-3）。

▶ 表10-3 比较常用的体育教学手段分类

教学手段	内容
帮助学生进行认知的教学手段	黑白板、挂图、模型、多媒体演示
帮助学生加强本体感受的教学手段	哨、节拍器、录音机、各种限制物、手环
帮助学生进行思考和交流的教学手段	学习卡片、录像片、App

随着互联网技术的不断发展和线上体育课程的不断丰富，线上线下结合式的教学也日益成为体育教学的新方法和新手段，它贯穿于上述的5种教学方法中，与以上各种教学手段相配合运用。

第三节 体育教学方法的应用

一、以语言传递信息为主的体育教学方法

以语言传递信息为主的教学方法，是指通过教师运用口头语言向学生传授体育知识、运动技战术要领的教学方法。语言是人类交际最普通的工具，也是教育活动中最常见的行为，因此，语言法即便是在强调"精讲多练"的体育教学中也是一种最重要的教学方法，更是教师和学生之间信息传递最主要的媒介。

关于语言法要注意区分以下两点：

（1）语言不等于讲解。教学中有大量的语言交流，教师也有许多用于

课堂需要的语言,但这些不能都理解为讲解。教师语言与讲解之间最大的区别在于它是不是在向学生说一件学生不懂的事情。

(2)讲解不等于讲解法。在体育教学中,教师有大量的讲解,但不应把所有的讲解都理解为讲解法,因为有的讲解只是在讲解,没有技术、技巧的成分,讲解的效果也一般,因此它只是讲解而不是我们在这里要学习的讲解法。

语言、讲解、讲解法的区别见表10-4。

▶ 表10-4 语言、讲解和讲解法的区别

	语言	讲解	讲解法
例子	1. 大家到篮球场集合 2. 快点 3. 怎么啦 4. 下次不能迟到 5. 好,就这样做	挺身式跳远的腾空动作是这样的:起跳后保持腾空步的时间稍短于蹲踞式,当身体在腾空过程的约1/3处时摆动腿,大腿积极下放向后摆动,与起跳腿靠拢并带动髋向前,同时两臂向下向后侧摆动,胸部自然挺出,形成挺身姿势。在整个腾空过程的2/3处时,用力收腹,两臂由侧后经上向前向下挥摆,上体稍前倾,同时两腿屈膝上收准备落地	同学们,这是蹲踞式跳远和挺身式跳远的动作图,大家先看看有哪些不一样的地方?(与观察相配合,运用提问和要求对比的方法) 好!李军同学归纳得很好,说明他很善于观察(运用表扬),但他有一点漏掉了,大家说是哪一点啊?(运用总结和提问)对,是摆臂!好,那王刚你说说摆臂应该怎么做呢?……好,这就比较全面了。下面,我们再总结一下挺身式跳远的特点(总结归纳)
特点	用语言来指示、评价、要求、命令等。语言中没有需要教师传授的、学生不解的知识与原理	用语言向学生讲解他们不明白的道理,此时的语言具有知识性、完整性和逻辑性等特点,一般来说,学生此时只需要对讲解内容进行理解和记忆即可	除了用语言向学生讲解他们不明白的道理,且语言要求具有逻辑性和完整性,还需要具备一定的讲解方法和讲解技巧,有一定的技艺性

在体育教学过程中,以语言传递信息为主的方法有讲解法、问答法和讨论法。

（一）讲解法

讲解法是教师通过语言向学生传授知识和技能的方法，是体育教师运用逻辑分析、论证，形象的描绘、陈述，启发诱导性的设疑、解疑，使学生在尽可能短的时间内清晰获得全面而系统知识的方法。好的讲解法不但能把道理说明白，还能将知识传授、能力培养和价值引领有机地结合起来，提升教学质量。好的讲解法还是教师教学艺术的重要组成部分。

听讲是学生学习的第一道门，教学中的语言交流无处不在，因此，讲解法是最主要的教学方法，其他体育教学方法也依托于讲解法。但是由于体育教学的特点，在体育教学中不能像其他学科那样以讲解为主，更不能"满堂讲"。体育教学应强调"精讲多练"，但也不是"只练不讲"。为了达到"既懂又会"的教学目标，要求体育教师具备高超的讲解水平，"精讲"正是高超讲解水平的表现。

（二）问答法

问答法也称谈话法，是教师和学生以问答的方式完成体育教学的方法。

背景知识

问答法也是一种历史悠久、行之有效的方法。古代希腊哲学家苏格拉底就曾用这种方法进行教学，并称之为"产婆术"。中国古代教育家孔子，也经常用问答法来启发学生思维，传授有关知识。

在体育教学中，问答法被教师广泛使用。问答法的优点是便于启发学生思维，有利于培养学生的思考能力和语言表达能力，有利于唤起和保持学生的注意力和兴趣。由于学科特点，体育教学过程中的问答与文化课的问答在形式上有以下区别：

（1）体育教学中的问答往往是简短的过程；

（2）体育教学中的问答不太适合延伸至过于深入的讨论；

（3）体育教学中的问答多以运动学习和身体锻炼的课题为线索，以运动的感受为依托；

（4）体育教学中的问答多散见于练习之中，在课的开始和结束部分比较集中。

在体育教学中，问答法也存在一些问题，主要体现在"提问过于浅显而不成为问题""无聊的问话"等方面，这就使提问法失去了启发学生思维的意义，如以下实例：

体育教师在体育教学实际中出现的提问实例

1. 老师做得好不好呀？（注：教师做完示范后问，学生回答"好"）
2. 我们大家做练习积极性高吗？（注：学生做完练习后问，学生回答"高"）
3. 张雪同学做得好吗？我们给她鼓鼓掌好吗？（注：教师挑出学生做示范后，问学生，回答"好"并鼓掌）
4. 姚明是哪个项目的运动员啊？你们喜欢他吗？（注：学生齐声回答"篮球"）
5. 2008年奥运会在我国的哪个城市举办？（注：学生齐声回答"北京"）

（以上提问实例均选自参加某市教学基本功大赛的教学课）

第一个提问几乎没有任何教学意义，反而有相反的教学效果，如果老师真的做得好，显得有些自吹自擂，学生也未必知道教师的示范好在哪里；如果教师做得并不好，教师等于是让学生说违心的话。第二个提问看似是学生的自我评价，但评价的结论只能是"高"，没有任何意义且显得非常奇怪。第三个提问也有问题，做示范的学生是教师挑出来的，自然要回答"好"，并报以热烈的掌声，也没有什么教学意义，第四个和第五个问题是基本常识，也没有意义。

上述提问都很简单，只需要很浅显的判断思考，且没有第二个选择，因此不能成为"有学习意义的提问"。

背景知识

★ 提问的4种类型

美国体育教学论的学者西登拓朴（Sidentop）将体育中的提问归纳为4种类型：

1. 回顾性提问（recall questions）：这是记忆性的问题，一般用"是"和"不是"来回答。例如运球时，你的眼睛离开过球吗？

2. 归纳性的提问（convergent questions）：这是对以前提出问题的归纳，回答这类问题往往需要说明理由，要求有两个以上的被归纳对象，回答可能是多样性的。

3. 演绎性的提问（divergent questions）：是诱导学生面对新问题，将某个规律延伸至认识、分析与解决方案的提问方法，回答要求有一定的创造性。但不必都是经过实证的事实，可以是一种假说，学生在回答这类问题时会有各种各样的回答，可能都是正确的。

4. 价值判断式的提问（value questions）：这种提问要求学生进行选择，内含有认识和态度的提问和判断，但回答不是"正确"和"不正确"这类绝对性的判断，而是有价值判断的理由说明。

根据西登拓朴对问题的要求和提问的方法，前述的5个提问就应该作以下的改进：

1. 想想刚才老师做的示范和你们自己的动作有哪些不一样的地方？（学生可以归纳出老师动作与自己的不同点，不存在好坏的评价，属于归纳性提问）

2. 大家评价一下第一组和第二组，哪组练习的积极性高？为什么这样说？（学生可以自主判断，属于价值判断问题和归纳性问题）

3. 谁来回答一下，他做的示范好吗？好在哪里？有哪些不足？（也属于价值判断问题和归纳性问题）

4. 你们喜欢姚明吗？用一个词或一句话说一说你们喜欢姚明的地方。（学生会有多种回答，属于归纳性问题和价值判断问题）

5. 2008年奥运会在中国举办这件事对于大家有什么意义吗？（学生会有多种回答，上至国家荣誉、下至百姓生活，也属于归纳性问题和价值判断的问题）

（三）讨论法

讨论法是在教师指导下，学生以班或小组为单位，围绕教材的某个问题各抒己见，通过讨论和辩论获得有关知识与认识的教学方法。

讨论法的优点在于能促进学生的高质量学习，培养学生的合作精神和集体思考能力，激发学生学习的兴趣和积极性。

在以练习为主的体育教学实践中，组织学生进行讨论是比较困难的，因此，体育教学中的讨论法往往是伴随"小群体教学法"进行的。国内外已有不少在"小群体教学"中进行讨论的经验和优秀案例，值得借鉴。

下面是体育教学中教师引导学生理解动作要领而进行的讨论实例。

教师：今天，我们的目标是每个同学都能跳过去，怎么跳才能跳好，大家边练习边把自己的心得试着归纳一下。好，下面每人跳3次，各组开始吧！

（学生练习）

教师：跳过去的同学请举手。（两个男生和5个女生没有举手）

教师：大家说说，跳箱的时候应注意什么？什么地方用力？T同学，你来说说。

学生T：手要用力。

教师：小Y，你说说应注意什么？

学生Y：手要用力啊。

教师：对！手，要看自己的手。（在小黑板上大大地写了一个"手"字，然后让主张手的学生再跳一次，跳完后教师又问"是手吗"，在旁边看的学生也在讨论："是手。""对，是手。""是脚。"）

教师：小S，你哪里用力？

学生S：手指用力。

教师：怎么个手指用力呢？（边说边在黑板又写了个"手指"）小T，你刚才手用力了吗？

学生T：是的。

教师：大家都认为是手吗？有没有不这样认为的？

学生：有！有！（不少学生举手）

教师：好，小D你来说。

学生D：要注意分腿。（教师在黑板又写了个"分腿"）

教师：小J你怎么想？

学生J：要注意腿。

教师：小X你怎么想？

学生X：脚要发力蹬腿。（教师在黑板上"分腿"的旁边又写了个"向外蹬"，然后让同意"注意腿"的学生跳箱）

教师：小X，你蹬腿了吗？

学生X：是的。

学生C：刚才小T的动作很危险呦。

教师：小T，你不是说要蹬腿吗？小W，你觉得如何？

学生W：要蹬腿。

教师：小Z，你说呢？

学生Z：我认为是手。

教师：小B，你说。

学生B：是手。

教师：小G，你说。

学生G：要同时在手、腿上用力，手要使劲，腿要用力蹬踏板。

教师：是用全力吗？

学生G：对，用全力。

教师：（对至今没能跳过去的学生）"大家的心得都听到了吧？什么地方用力？（学生都说在手和腿上用力）

教师：好，你们再跳一次试试，到底应该注意手还是应该注意腿，边思考边做，好，开始！

（四）运用以语言传递信息为主的体育教学方法的基本要求

1. 对教学语言进行细致的准备和加工

教师要想通过语言帮助学生更好地掌握知识技能，最重要的要做到"语言"有"质量"。教师必须对教学语言进行细致的准备和加工，使语言内容更具逻辑性、清晰性、启迪性和教育性。为此，体育教师应在课前认真钻研教材，力争使所讲的教学内容概念明确、条理清楚、重点突出、难易适度。

2. 语言要清晰、简练、准确、生动并富有感染力

体育教师要不断提高语言素养和语言表达能力。语言表达能力的高低有天生的因素，也有后天训练的结果。在体育教学中，要做到"精讲"，教师需要用清晰、简明、准确、生动且具有启发性和感染力的语言，此外还要注意语言表达时的举止与神态因素，这些也是无声的语言。

3. 要有意识地多用设问和解疑

体育教学中的讲解指导，需要教师精心设计一些问题，最好是"问题串"，以引导学生解决疑难，促使学生思维活动处于积极状态。体育教师要根据教学需要和内容特点，设计出富有启发性和思考价值的问题，但要注意：① 问题要难易适度，符合学生认知能力；② 问题要明确具体；③ 要鼓励学生充分发表见解；④ 要敏感地抓住学生认识中模糊不清或错误的地方并及时加以纠正。

4. 适当结合可视化教具进行讲解和讨论

黑板、挂图等传统可视化教具，现在有被电子教学工具所替代的趋势，但适当地、辅助性地使用传统可视化教具有利于提高讲解和讨论的质量，应该予以重视和开发。但这些教具的使用一定要符合教材需要及教学条件，不要刻意为之，更要避免画蛇添足。

二、以直接感知为主的体育教学方法

以直接感知为主的方法，是指教师通过实物或直观教具演示，使学生利用各种感官直接感知客观事物或现象而获得知识的方法。

以直接感知为主的体育教学方法有示范法、演示法、纠正错误动作与帮助法、视听引导法等。

（一）示范法

体育教学中的示范法主要是指动作的示范，也可称为动作示范法，它是体育教师（或教师指定的学生）以自身完成的动作为范例，用以指导学生进行观察和记忆的方法。

动作示范法是体育教学中最常用的直观方法，它在帮助学生了解所学动作、建立动作表象、记住动作顺序和技术要点、领会动作要领和特征方

面具有独特的作用。轻快优美的动作示范还能激发学生学习的兴趣，增强学生的自信心。

1. **动作示范的"示范面"**

由于动作的复杂性和多维度性，因此动作示范要注意"示范面"问题。示范面是指引导学生观察示范的平面，同时包括示范的速度和距离等。示范有正面、背面、侧面和镜面示范。

（1）正面示范。教师处在与学生正面相对位置上所进行的示范是正面示范。正面示范有利于教师在展示动作时进行讲解和观察学生，缺点是教师所展示的动作与学生是左右相反的。因此，示范时需要讲解，动作不分左右的示范宜采用正面示范，如排球的垫球、托球、实心球双手抛球等。

（2）背面示范。教师处在与学生同一面向（此时教师是背向学生）的位置上所进行的示范是背面示范。背面示范的优缺点与正面示范正好相反，它不利于教师在展示动作时进行讲解和观察学生，但有利于展示左右方向变化复杂的动作，如武术、健美操、体育舞蹈等。

（3）侧面示范。教师处在侧向学生或师生同时侧向的位置上所进行的示范是侧面示范。侧面示范有利于展示前后方变化比较复杂的动作，如起跑的摆臂和腿的后蹬动作、跳远的踏板动作、单杠动作、舞蹈的进退步动作等。

（4）镜面示范。教师处在与学生正面相对位置上，但其所做动作故意左右相反，但与学生的左右一致（如同学生照镜子的状态）的示范是镜面示范。镜面既有利于教师展示动作时的讲解和观察，又克服了教师的动作与学生左右相反的缺陷。它有利于低年级学生的模仿，适用于简单动作的教学，例如做徒手操，开始时学生完成动作是左脚左移半步成开立，教师的示范动作与学生的动作相对应，则是右脚右移半步成开立。

2. **动作示范法的几个要素**

（1）速度。为了帮助学生建立完整正确的动作表象，教师应注意根据情况运用不同的速度进行示范。一般的情况可用常规的速度进行示范，但当为突出显示动作结构的某些环节时则应采用慢速示范。

（2）距离。教师应根据完成动作示范的活动范围、学生人数和安全需要等恰当地选择学生观察动作示范的距离。

（3）视线。学生视线与动作示范面越接近垂直越有利于观察。在多数学生以横队形式观察示范动作的情况下，越靠近横队两端的学生，其视角就越不接近垂直。因此，学生观察示范动作的队形不宜拉得太宽。学生多时，应让学生排成若干排横队观看示范，并避免横队前列的学生遮挡后列学生的视线。

（4）视线干扰。教师应注意让学生背向或侧向阳光、风向，以避免视线的干扰，最大限度地方便学生观察。

（5）多种媒介途径配合。示范应与讲解（听的媒介）、学生思维（想的媒介）等紧密结合，争取最好的动作示范效果。

3. 动作示范方法的基本要求

（1）动作示范要有明确的目的。示范要针对体育教学的实际需要进行，应区别以下三种动作示范。

① 认知示范：是使学生知道学什么的示范。这种动作示范的重点是给学生建立动作的整体形象，形成大致的概念。这种示范要正确、朴实，要引导学生注意整体，暂时不要拘泥于细部。

② 学法示范：是告诉学生怎样学的示范。这种示范的重点是使学生了解动作完成的顺序、要领、关键、难点等。进行这种示范时，要引导学生注意关键动作环节的重点部分。

③ 错误示范：是展示学生错误动作的示范。这种示范的重点是使学生了解自己动作错误的外部特征。进行这种示范时，既要突出错误的特征，又不能夸张。对这种动作示范的要求与第二种动作示范大致相同，应注意示范时着重突出要纠正的错误所在。

（2）示范要正确、美观。正确是指示范要严格按动作技术的规格要求完成，以保证学生建立正确的动作表象；美观是指动作示范的生动性，以保证动作示范可以引起学生的学练兴趣，消除畏难情绪。

（二）演示法

演示法是教师在体育教学中通过展示各种实物、直观教具，让学生通过观察获得感性运动认识的教学方法。在传统的体育教学中，演示法被广泛采用，特别是对于动作示范有一定难度，但运动表象记忆又非常重要的教学来说，演示法是一种不可或缺的手段，它与讲解法、谈话法等教学方法的结合使用能收到很好的效果。

1. 演示法的类型

在中小学体育教学中，常见的演示手段有可活动的人体模型、战术板、图片和图画等小道具，另外还有偶尔才使用的幻灯片、录像、计算机等。由于体育技能学习有难以现场观察（因为动作较快）、难以自我观察等特点，因此演示法非常重要。实践证明，演示法不仅能理论联系实际，为学生学习运动技能提供丰富的感性认知，还能激发学生的学习兴趣，提高体育教学效果。

2. 演示法的基本要求

（1）事先做好准备工作。教师在体育教学中运用演示法前，要根据体育教学任务的需要做好必要的准备。演示的道具有的在市场上买不到，需要体育教师自己或请人制作。制作完成后，还要设计演示的时机与程序，并与其他教学程序进行结合后写入教案。

（2）引导学生进行有效的观察。演示前要提出问题，以引导学生有目的、有重点地观察和思考，将学生的感知与理解紧密结合起来，体育教师通过演示活动引导学生学会观察，提高学生在运动学习中的观察能力。

（3）做好总结，将感性认识上升为理性认识。演示结束后，体育教师还要进一步引导学生通过问答、练习和讨论等方式，把观察所得的感性认识上升为理性认识，把偶然观察到的结果与必然的规律相联系。

（三）纠正错误动作与帮助法

纠正错误动作与帮助法是体育教师为纠正学生错误动作或帮助学生完成动作所采用的教学方法。在体育教学中，学生的动作技能是伴随着错误动作不断出现并不断地被纠正而不断提高的。教师不断纠正错误并帮助学生完成动作，不仅是学生掌握运动技能的需要，也是避免学生运动损伤的需要。

教师在纠正错误动作和进行帮助时，必须分析出产生错误的原因，才能选用适合的方法予以纠正和帮助。产生动作错误的原因通常有以下 5 个方面：

第三节 体育教学方法的应用

（1）学生对所学动作技术概念模糊不清；

（2）学生受到原有的相近技能的干扰；

（3）学生运动能力较差导致动作错误；

（4）学生在疲劳情况下进行学练导致动作错误；

（5）学生不认真、敷衍了事，导致动作做错。

纠正错误动作与进行帮助的具体方法有：教师要运用语言和直观的方法，不断使学生建立正确的动作概念，要用生动而准确的描述性语言和手势等帮助学生明确动作的顺序、要领，要运用各种诱导性、转移性练习，以防止学生受旧技能干扰导致动作错误。根据动作错误的性质，教师可采用限制练习法、诱导练习法、自我暗示法（表10-5）和消退法等进行纠正。

▶ 表10-5　限制练习法、诱导练习法和自我暗示法

限制练习法	诱导练习法	自我暗示法
在设置限制的条件下进行练习、纠正动作错误的方法。如练习起跑时，在学生头顶上设置一定高度的后低前高的斜竿，在这种限制的条件下使之体会、掌握起跑时的正确动作，避免产生过早直起身来跑的错误	设置一定条件，诱使学生达到教学要求的方法。如在垫上做肩肘倒立时，学生不能挺直腰腹部。对此，教师可在垫子上方悬一吊球，诱使学生用脚尖触球而挺直腰腹部	学生在完成动作的过程中忽略某些要求时，在练习中有意识地暗示自己达到要求的方法。如奔跑时后腿蹬地不充分，应在练习中暗示自己注意

运用纠正错误动作与帮助法的注意事项：

（1）在指出动作错误时，教师要充分肯定学生的进步，以便学生接受意见，增强改错的信心，切忌讽刺和挖苦学生。

（2）要纠正主要的错误动作。在体育教学中，教师要抓主要矛盾，不要大小错误一起纠正，一般主要的动作错误被纠正了，相关的小错误也往往会随之消除。

（3）要合理使用各种方法纠正错误动作。在体育教学中，体育教师要利用语言、正确示范、错误对比等多种方法纠正学生的错误动作。

三、以身体练习为主的体育教学方法

以身体练习为主的体育教学方法，是那些通过练习使学生掌握运动技能和学会身体锻炼的方法。在体育教学中，以身体练习为主的体育教学方法有分解练习法、完整练习法、领会练习法和循环练习法等。

体育教学是以学生的身体练习和运动实践为主要特征的。以身体练习为主的方法是体育教学方法的主要内容，是完成体育教学任务的主要途径。

（一）分解练习法

分解练习法是指将完整的动作分成几部分，逐部分进行体育教学的方法。它适用于"会"与"不会"之间有质的区别或运动技术难度较高而又可分解的运动项目。这种教学方法的优点是把动作技术的难度相对降低，便于学生掌握和突出教学重点和难点，同时还有利于提高学生学习的信心。其缺点是不利于学生对完整动作的领会，有可能形成对局部和分解动作的单独掌握，有时甚至妨碍完整地掌握动作。

背景知识

★ **依据"会"与"不会"之间的区别状态进行运动分类**

体育运动项目和类型千千万万，但依据"会"与"不会"之间的区别状态，可以将运动分成"两极"和"三类"：

1. "会"与"不会"之间有截然区别的运动。即"会就是会，不会就是不会"的那类运动，如游泳、前空翻、高山滑雪等，这类运动几乎没有"会"和"不会"的中间状态。这类运动的教学特别需要分解教学法，因为难以进行完整教学。

2. "会"与"不会"之间几乎没有区分的运动。即难以用"会"和"不会"来形容，更多是用"好"与"不好"、"快"与"不快"、"正确"与"不正确"来形容的那类运动，如跑、立定跳远、投篮、踢球等。这类运动的教学不宜采用分解教学，可直接进行完整教学。

3. 处于上面两种运动的中间状态的运动，即有时用"会"和"不会"，有时用"好"与"不好"来形容的那类运动，如头顶球、扣篮、跳水出发、前滚翻等。这类运动的教学根据难度决定是采用分解教学法，还是采用完整教学法。

对这一体育运动学理的理解，便于我们依据运动的不同性质选择正确的教学方法。

分解的方法有以下几种：

（1）按动作技术的结构顺序分。如体操的"低杠挂膝上"由助跑、挂膝和挂膝上三个主要部分组成，可按动作技术结构顺序先练习助跑以加强动力，再练习挂膝以加强动力连贯性，最后将助跑和挂膝上的动作串联最终学会这个动作。

（2）按动作技术的结构反序分。如跨栏由助跑、起跨、过栏摆腿和落地4个主要部分组成，可按动作技术结构反序，先练习落地和摆腿（无栏或栏侧练习），再练习过栏动作，最后加上栏间助跑，串联练习最终学会这个动作。

（3）按学习难度分。如学习蛙泳可按难度分为陆上模仿动作、水中局部动作练习和水中完整练习三段，可按学习难度先练习陆上模仿，将"划、弯、伸"和"收、翻、蹬"动作练习正确并熟练，再下水做扶池边练习腿部动作和有同伴扶助的手臂练习，待较熟练后再做带浮漂的完整练习，直至最终解下浮漂完全学会蛙泳。

（4）按身体各部分的动作分。如武术，所涉及的身体各部分动作主要有下肢动作、上肢动作、上体姿势和头部动作，有些难度较大的动作，如果整体学习就会有困难，因此可按身体各部分的动作来分解学习。

分段教学的顺序可以是多样的，基本顺序有分进式、连进式和递进式三种（图10-1，图10-2，图10-3），具体操作方法如下：

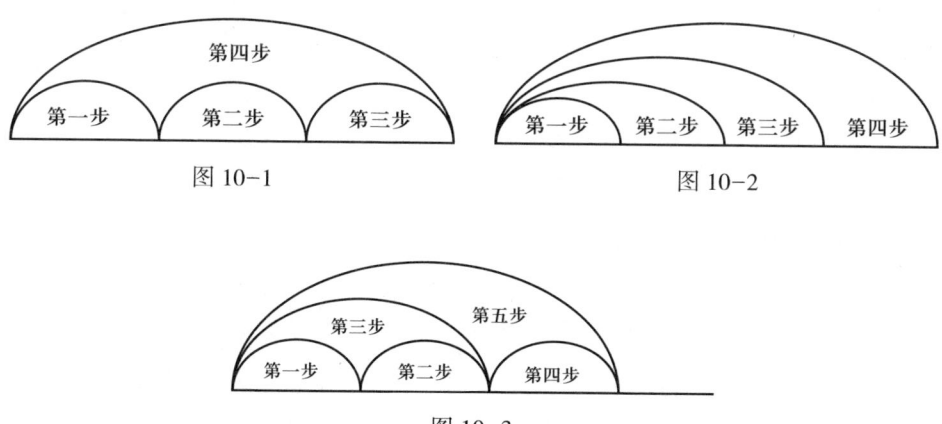

图10-1

图10-2

图10-3

（1）分进式是将动作的各段按一定顺序逐段教学后，再全部连接起来完整地进行教学。

（2）连进式是先教学第一段；第二步是将第一、二段连接教学；第三步是将第一、二、三段连接教学，最后是一、二、三段的完整教学。

（3）递进式是先教学第一段；第二步：教学第二段；第三步：将第一、二段连接起来教学；第四步：教学第三段；第五步：再将第一、二、三段连接起来教学，直至全部动作的完整教学。

进行分解教学时应注意以下几点：

（1）划分动作时，应注意相互间的联系，划分开的段落应易于连接完成并不破坏动作的结构。

（2）使学生明确所划分的段落或部分在完整动作中的地位和相互联系。

（3）分解法要与完整法结合运用。分解法的主要作用在于减少学生学习中的困难，最终达到完整掌握动作的目的。因此，分解动作的练习时间不宜过长，只要基本掌握即可与其他段落或部分连接起来进行完整练习。

（4）切忌将教学内容生硬机械地分解。

不应进行分解的错误范例与分析

某年，在B市郊区的一节公开课上，一位老体育教师上小学三年级的投掷课，教学内容是学投小垒球。老师将投小垒球的动作分解成"前举球、向后拉臂、向前掷球"三个动作，用"1、2、3"的口令反复让学生练习几遍以后还让学生在墙前体会向后拉臂动作（让学生的手碰到墙），结果学生课前的活泼与兴奋已荡然无存，投掷动作也显得别别扭扭的，很不自然。

"正规"的技术学习之后，老师让学生进行投准（投狼头的目标）和投远的练习，学生马上又欢快起来，各个奋勇当先进行练习，但奇怪的是，这时学生投掷的动作与刚才练习的动作一点都不一样，没有在头上引臂的动作了，但每个人都很自然，也都投得挺好的。

分析：

这种教法的错误是把不必要分解的教学机械地分解了。教师没有必要把一般的投掷（如果是特殊的投掷动作则另当别论，如正规的投垒球、投飞镖、投飞盘、投标枪、投铅球等）动作分成上述三个阶段，这样反而使学生不知所措，导致学生的动作很不自然，甚至出现不必要的错误，其实这时不必如此烦琐地去教，只要让学生轮流投几次，找出好的学生做示范，找出学生中的典型错误进行纠正和讲解，然后再进行有针对性的练习（教师事先要备好课，以体现其责任心和真正水平），帮助学生掌握最合理的投掷方法，然后设定投准和投远的练习，这样课就可以上得有效而生动活泼。

（二）完整练习法

完整练习法是从动作开始到结束，不分部分和段落，完整、连续地进行教学和练习的方法。它适用于"会"和"不会"之间没有明显区别或运动技术难度不高而没有必要进行或根本不可分解的运动项目。完整练习法的优点是教学中能保持动作结构的完整性，易于形成动作技术的整体概念和动作间的联系。其缺点是用于应该分解而不宜分解的动作（如体操运动中的翻转动作）时给教学带来困难。此时，为了减少学生学习的困难和便于他们掌握动作，可采用以下做法：

（1）利用示范和演示来帮助学生建立动作表象。如让学生掌握动作的方向、路线动作节奏、速度等要素，帮助学生对动作形成完整认识。

（2）抓住教学重点进行突破。如体操运动中的翻转动作虽无法分解，但其中的要素，如动力、动作时机和动作要领还是可以进行分析的，要找出主要问题所在，有重点地进行练习，不要一开始就拘泥于动作的细节。

（3）通过帮助与辅助降低难度。如通过辅助器材的使用和利用教师的各种帮助降低动作难度。

（4）有意识地降低对动作质量的要求。如体操动作的适当分腿、屈膝，武术动作中降低速度，篮排球中的近距离投篮、发球等，但这些降低要求要以不形成明显错误动作为限。

（5）开发多样的辅助练习和诱导性练习。完整法和分解法在实际运用中是紧密结合的。运用分解法时，应注意使学生完整地理解动作；在以完整法为主进行教学时，也应对动作的某些环节或困难部分进行分解教学。采用方法应根据项目的特点（主要是"会"和"不会"的关系和难度的特点）、学生的能力和教学时间等因素来确定。

（三）领会练习法

领会教学法是体育教学方法的一项重大改革，它从强调动作技术转向培养学生认知能力和兴趣。领会教学法的教学过程主要包括6个部分（图10-4）。

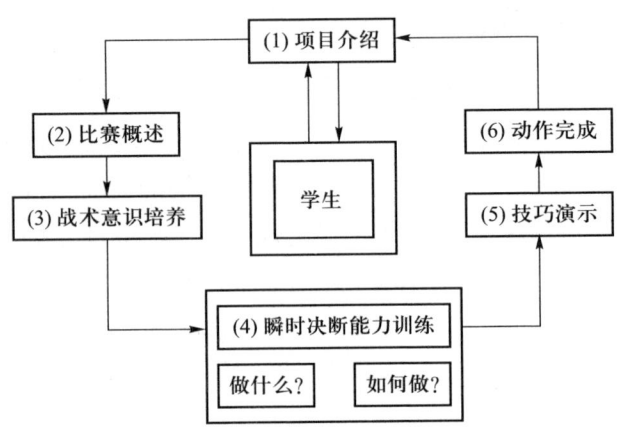

图10-4 领会教学法的程序

领会教学法以"项目介绍"和"比赛概述"作为球类运动的开始，让学生了解该项目特点和比赛规则，从而使学生一开始就对该运动项目有一个全面的了解。领会教学法与传统的技能教学不同的是：教师不是从基本动作教起，而是首先对学生进行"战术意识培养"。教师在介绍战术以后，结合实战向学生演示一些临场复杂的情况和应对的方法，对学生进行"瞬间决断能力的训练"，培养学生全面观察情况、把握和判断时机以及应变能力，使学生最终可以根据所学的技术和战术，判断出"做什么"和选择最佳的行动方案领会"如何去做"。

领会教学法还有一个特点，就是改变过去"从局部开始分解教学"，变成"从整体开始教学再到局部，再回到整体教学"的教学过程。这个教学过程使学生从一开始就领会到项目（特别是集体性的球类项目）的基本概况，并较快地形成球类意识和战术概念等。领会教学法的教学模式有如下特点：

（1）从项目整体特征入手，再回到具体技能学习，最后再回到整体的认识和训练中。

（2）强调从战术意识入手，把战术意识贯穿在各个教学环节中，整体意识和以战术为主导的特征很强。

（3）突出主要的运动技术，而忽略一些枝节性的运动技术。

（4）注重比赛的形式，并在比赛和实战中培养学生对项目的理解，教学往往从"尝试性比赛"开始，以"总结性比赛"结束。

领会教学法的范例

● 小学六年级课，单元教学时数：8课时

第一课：创造空间，保护手中的球

第二课：投篮得分

第三课：变速摆脱防守及空间分配

第四课：切入上篮进攻

第五课：补位及防守

第六课：由防守转为进攻

第七课：争取更大空间帮助队友进攻

第八课：2-1-2联防

● 课时范例：第二课投篮得分的教学过程

主题：投篮得分

教学目标：能够把握投篮机会赢得2分；能做准确的中距离（2~5米）投篮。

学生已有知识：① 懂得利用不同的传球方法去避开防守者的拦截；② 懂得在持球时利用步法和转身来保护手中的球。

器材：篮球14个、色带24条（4色，每色各6条）、小型雪糕桶20个。

上课时间：80分钟。

教学程序：

1. 导入活动（10~15分钟）

（1）3人一组传球，队员在场地中自由跑动，移动范围要求覆盖整个球场，教师提示学生在跑动和传球时要注意同伴，以保证安全。

（2）伸展性准备活动：特别注意肩和手腕的伸展活动。

2. 球类游戏（55~60分钟）

游戏1：3对3半场比赛（7人一组，一人站在凳上手持藤圈作篮筐，各组学生佩戴色带以示区别）

规则：不能运球；不能持球跑；进攻球队每次投篮前必须连续传球3次；每投入一球得2分，投篮碰筐不进也得1分；先得5分者胜，得胜队留下继续比赛；连胜两场后退出比赛，由另外两队上场比赛；每次得分后由对方发球，均在3分线外发球。

教师提问：

你什么时候才会决定投篮？

（回答：当在适当的投篮距离，并判断对方来不及防守时。）

你会怎样将球投出，以保证准确投入？

（回答：身体面向篮筐，手托稳篮球，手肘低于球体并贴近身体，膝关节微屈，球出手后手指指向篮筐。）

游戏2：投篮比赛（5人或6人一组）

规则：在距离篮筐3~5米处（根据学生能力决定），围着篮筐摆放5个雪糕桶作为标记，两组学生可选择不同的标记作为起点；每人轮流投一球，其他队员协助捡球；每次投球碰筐计1分、投入计2分，全组在同一标记上取得15分后，转到其他标记继续投篮；最先完成任何两个标记的组为胜；每次比赛后可交换不同的对手比赛。

游戏3：3对3半场比赛（各比赛学生须佩戴色带）

规则：不能运球；不能持球跑；进攻球队每次投篮前必须连续传球3次；每投入一球得2分，投篮碰筐不进也得1分；先得5分者胜，得胜队留下继续比赛，连胜两场后退出比赛，由另外两队上场比赛；每次得分后由对方发球，均在3分线外发球。

（四）循环练习法

循环练习法是根据教学和锻炼的需要选定若干练习手段，设置若干个相应的练习站（点），学生按规定顺序、路线和练习要求，逐站依次练习并循环的方法。循环练习法主要是练习的方法，不是教学方法，但它也是一种教学组织方法。循环练习的方式有多种，主要有流水式和分组轮换式两种。

循环练习法的特点是有多个练习手段，练习过程连续循环，练习内容多样，运动量、练习节奏和身体锻炼的部位比较容易调整，可以根据课上的练习需要进行多样化的设计和安排，能较全面地发展学生体能，提高运动能力，还能较好地提高学生学、练的兴奋性。

循环练习法的范例

★ 高一年级的发展上下肢力量方法传授课

单元教学时数：3~5课时

第一阶段：准备活动阶段（8分钟）。在课的开始阶段，教师带领学生（后面的课可以让学生带领）进行全身的准备活动。

第二阶段：锻炼方法讲解阶段（7分钟）。在准备活动后，教师向全班同学讲解上下肢力量练习的原理（绝对力量、力量耐力的不同练习方式和运动负荷等），向学生讲解几种主要的力量练习手段和器具（哑铃、拉力器、杠铃、单杠、双杠等）以及要发展的大肌肉群等。

第三阶段：循环身体练习阶段（25分钟）。将学生分成3~5组，分别进行上下肢的力量练习，教师在一旁进行指导，并保护学生的安全。

循环练习内容（共8站）：

第1站：哑铃平举 → 第2站：原地屈腿跳 → 第3站：双杠支撑前进 → 第4站：原地蹲起 → 第5站：杠铃上举 → 第6站：立卧撑接跳起 → 第7站：引体向上 → 第8站：换腿跳上台阶

第四阶段：恢复总结阶段（10分钟，3组或5组）。在进行上述大运动量练习后，教师让学生一边休息，一边总结锻炼体会，最后教师总结。

运用循环练习法的注意事项：

（1）练习手段、练习量、练习站以及循环练习方式的确定，均应服从教学任务和教学条件、学生的运动能力以及场地器材等实际情况。练习站不宜太多或太少，一般以6个左右为宜。

（2）选用的练习手段应是学生会做的。应将发展基本活动能力的内容、发展身体素质的内容、培养心理品质的内容、激发兴趣的内容、促进学生交流的内容等合理地搭配、组合在一起，以利于全面锻炼学生的身体，完成教学任务。

（3）每个练习站必须有定量、定时、定性等要求。

（4）各练习站要注意负荷大小不同的练习交替安排。

（5）可以从学生最大负荷的 1/3 开始练习，以后各站逐步增大运动负荷，但一般不超过学生最大负荷的 2/3。练习量大时，强度应相对较小；反之，强度大时，练习量不能多，在循环练习中还要注意合理的间歇。

（五）运用以身体练习为主的体育教学方法的基本要求

（1）科学对待身体练习中的运动负荷。身体练习是体育学习的必须途径，也是达到多种教学目的的必须的媒介。身体练习中的运动负荷是其中最重要的因素之一，必须予以重视和科学的对待。在体育教学中，既要保证技能学习和素质提高的运动负荷，又不能一切围着负荷转，为了追求练习密度和心率曲线而影响教学任务的完成，这样的教学方式是不可取的，更不能进行所谓"与预测心率的吻合度评价"，使体育课成为"心率课"和"锻炼课"。

（2）选用练习法要符合运动技能形成规律，符合教学内容的特性。

（3）选用练习法要与培养动脑、动口、动手的实际操作能力相结合。

（4）运用练习法时，要注意培养学生自我监督、自我检查和自我评定等能力和良好习惯。进行身体练习时，学生的自主性较强，教师要注意培养学生自我监督、自我检查、自我评定和自我反馈的习惯和能力。

四、以情景和竞赛活动为主的体育教学方法

以情景和竞赛活动为主的体育教学方法是指教师在教学中创设一定的情景和比赛活动，使学生通过更生动的运动实践陶冶性情，提高运动能力，提高运动参与兴趣的一类教学方法。

（一）游戏法

游戏法是教师组织学生做游戏来达到教学任务的一种教学方法。游戏法通常有一定的情节和竞争成分，内容与形式多种多样。但正是游戏中的

第三节 体育教学方法的应用

情节和竞争、合作等要素,可以培养学生的思考和判断能力,陶冶学生的情操,健全学生的人格。因此,在体育教学中,游戏法被广泛采用。

运用游戏法进行体育教学的优秀范例

⭐ 小学一年级的前滚翻教学

单元教学时数:1课时

教学对象:从未见过面的异地学校的学生(小学一年级)

做完很有趣味的准备活动后王老师说:"我们先做个游戏吧。"(此时,看课的老师们暗暗诧异:按常规不是该教学讲解了吗?怎么做起了游戏?)

王老师说:"我们一起做个'看天'的游戏。"(看课的老师和学生们更加不解:上体育课看什么天呀?)

王老师说:"我们要低着头看天。"(学生们为难了:这低着头怎么看天呢?)

王老师又说:"你们自己想想办法,怎么能低头看天?"

于是学生们纷纷尝试,不一会一个聪明的学生找到了方法,于是同学们纷纷模仿,大家都趴在地上从两腿之间看天,如下图。

此时,看课的老师们全都明白了,其实,王老师已经在游戏中让学生自己做出前滚翻预备动作。

王老师又说:"我们再做第二个游戏。"(看课的老师们想:怎么又做游戏?)

王老师:游戏是"看谁坐得快",教师叫出一个学生和他比赛。两人站在垫子后面,发出口令后看谁先坐在垫子上,结果学生是跑到垫子上坐下,而王老师则是做了个前滚翻坐下,当然是王老师坐得快。王老师怕学生不服气,又做了一遍,结果还是一样。场景见下图:

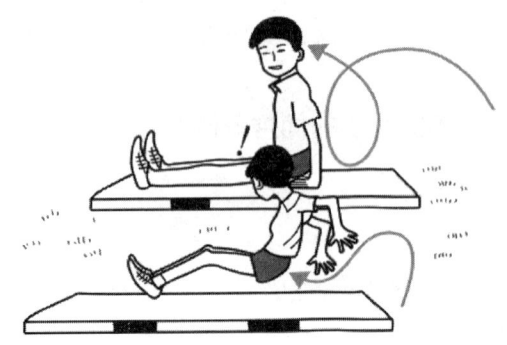

做完两个游戏后，王老师说："我们现在把两个游戏一块做一遍，先'看天'，再做'看谁坐得快'。"

学生们在两个游戏中不知不觉地学会了前滚翻后，王老师才告诉学生："今天我们学会了一个动作，叫作'前滚翻'。"

看课的老师们热烈鼓掌。

运用游戏法应注意以下几点：

（1）选择游戏法的内容与形式，应根据发展体能的需要，要有明确的目的，并遵守相应的规则和要求，才能取得预定的效果。

（2）在进行游戏教学时，教师要教育学生严格遵守规则，同时鼓励学生在规则许可的范围内，充分发挥自己的主动性和创造性去争取优胜。

（3）在游戏时，裁判应认真、严格、公正、准确，只有客观评定游戏的结果。监督不良行为，才能激发学生参加游戏的兴趣。

（4）教师要布置好游戏的场地与器材，加强游戏的组织工作。

（5）游戏结束时，教师要做好讲评，指出优点与缺点。

（二）比赛法

比赛法是指通过组织学生比赛进行技能学习和练习的方法。严格地讲，比赛也是游戏的广义形式，但比赛法和游戏法有如下两点主要区别：

（1）游戏有竞争、合作、表现等多种类型，而比赛则偏重竞争；

（2）游戏不限于某个项目，而比赛往往是与某个运动项目有关。

比赛往往是实战，具有强烈的竞争性，因此对学生的技战术和体能都提出了更高的要求，因此，在体育教学中比赛法是一个很重要的教学方法。2020年10月中共中央办公厅、国务院办公厅联合印发的《关于全面加强和改进新时代学校体育工作的意见》提出了"强化学校体育教学训练"的教学改革要求，指出要教会学生基本运动技能和专项运动技能，推动学生积极参与常规课余训练和体育竞赛。在体育教学中运用"领会教学法"，可以让学生更好地掌握运动技能，也要强调多运用比赛法，如尝试性比赛、限制性比赛、总结性比赛等具有明确教学目的的比赛形式（表10-6）。

▶ 表10-6 尝试性比赛、限制性比赛和总结性比赛的形式与特点

	尝试性比赛	限制性比赛	总结性比赛
目的意义	让学生在正式学习技术和战术之前，体验一下所学项目的比赛特征，既能满足他们急不可待参与比赛的欲望，又可以通过肯定不能成功的比赛来激发学生的学习欲望和对技、战术的问题意识，为下一步的正规学习作好准备	在学习某个技术和战术的时候，特设置一种限制某个比赛因素，降低学习的难度，以便使学生进行更有效的和更有针对性的技、战术学习。如进行"限制防守的比赛（只允许移动用身体防守而不能用手）"等来帮助学生更容易地学习进攻的战术配合	在学习即将结束的时候，让学生进行总结性的比赛，既可以让学生总结自己的进步，也可以帮助学生进一步发现自己的不足。学生依靠自己所学的技、战术进行实战，还可以帮助学生体验该运动项目的乐趣，加深他们对所学原理的理解
形式与要求	1. 按照正规的规则进行 2. 教师不要干预，但要发现问题 3. 要允许学生出现技术和战术问题	1. 必须进行规则上的修正 2. 比赛以学习为目的，告诉学生不要太关注结果 3. 限制是为降低难度，但不能太多地降低难度	1. 按照正规的规则进行 2. 比赛以总结学习为目的，告诉学生既要关注胜负，更要关注技、战术总结 3. 比赛胜负要有不确定性
适用场合	一般安排在教学单元的前半部分	一般安排在战术学习阶段	一般安排在教学单元的结束部分

运用比赛法应注意以下几点：

（1）要依据教学目标、项目性质、教学过程的时机、学生的技能熟练程度和场地器材的条件等合理地运用比赛法，如果运用不合理，反而会影响教学效果，影响学生技能的提高。

（2）一般情况下，两队水平应接近，使用的器材设施也应基本一致，从而使学生在实力均衡和条件相当的情况下竞争，这样的竞争才会激烈而富有情趣。但是，在学生技能不太熟练时，则要通过改变规则、调整攻守双方实力等方法使比赛更好地为教学服务。

（3）比赛时，体育教师要严格控制与调节学生的运动负荷，巧妙地进行比赛分组和轮换，使学生既有平等的比赛机会，又不至于过度劳累。

（4）比赛是对学生进行多方面教育的好机会，要注意在提高运动技能的同时，还要进行良好体育道德风尚的教育，如让学生自觉遵守比赛规则、留意伤害事故、培养互帮互助精神等。

（三）情景教学法

情景教学法是一种在教学过程中，教师有目的地引入或创设具有一定情绪色彩的、以形象为主体的生动具体的场景，使学生获得一定的态度体验，从而帮助学生理解运动项目，并使学生的心理机能得到发展的教学方法。情景教学法较适合小学低年级学生。这种方法遵循幼儿认识和情感变化的规律，多是在教学过程中设定一个"情景"，甚至由一个"情景"来贯穿整个单元和课的教学过程，如"夏令营""唐僧取经""小八路送情报"等，让学生学习和练习用情节串联起来的各种运动，配合讲解、情景诱导、保护与帮助的方法来进行。

在教学中，不少教师往往只注重知识和技能的传授与训练，而忽视对学生态度、情感兴趣和欣赏能力的培养。而这些方面在人的成长和发展过程中又具有很重要的作用，因此，现代教学理论和实践十分强调在教学中运用以情操陶冶和欣赏活动为主的教学方法，情景教学法的运用就有这方面的意义。

运用体育情景教学方法的案例

● 小学三年级的身体基本活动能力和武术基本功提高课

单元教学时数：1~3课时

第一阶段：导入情景和准备活动阶段（10分钟）

在教学开始阶段，教师导入情景：同学们，大家喜爱孙悟空吗？你们是不是也希望能像孙悟空那样身体矫健，力大无穷呢？要做到身体矫健和力大无穷就要勤加锻炼，大家看我们操场的"快乐体育园地"中有许多体育设施，今天就让我们利用这些设施锻炼锻炼身体，大家把自己想象成孙悟空去西天取经，老师带着你们在校园里的各种体育器材上做练习，好好练练本领，好吗？

然后老师带领学生做准备活动。

第二阶段：在情景中活动阶段（20分钟）

教师带领全班学生在校园的各种器材上做练习。

练习有梅花桩上走、旧轮胎上走、绕树跑、爬绳、爬杆、走独木桥、走软梯、爬软梯、支撑跳过轮胎群、短距离疾跑等。教师带领学生做动作，并让学生边学边练，边唱边模仿，使学生在想象中既学会动作，又体验克服困难的精神。整个教学过程师生关系和睦，教学氛围充满情趣。

第三阶段：武术基本功练习阶段（10分钟）

教师带领学生做武术基本功练习，练习数组，然后学习拳术和棍术。

第四阶段：导出情景和总结阶段（5分钟）

教师总结学生的练习情况，指出学生身体基本活动能力发展方面的不足，指出武术练习中的共同问题，鼓励学生要加强锻炼，最后大家一起高唱"你挑着担，我牵着马……"结束体育课。

（四）运用以情景和竞赛活动为主的体育教学方法的基本要求

（1）活动前，教师要对学生进行情景诱导和竞争欲望的调动。教师在进行情景教学前，要让学生"入景"；教师在进行比赛教学前，要能让学生"摩拳擦掌"；教师在进行游戏教学前，要让学生"想玩"。有了这样的心理调动，学生才能产生对"当前课题"的动机和兴趣。

（2）活动中，教师要不断激发学生强烈的情感反应。比赛、游戏和情景体验都是伴随情感反应的认识。教师在这些活动中，要善于利用各种情境，如通过学生相互加油、给予现场鼓励、增减比赛次数等多种方法不断激发学生的参与热情。

（3）要注意在比赛等活动中的个体差异。每个学生知识和能力水平不同，在体能上的差别更大，因此，在比赛中让每个学生最大限度地体验运动乐趣是非常重要的。要针对学生的个体差异，进行"成功体育"式的比赛方法，使每个学生都体验到乐趣，从而达到教学目的。

（4）活动后，教师要将学习和比赛等有机结合，不能"为游戏而游戏""为比赛而比赛""为情景而情景"，要通过总结、讲解和讲评等方式对教学进行反馈，便于学生及时了解自身学习情况，并通过总结对学生进行品行等方面的教育。

五、以探究活动为主的体育教学方法

（一）以探究活动为主的体育教学方法的分类

1. 发现法

发现法，又称探索法、探究法等，是指在学生面对体育的概念和原理学习时，教师只是给他们一些事例和问题，让学生自己通过观察、验证性活动、思考、讨论和听讲等途径去独立地探究学习，发现并掌握相应的原理和结论的一种方法。

发现法的指导思想是以学生为中心，通过积极自主的活动，在让学生掌握、认识和解决问题的同时，培养他们自觉主动地探究学习的态度和能力，通过进行探究的步骤，学习研究客观事物的过程，提高发现事物发展规律的能力。发现法对于激发学生学习兴趣、培养学生解决问题的能力、发展学生创造性思维和积极进取的精神有较大的作用。

要说明的是，这里的发现并不是真正意义上的发现（需要学生发现的原理或结论并不是未知的），而是一个发现的学习过程。发现法多用于那些可以引出多种假设、原理的学习内容，尤其在让学生形成概念、理论，找出现象间的因果关系和其他联系时最为有效。但是，运用这种方法花费时间较多，而且需要学生具有相当的知识经验和一定的思维发展水平，还需要逻辑较严密的教材和素质较高的教师。对于太简单或太复杂的内容以及资料性的内容，不宜采用发现法。

发现法的基本过程是：① 创设问题情境，向学生提出要解决或研究的课题；② 学生利用有关材料，对提出的问题作出各种可能的假设和答案；③ 从理论上或实践上检验假设，学生中如有不同观点可以展开争辩；④ 对结论作出补充、修改和总结。

发现教学法的案例

★ 初三的快速跑（60米跑、100米跑）教学

单元教学时数：7课时

第一阶段：发现问题：影响快速跑速度提高的因素有哪些？（1课时）

在单元教学的第一节课，教师先让全班学生组成4个人一组的小组（一个组里既有技能好的学生，也有技能差的学生）。先以小组为单位进行快速跑练习，一个学生跑时，两个学生在背后观察，另一个在侧面观察，轮流交替，观察影响快速跑速度提高的因素有哪些。教师用后半节课的时间结合步频和步幅的相互关系（最好利用相关的软件），和学生一起发现影响快速跑速度提高的有关因素，并提出本单元的学习目标：每个学生找出影响自己快速跑速度提高的主要因素，进行有针对性的练习，提高快速跑成绩。

第二阶段：边练习边清晰自己问题的阶段（2课时）

在单元的前半部分，各个小组在教师的组织和指导下，一边进行练习，一边互相帮助去研究每个学生快速跑的动作、步频和步幅、加速等状况，从而找到每个学生的主要技术问题所在。

第三阶段：发现技术问题和解决办法之间的关系（0.5课时）

在单元的后半部分，教师根据全班学生的主要问题，找出各种针对性的练习方法，让学生自己辨认哪些方法是解决哪些问题的，从而帮助学生找到技术问题与练习方法之间的联系，提高学生改进运动技术和锻炼身体的能力。

第四阶段：边练习边解决自己问题的阶段（2.5课时）

各个小组在教师的组织和指导下，一边进行练习，一边有针对性地选用符合自己情况的练习方法去解决本人的技术问题，教师鼓励学生之间互相观察、互相鼓励、互相帮助，共同进步。

第五阶段：总结和比赛（1课时）

在单元的最后一节课，教师先让几个学生讲讲自己的发现和练习的进步，教师进行简单的理论归纳，然后以小组为单位进行400米（或360米）接力的快速跑比赛。最后，教师讲评学习情况，下课。

2. 小群体教学法

小群体教学法也可称为"小集团教学模式"等，是通过体育教学中的集体因素和学生间交流的社会性作用，以及学生的互帮互学来提高学生的学习主动性、提高学习的质量，并达到对学生社会性培养的一种教学方法。

要指出的是，小群体学习的模式与以往为提高教学效率和进行区别对待的分组教学法是有根本区别的。它是充分考虑了体育教学中的集体形成和人际交流的规律性来设计的。

小群体教学方法虽形式多样，但一般在单元的开始都有一个分组和形成集体的过程。在这个过程中，重要的是使小组具有一定的凝聚力和各自的学习目标；在单元的前半部分，一般是以教师指导性较强的小组学习为主，在单元的后半部分，一般以学生主体性较强的小组学习形式为主，此时，教师主要起指导和参谋的作用；单元的前半部分以学习活动为主，单元的后半部分以练习和交流活动为主；在单元结束时，一般有小组间比赛、小组总结、发言和全班总结等步骤。

由于小群体教学法要依靠学生小组的自主性活动，而这些活动往往又具有很强的探究性，因此，我们把这种教学法归入探究活动为主的体育教学方法中。

小群体（小组）教学法的案例

★ 初二的跨栏跑教学

单元教学时数：8课时

第一阶段：分组和明确学习目标阶段（0.5课时）

在教学开始阶段，教师按学生情况分成6个"异质"的学习小组，教师先用半节课时间向学生讲解学习的过程，让各小组讨论一下本组的学习目标。

第二阶段：班级教学阶段（3.5课时）

在单元的前半部分，教师对全班进行跨栏的讲解和教学，这个阶段以全体学生共同掌握技术、完成统一的教学目标为主要任务，但是在统一的教学步骤下，学生可以小组为单位进行练习，并进行相互帮助。

第三阶段：小组自主学习阶段（3课时）

在单元的后半部分，各小组根据小组和小组内每个成员的自我目标进行学习，小组可根据组内学生的情况进行有针对性的自主练习，并进行组内的互相帮助，共同思考，教师在一旁进行观察，不时给予指点。

第四阶段：小组展示学习成果阶段（1课时）

在单元结束前，教师组织各小组间的跨栏比赛，比赛以小组的总成绩（秒数）来记分，总成绩秒数少的小组为优胜。各小组还可以推出代表，总结与发表自己学习的进步之处和感想，最后，教师进行全面总结，下课。

使用以探究活动为主的教学方法时，学生能够在探索和解决问题的过程中高度发挥独立性，进而培养和发展探索能力和创新能力。实施这种教学方法，教师的地位与前几类方法中的情况有较大不同。在这里，教师有意识地让学生有较大的活动自由，有时还要使自己作为成员参与到学生的探究活动中去，教师的指导性更强（主要是形式上发生变化），教师的指导要做到更加周到、有效和更有预见性。

（二）运用以探究活动为主的体育教学方法的基本要求

1. 依据教学内容和学生实际，确定探究发现的课题和过程

教师要组织学生进行探究发现活动，首先要依据教学要求、教学内容的特点和学生知识、能力水平的实际，把教材中的某一知识或问题确定为学生进行探究的课题。当课题确定后，是把一个课题作为一个发现过程？还是把一个课题分解为几个问题，构成相应的几个发现过程？每个过程的知识容量是多少？这都需要教师依据教材结构的特点和学生的实际认真安排。如果教材难度大，学生基础较差，自学能力较弱，就应该把课题分解得细一些，知识容量少一些，发现过程的时间短一些，让学生在力所能及的范围内开展探究活动。随着学生发现能力的提高，发现过程的跨度应逐步增大，知识量也相应增多，让他们在更高水平上锻炼独立思考的能力和创造能力。

2. 严密组织教学，积极引导学生的发现活动

学生的探究、发现不是一种自发的、随心所欲的活动，是在教师的严

密组织和积极引导下进行的。学生在发现的过程中可能会遇到各种障碍，这就需要教师随时帮助学生，启发和引导他们进行联想、对比、分析，使学生思维活动不断深化。这样可以减少发现过程中的曲折，让学生以尽可能少的时间获取最好的学习效果。

3. 努力创设一个有利于学生进行探究发现的良好情境

学生在教师指导下进行探究活动需要各种条件的配合。除了在活动场所、教学设备、教学时间等方面给学生创造良好条件，更重要的是要通过师生的努力，创设一种互尊互爱、好学深思、奋发向上的良好心理环境，使学生乐于开展深入的讨论、交流心得体会，也敢于发表不同见解，这对学生的探究和发现能力的培养是非常有利的。

第四节 体育教学方法的选用

一、合理选用体育教学方法的意义

一线体育教师使用的体育教学方法是十分丰富的。随着体育教学改革的不断深入，还会有许多新的体育教学方法产生。因而，在实际教学时，体育教师能否正确地、有针对性地选择合适的教学方法是教学方法发挥最大作用的前提，成为影响教学质量的关键问题，所谓"学无定法、贵在得法"就是这个意思。在实践中，也有很多用错方法而影响教学的实例（见后面的实例分析）。

因此，要根据教学目标和各种教学因素，科学选取适当的教学方法，并能合理地加以组合，才可使体育教学效果达到最优化。从这个意义上说，教学的成败在很大程度上取决于教师是否能妥善地选择教学方法。

体育教师与教学方法的关系很像工人与工具的关系。每个体育教师不但要学会各种教学法，还要在工作实践中合理恰当地选用体育教学方法，这是完成体育教学任务并提高教学质量所不可缺少的。

二、选择体育教学方法的依据

（一）依据体育课的目的任务选择教学法

不同体育课的教学目的与任务需要不同的体育教学方法。如新授课的教学，需要更多地运用语言、示范和演示的方法，如果是练习课就需要更多地运用练习法、比赛法等，如果是单元的前段课，就可多用发现法、游戏法，如果是单元的后段课，就可多采用小群体教学法和比赛法等。

（二）依据教学内容特点选择教学法

一般说来，不同性质的教学内容也要求不同的教学方法，如器械体操、游泳、独轮车、滑冰等会经常使用分解教学法，而跑步、跳跃、投掷的教学可多采用完整教学法，球类项目适合用"领会教学法"，一些集体项目很适合用"小群体教学法"，一些枯燥的项目较适合用"游戏教学法"，一些锻炼性项目则适合用"循环教学法"，一些内含重要科学原理的运动更适合用"发现教学法"，等等。总之，体育教师应在认真分析教学内容的基础上，根据教学内容的性质和特点灵活而有创造性地选用教学方法。

（三）依据学生实际情况选择教学法

善用体育教学方法最根本目的是促进学生的体育学习，而不是教师的"展示"，因此，体育教学方法是否合适要看其是否符合学生身心发展特征，是否对学生有帮助。选择体育教学方法时，教师要充分考虑学生的年龄、智力、能力、学习方法习惯、学习态度、班级纪律及风气诸方面，如对中学生就不适宜采用"情景教学法"，对初学的学生就不适宜采用正规的"比赛教学法"，对体能较差的学生不适宜采用"循环练习法"，应当从眼前学生的实际出发，选择最能适应他们的条件、最能促进学生身心发展的教学方法。

（四）依据教师自身特点特长选择教学法

任何体育教学方法只有和教师自身条件及特点完美结合时，才能取得最佳的效果。有时，教学方法虽好，但实施的教师缺乏必要的素养条件，也不能产生良好的教学效果。体育教师自身的特点特长是选择教学方法的重要依据。如有的体育教师形象思维水平和语言表达能力强，就可以多用生动形象的语言描绘现象和问题；有的体育教师身体形态好或运动技能强，就可多用示范和帮助的方法，使学生产生兴趣和信任感；有的体育教师很幽默，就可以多用一些有意义的语言来阐述道理或巧妙地处理突发事件；有的体育教师给人以严肃的印象，就不宜开一些不伦不类的玩笑，应多进行正面教育。总之，教师选择教学方法，应根据自己的实际优势，扬长避短，采取与自己条件相适应的教学方法。当然，作为有责任心的体育教师，同时应努力补齐自己的短板和不足，不断提高使用各种教学方法的能力。

（五）依据教学方法的功能、适用范围和使用条件选用教学法

任何体育教学方法都不是万能的，都有各自的独特功能、适用范围和使用条件的限制等，有各自的优点和缺点。体育教学方法受教学过程中各种因素的影响，合理适时地使用就有很好的效果，相反就事与愿违。例如，有时候的多讲是循循善诱，有时的多讲是繁缛啰嗦；有时做游戏是生动活泼，有时则是无聊幼稚；有时的步骤是循序渐进，有时则是画蛇添足；有时组织比赛给人以兴趣盎然的感觉，有时则会显得尴尬无味，等等。这取决于教师对教学法的功能是否有深刻的理解，也取决于教师使用这些教学法的时机是否合适，还取决于教师对这些教学法的使用范围是否了解和运用准确，更取决于这些教学法使用的条件是否具备等。脱离了时机和条件的合理性，任何教学法都不会取得很好的效果。因此，选择体育教学方法时，必须要认真分析教学法的功能、适用范围和使用条件。

（六）依据教学时间和效率要求选用教学法

教学方法所需要的时间和工作效率也是不一样的，如发现法要比讲解法费时间，分解法要比完整法费时间等。因此，在实际的教学中，选择某个教学方法时，也应考虑其所用的教学时间和教学效率的高低。正确运用教学方法的效果应是高效低耗，能保证在规定的时间内完成教学任务。但是要注意"有价值的弯路"，即看起来费时间但实际上是很重要的教学步骤，例如要使学生明白一个重要的原理，用点时间让他们探索和发现是很

有意义的，也是高效率的。但是要防止"无价值的弯路"，即又费时间又没有实际意义的步骤，例如教学生短跑还从"起跑→疾跑→途中跑→冲刺跑"这样琐碎的步骤来教就可能是低效率的。总之，体育教师应尽可能选用省时又有效的方法，以达到教学效果的最优化。

三、选择体育教学方法的正误案例分析

（一）正确选用体育教学方法的实例与分析

在体育教学中常有较好地运用了教学方法的实例。使用教学方法恰当的原因是教师能够根据教学目标、教材特点、学生情况、教学环境和条件等恰当地选择教学方法，特别是他们能够根据自己的能力和特长恰当运用教学方法。表10-7是4位特级教师根据自己的特点运用教学方法的实例。

▶ 表10-7　4位有特点的教师分别采用不同教学方法的实例

教师实例	教师特点	选用教法特点
A教师（北京某中学特级教师）	为人正直，工作和教学作风严谨，严格要求自己和他人，有威严，不善言辞，运动技能属一般水平，在严格中透有爱心，教学严肃但不使学生反感	讲解朴实无华，流畅清晰，练习步骤细致入微，教学组织严密，对学生要求严格
B教师（浙江省特级教师）	人很聪明智慧，作风活泼而不失严谨，各方面运动技能都不错，特别是体操技能非常突出，音乐、舞蹈、节奏感、身体表现和模仿能力突出，语言幽默，组织能力很强	讲解生动有趣，教学过程运用语言很多，经常利用各种节奏媒体（哨、掌声、口号等）和身体形态动作帮助学生学习，教学组织多样有趣而严密
C教师（北京东城区特级教师）	人很聪明灵活，很具幽默感，喜欢学生，运动技能一般，但语言能力极强，说起话来声情并茂，对学生了解很透彻，组织能力很强	教学过程行云流水，教材理解和加工常有出彩的地方，语言生动有趣，而且讲解能贯穿在教学的各个角落，教学中的表扬、提醒、批评用得恰到好处
D教师（北京朝阳区特级教师）	属情商很高的人，聪明灵活，热爱学生，热爱体育工作，运动技能一般，但模仿、语言、音乐和舞蹈能力极强，说起话来娓娓动人，反应很快，组织能力很强	多运用故事化教学、情景化教学、舞蹈性教学、唱游教学等教学方法，教学中语言生动、亲切、形象，能充分把学生的兴趣调动起来

（二）错误选用体育教学方法的实例与分析

在体育教学中，也常出现运用教学方法不恰当甚至是错误的情况，而大多数运用教学方法不当的原因是教师不能很好地根据教学目标、教材特点、学生情况、教学环境和条件等来选择教学方法，也不能根据自己的能力和特长恰当运用教学方法。下面就是几个运用教学方法不恰当甚至错误的实例。

错误选用教学方法的实例

★ 实例一

在某省的一节公开课上，一位女教师上小学五年级的课，课中有个游戏，老师给学生的头上都戴上动物的头饰，教师也戴了个小兔子的头饰，然后突然改变音调（与刚才教学时的口气大相径庭），嗲声嗲气地说："同学们，我们做个游戏好吗？"，学生看到女教师如此这般，不知是受到感染，还是童气大发，也嗲声嗲气地回答道："好~啊~"

分析：

这个教法用错了对象。小学五年级的学生在身体和心理上已相对成熟，用这样充满童稚的教学方法不符合小学五年级学生的心理特征，甚至会引起他们的反感，这样的教学会使人感到很幼稚。

★ 实例二

在某省的一节公开课上，一位教师上初一年级的短跑课，准备活动后，教师要教学生蹲踞式起跑。

教学从讲解开始，教师讲道："同学们！现在我给大家讲解一下蹲踞式起跑的动作要领，大家好好听。听到'各就位'的口令后，两脚依次踏在起跑器上，后腿膝跪地，两臂伸直约与肩同宽，两手四指并拢，与拇指分开成'八'字形，虎口朝下手指接触地面。重心前移，肩与臂基本垂直地面。此时，头颈放松与躯干约成一直线，静止不动听预备的口令；听到预备口令后，从容地抬臂，使股骨转子高于肩轴，两点延长线与地面夹角在15°~25°，重心前移使肩的投影点超过手支点5厘米，并缓慢地做一次深吸气，然后静止听鸣枪信号，这时应注意的是两脚掌应紧贴起跑器抵足板。当听到鸣枪信号，前腿用力迅速蹬直，后腿积极蹬离起跑器并马上向前摆出，注意小腿防止后撩，同时两臂迅速前后大幅度地摆动，当蹬离前起跑器的一瞬间时，后蹬腿充分伸直，后蹬角在30°~35°，前摆的大腿与地面夹角在60°~65°，大小腿夹角小于90°。头与躯干略成一条直线，眼看地面，前摆的臂手与头同高，后摆的上臂与前摆的臂约成直线。"

学生刚开始很认真地听，但是在教师繁缛又晦涩的讲解过程中逐渐失去了眼中的光芒，体育教师看到这样的情景，心中生急，忍不住突然大喊了一声："你们听懂了吗？"学生们吓了一跳，马上大声地回答道："听懂了。"

分析：

学生学习蹲踞式起跑这个不复杂的动作，完全没有必要进行这么细致甚至是繁缛的讲解。这时，讲解远不如示范生动明白，教师可以先做一些各种姿势的快速起动练习，在学生感到乐趣并对快速起动有了一些体验和掌握了基本要领后，再导入蹲踞式起跑。教学前先做个正确示范，然后做个常见错误动作示范，随后，让学生练习，教师在练习中重点地纠正一下错误动作即可。

⭐ 实例三

在某市区一所名校的公开课上，一位女体育教师上初一年级女生的排球课，教学内容是学习下手发球。教师在进行了下手发球的讲解后，就让学生分两队站在排球场的两个端线上进行发球练习，并在每次发球后都让发球过网的学生举手，但举手的总是寥寥无几，这是因为初一的女生面对成人的排球网，用正规比赛用的排球，在正规的比赛场地上发球实在是困难。结果几次来回后，学生的练习欲望低落了下来。

分析：

这个教法的问题在于没有充分考虑学生的实际（初学、力量小、技能差），过早地使用了完整法教学，让学生在初学阶段就从端线发球，而且也没有将球网降低或用软式排球进行练习。此外，还不恰当地运用了类似比赛的方法（让发球过网的学生举手，因此很容易让学生体验到挫折感和失败感。此时需要用分解递进的方法，如在离端线靠近球网方向画几条线，先从靠网近的线上发球，连续发过两次的学生可以向后移，逐渐回到端线上发球，这样既可以让学生不断体验成功感、领会运动的乐趣，又不至于因为过分用力而导致技能上的错误。

⭐ 实例四

在某市区一所名校的公开课上，一位体育教师上初三女生的田径课，教学内容是弯道跑。教师采用挂图演示的方法来讲解弯道跑中的力学原理和动作要领。第一张图解是摩托车的弯道拐弯图像（说明弯道运动的离心力和向心力），第二张图是人在弯道跑中的动作（说明要向内倾斜和内侧摆臂要小、外侧摆臂要大等），第三张图是弯道跑时的脚步动作放大图（说明内侧的脚是脚外侧着地、外侧的脚是脚内侧着地），教师用了10分钟左右来进行上述演示，但学生好像并不为之所动，表情木然。之后的弯道跑练习，由于学生本来就跑得慢，加上400米跑道弧度很大，学生既没有体会到什么是离心力和向心力，也几乎没感受到"内侧的脚的脚外侧着地和外侧的脚的脚内侧着地"的动作要求，也根本不可能出现与"向内倾斜"和"内侧摆臂要小、外侧摆臂要大"等动作要领相反的错误动作，看后总觉得那10分钟的演示和讲解很浪费时间，而且还有画蛇添足之感。

分析：

这个教法错误地用了演示法。对于初三学生来说，弯道跑的离心力和向心力问题用不着靠演示摩托车转弯的照片来说明，弯道跑的技术动作也不是非要靠图解才能说清楚，特别是"向内倾斜""内侧摆臂要小、外侧摆臂要大""内侧的脚是脚外侧着地、外侧的脚是脚内侧着地"这些道理，即使不讲学生也不会做错，顶多稍加提醒就可以了。另外，如果真是要让学生体验向心力和离心力在弯道跑中的作用，就应划出小弯道或蛇形线跑道让学生跑，而不是让学生在400米弯道上跑，因为那是无法感觉向心力和离心力的，也不太需要"向内倾斜""内侧摆臂要小、外侧摆臂要大""内侧的脚是脚外侧着地、外侧的脚是脚内侧着地"等技术要点。

拓展阅读

陈雁飞，董文梅，毛振明. 论体育教学方法的概念和层次[J]. 天津体育学院学报，2006（02）：180-182.

思考题

1. 试述体育教学方法与教学行为之间的区别。
2. 如何理解教学方法的三个层次？能否用其他领域的方法来说明

一下?

3. 如何与时俱进地研究和使用新的教学方法?

4. 本教材对体育教学方法分类的特点是什么?你认为还有其他更好的分类方法吗?

5. 体育教师应如何根据自己的特点和特长巧妙地运用教学方法?

第十一章 体育教学环境

本章导言

体育教学活动是一种特殊的认知活动，但与其他活动一样，只有在特定适宜的情境和条件下才能顺利开展，我们称这些情境和条件为体育教学环境。体育教学环境对于体育教学质量、学生的身心发展至关重要，也决定着学生能否安全愉快地进行学习和运动。

体育教学环境不仅是体育教学活动的重要影响因素，其本身也是教学因素的重要组成部分。体育教学环境渗透在整个体育教学过程之中，无时不在、无时不有，有显性的，也有隐性的。

体育教学环境的优化既是体育教学设计的问题，也是体育课堂教学组织与管理的问题。为了能使大家更加重视体育教学环境，本章对其含义、特点、内容、优化策略等进行介绍。

学习目标

1. 了解体育教学环境的含义和构成要素，知晓良好的体育教学环境所具有的功能。

2. 学会对体育教学环境进行分析和评价，掌握优化体育教学环境的方法。

3. 学习优化体育教学环境的具体案例，学会设计良好的课堂教学环境，营造良好的班级氛围和学习氛围，提高教学效果。

第一节 体育教学环境概述

一、体育教学环境的含义

在教学活动中，影响教师教和学生学的一切内外条件共同构成教学的环境。教学环境是教师按照学生身心发展需要而组织的育人环境，它是教学活动所必需的各种条件的综合。教学环境有广义与狭义之分，广义的教学环境指影响教学的大环境，如社会制度、科学技术、家庭与社区条件等都属于教学环境；狭义的教学环境是指学校教学活动所需要的物质条件、规章制度及集体心理环境，如校园、校舍、各种教学设施、各种教学管理规章制度、校风班风、课堂气氛及师生人际关系等。

在本教材中，我们主要讨论狭义的体育教学环境。为此，本教材对体育教学环境定义如下：

> **重要概念**
>
> 体育教学环境是对体育"教"和"学"有重要影响的，显性或隐性的教学条件，这些条件共同构成了教学的人际氛围与安全保障，体育教学环境主要包括制度环境、集体环境和物质环境三个方面。

体育教学环境的概念包括以下4层含义：

（1）体育教学环境是影响体育教学的条件因素。
（2）体育教学环境构成体育教学的人际氛围和安全保障。
（3）体育教学环境的因素是客观的，但可分为显性的和隐性的。
（4）体育教学环境由制度环境、集体环境和物质环境三个方面组成。

从"体育教学环境"的词义来讲，它是中性的，可以有好的体育教学环境，也可以有不好的体育教学环境。与大自然环境不一样的是，任何教学环境都需要教师努力去营造，优美的体育教学环境是要通过体育教师的双手去创造、维护和优化的，这就是我们研究体育教学环境的意义所在。

二、体育教学环境的构成要素

依据体育教学环境的直观性，可将其分为显性体育教学环境、半隐性体育教学环境和隐性体育教学环境；依据体育教学环境的形态，可将其分为制度环境、物质环境和集体环境，两种分类的关系见表11-1：

▶ 表11-1 体育教学环境构造

分类依据	体育教学环境
直观性	显性的体育教学环境、半隐性的体育教学环境、隐性的体育教学环境
具体形态	物质环境、制度环境、集体环境

（一）体育教学的物质环境

体育教学的物质环境是体育教学环境的显性因素，是那些有形的体育教学场地、设施、器材等物体，以及它们的形状、颜色、工艺精度、清洁度、完好度、安置位置、排列方式等物理性质所构成的教学氛围。体育教学物质环境的因子和因子性质见表11-2，物理因子性质与体育教学环境的关系见表11-3。

▶ 表11-2 体育教学物质环境的因子和因子性质

	体育教学的物质环境
因子	体育场地、体育设施、运动器具、教具、运动服装、场地周边的物体
因子性质	形状、颜色、工艺精度、清洁度、新旧程度、完好度、设置的合理与美观

▶ 表11-3 物理因子性质与体育教学环境的关系

因子	物理因子性质与体育教学环境的关系
体育场地	运动场地的地表材料、颜色以及清洁度是构成体育教学环境的第一重要因素。优质、色彩鲜艳和整洁的体育场地会极大地激发学生的运动兴趣，还可以给予学生安全感，甚至可以起到自然地提高学生运动强度的作用。场地上清晰和规范的场地线还有利于学生遵守规则

续表

因子	物理因子性质与体育教学环境的关系
场地周边物体	运动场地周边的景物色调以及与体育场地的协调感是构成体育教学环境的重要因素。漂亮和谐的校舍、树木、草坪、体育围网、栏杆以及可以看到的其他景色会使学生感到安逸和安全，有利于调动学生的学习积极性，消除恐惧感和疲劳感。春夏季节里，足够的树荫还可以使学生感到清凉
体育设施	体育场地里和周围设置的体育设施的质量、多少、颜色以及清洁度是构成体育教学环境的重要因素。排列合理美观、数量适当、色彩鲜艳和整洁的体育设施会对学生参与运动产生感召力，形成浓厚的运动氛围，在体育设施周围设置提醒标志以及对运动方法进行解说还能帮助学生进行安全合理的体育锻炼
运动器具	体育器具的材料、形状、颜色、清洁度、完好度和新旧程度是构成体育教学环境的动感性因素。材料优质、形状合理新奇、色彩鲜艳和完好的体育场地会极大地激发学生的运动兴趣，可以潜移默化地提高运动的强度，会给予学生运动的安全感
教具	体育教具是指体育教师带到体育课堂上的挂图、模型、黑板、多媒体设备等教学工具。这些教具的质量和科技含量构成体育教学环境的文化性因素。加工精美并深含知识性的教具会提高体育教学的文化氛围，提高体育教学的学术性色彩，激发学生的问题意识，有利于学生的探究性学习和创新性学习
运动服装	教师和学生的运动服装也是构成体育教学环境的重要因素。优质、色彩鲜艳、合身和整齐划一的运动服装会使学生感到与集体的融合，还会增强学生的自信，符合运动特点的服装还能增强运动强度和运动的安全性，体育教师的良好穿着更是潜移默化的教育因素

（二）体育教学的制度环境

体育教学的制度环境是体育教学环境中的半显性因素。制度有时是明确的文字，有时则是师生头脑中或口头上的共同约定。一部分制度因素与物质因素密切相关，一部分制度因素则与集体因素密切相关。体育教学制度因素的优劣所形成的高效率与低效率、严谨与不严谨会对学生的体育学习氛围构成重要的影响。体育教学制度环境的因子有教学常规、组织纪律、行为规范、运动规则等，体育教学制度环境的因子和因子性质见表11-4，制度因子性质与体育教学环境的关系见表11-5。

▶ 表 11-4　体育教学制度环境的因子和因子性质

	体育教学的制度环境
因子	教学常规、组织纪律、行为规范、运动规则
因子性质	有无、多少、强弱、明确与否、执行情况

▶ 表 11-5　制度因子性质与体育教学环境的关系

因子	制度因子性质与体育教学环境的关系
教学常规	教学常规是维持一般教学秩序的制度，是构成体育教学制度环境的重要因素。严肃、有意义和仪式性很强的体育教学常规会感召学生的积极性，使学生受到感染，并能使学生尊重课堂、尊重老师。课堂常规还是保证安全运动环境的措施
组织纪律	组织纪律能维护集体活动有效率地进行，维系正常人际关系并进行集体约束，也是构成体育教学制度环境的重要因素。合理而适度的组织纪律能使集体活动富有效率，能使集体具有良好的风气，能使不良的行为受到约束和批评，能提高教学质量，并使教学富有教育意义
行为规范	行为规范是教师和学生在扮演个人角色时的行为准则，对每个个体行为规范的明确规定，也是体育教学制度环境不可缺少的因素。占大多数的文明、友善和具有集体性的个人行为，可以使集体具有良好的风气，能使个别不良的行为受到约束和批评，能提高教学质量，并使教学的氛围富有教育意义
运动规则	运动规则是体育教学中特有的制度，是体育教学制度环境中鲜明的特征性因素。合理的运动规则可使体育比赛具有公平性和比赛结果的不确定性，使体育学习和竞赛充满乐趣。制定一些特殊的规则还可以照顾学生的个体差异，使每个学生不会因为各自不同的先天身体条件而被排除在竞争与合作之外。合理的运动规则还能提高教学质量，并使教学的氛围富有教育意义

（三）体育教学的集体环境

体育教学的集体环境是体育教学环境的隐性因素，是体育学习集体构成因素的优劣所形成的平等与不平等、和谐与不和谐、友善与不友善、团结与不团结、合作与不合作、宽容与不宽容等无形的却对学生的体育学习构成巨大影响的教学氛围。体育教学集体环境的因子和因子性质见表 11-6，集体因子性质与体育教学环境的关系见表 11-7。

▶ 表11-6　体育教学集体环境的因子和因子性质

	体育教学的集体环境
因子	师生关系、共同目标、集体意识、领导核心、职责分工、遵守规则、共同活动
因子性质	有无、好坏、强弱、明确与否、多少

▶ 表11-7　集体因子性质与体育教学环境的关系

因子	集体因子性质与体育教学环境的关系
师生关系	师生关系是构成体育教学集体环境的第一重要因素。教书育人、平等温暖和尊师爱生的师生关系会极大地激发学生的学习愿望，教师的知识和人格魅力会使学生喜爱体育课，享受乐趣，是重要的学习动力因素，良好的师生关系会使学生更积极地进行探究性学习和创新性学习，良好的师生关系还可以给学生以安全感
共同目标	学生集体共同目标的有无和多少是构成体育教学集体环境的重要因素。每个学生与集体目标的重合会使学生具有学习动力、形成归属感、增强自信心，会使体育学习的氛围充满合作、互助
集体意识	学生集体意识的强弱是构成体育教学集体环境的另一个重要因素。集体荣誉感的形成会帮助学生具有归属感，增强自信心，并能形成体育学习和体育比赛的强大动力，在集体意识中也蕴藏着非常重要的教育因素
领导核心	学生集体的领导核心是构成体育教学集体环境的又一个重要因素。班集体和小组集体的领导核心是否明确和有威信，直接影响小组的凝聚力和学习氛围。有威信的集体领导核心会使学生具有信任感和安全感，并能提高体育学习的效率，形成体育比赛的强大竞争力，在集体中形成榜样的教育因素
职责分工	学生集体内职责分工的明确与否也是构成体育教学集体环境的一个重要因素。协调公平的责任分担和各尽其职的集体工作会促进集体的和谐，使每个成员具有安心感，使集体的活动有秩序、有效率
集体活动	学生集体活动的多少也是构成体育教学集体环境的重要因素。多样和适量的集体活动是上述集体因素得以起作用的保证。适量的集体活动可以使体育教学具有一致性，可以促进学生的集体思考，形成学生的集体归属感

第二节 体育教学环境的优化

体育教学环境不同于自然环境，自然环境更多的是要保护，而体育教学环境首先是要营造，然后是不断维护和修缮。因此，体育教学环境的优化是学校和体育教师的工作，也是学生的工作。

体育教学环境的优化是从体育教学的实际出发，对体育教学环境进行必要设计、营造和维护的工作，对体育教学环境的各种因素进行选择、组合、控制和改善，最大限度地利用体育教学环境中的有利因素，抑制或消除各种不利因素，以实现体育教学的最佳氛围。这个最佳氛围应是如下的景象：

> *景色美观、安全舒适，规则明确、秩序井然，*
> *尊师爱生、同伴友助，资源分享、共同进步。*

一、景色美观、安全舒适——优化体育教学物质环境

优化体育教学物质环境主要包括体育教学场地和设施的美化和体育教学器具的美化两方面。

（一）体育教学场地和设施的美化

体育教学场地和设施的美化主要体现在建设时的设计和建设后的维护与管理方面。

1. 体育教学场地和设施建设时的设计

（1）材料。当前，我国的学校体育室外场地多采用塑胶或人工草皮铺设。这两类材料的种类很多，且产品更新速度较快，因此，在选材时要事先进行研究和论证，本着节约和实用的原则选用，在北方一般不适合用天然草皮和土质场地。体育设施可以购买和自制，但材料的质量相差较大，因此，在自制各种体育器材时要选用结实和表面光滑的材料。

（2）颜色。当前，我国的学校体育场地多以红色为主要色彩。近几年，彩色跑道和彩色场地都出现了，因此，体育教学场地出现了色彩选择的问题。进行体育教学场地和设施设计时，要根据色彩学原理和场地周围景物的色调来设计体育教学场地的颜色。如小学体育馆的墙面和体育场地的地面颜色可采用柔和的黄色、珊瑚色和桃红色等比较温暖的颜色，因为暖色调可使学生在视觉和情感上的兴趣趋向外界，提高中枢神经的兴奋性，也较符合小学生的心理特点。

（3）布局。当前，我国中小学的体育场地主要是球类场地和体操设施围绕跑道的布局。随着体育教学改革的不断深入，这种传统的布局也在不断发生变化，变得更加多样，趋向综合利用化，现在不设环形跑道的呼声和实践也越来越多，因此，符合学校传统项目的个性化布局设计显得越来越重要。各个场地和设施之间的距离要合理，体育场地设施的布置要尽量避免教学的相互干扰并便于管理，层次要分明、整齐而有序，场地和设施内外要有必要的标画和标志物，使人一目了然。此外，在体育场地中画出各种游戏的场地也能使场地更加美观和多功能化。

2. 体育教学场地和设施建设的维护与管理

（1）维护。学校体育场地和设施的维护主要是依靠建立体育场地使用制度来实现，如规定不能穿可能损坏场地的鞋进入场地，不能进行可能损坏场地和设施的运动等。维护要体现安全的要求，最大限度地避免环境对学生身体的伤害和对健康的不利影响，要尽量消除体育教学场所和设施方面存在的安全隐患，要定期对其进行检查和清理，如捡净运动场上的砖头、石块，检查运动器械是否松动等。

（2）清洁。从优化学生健康环境的角度出发，必须认真对待体育设施和器具的卫生问题，如将体育教学设施打扫干净、游泳池经常换水和消毒等。学校体育场地和设施的清洁主要是依靠日常的清洁值班制度，可以跟学校劳动教育相结合，让学生在课后进行体育场地和设施的清洁工作，融卫生和教育于一体。另外，便利和足够的清洁工具也是做好体育场地和设施清洁工作的基本保证。

（二）体育教学器具的美化

这里的体育教学器具主要是指体育器材和教具。过去的体育器具相对简陋，各学校还有许多自制的土器材，教具也多是自制的，因此，体育教学器具主要是满足教学基本需求，还很难谈上对体育环境优化的作用。随着社会的发展，现在体育器具生产厂家越来越多，商品品种也越来越丰富和精美，因此，体育教学器具的美化已成为体育教学环境的重要组成部分。体育教学器具的美化主要体现在使用前的设计和使用中的管理和摆置两大方面。设计和购置体育教学器具时，要重点考虑材料、颜色和用途三个方面的问题；体育教学器具设计和购置后的优化主要体现在维护与清洁两个方面。

二、规则明确、秩序井然——优化体育教学制度环境

（一）规则明确——建立合理而明确的教学制度

为了保证井然有序的体育教学秩序及保证体育学习的平等、公正和安全，学校必须建立各种体育教学制度和规定。这些制度和规定包括师生关系制度、考勤制度、上课服装规定、教师课中行为规定、学生课中行为规定、保障安全的规定、集体学习的规定、使用场地器材的规定等，规定的内容范例详见表11-8。

《小学体育教学常规》范例

▶ 表11-8 构成体育教学制度环境的各种规定与制度

制度	内容范例
师生关系制度	向教师问好以及师生互相问候的用语、姿态规定、教师不得体罚学生的规定、教师不得辱骂学生的规定
考勤制度	课前点名制度、请假制度、对无故缺勤的处罚规定等
上课服装规定	必须穿运动服装上课、必须穿运动鞋上课、不得佩戴危险物品等
教师行为规定	服装规定、语言规定、行为举止规定、安全责任规定等
学生行为约束	不得打闹、不得在场地中乱跑、不得大声喧哗、不得使用不文明语言等

续表

制度	内容范例
保障安全规定	体操练习必须在他人保护下进行、不得在游泳池边跳水和跑动、不得任意穿行跑道等
集体学习的规定	要服从班集体和小组集体的决定、要完成小组布置的工作、要服从学生干部的领导、要积极参加集体的活动等
使用场地器材的规定	不得故意损坏器材、课后收拾体育器材的规定、轮流清洁场地和器材制度等

《中学体育教学常规》范例

（二）秩序井然——严格执行制度使教学纪律严明

只有制度，但没有严格执行，依然无法构成良好的制度环境。可通过以下几个措施来严明纪律：

1. 形成舆论与群体压力

正确的舆论与规范促使人积极向上并做出有益的行为。因此，要想形成良好的体育教学心理环境，体育教师首先必须注意在班级中形成良好的舆论。群体舆论应尽力与社会规范一致，要教育学生正确处理自己与群体的关系。

2. 加强体育课堂教学管理

严格的课堂教学管理，可以对学生产生一种潜移默化的影响，特别是教师以身作则和坚持不懈地贯彻课堂常规，对学生的体育态度与行为乃至思想品德会产生重要的影响。

3. 发挥教师和学生干部的榜样作用

榜样的力量往往是无穷的。体育教学中的榜样通常包括两个方面，即体育教师个人的人格魅力和学生之间的人和事。身教重于言教，体育教师要求学生做到的，首先自己要先做到。体育教师还要发挥学生干部的榜样作用，鼓励与赞扬那些刻苦学习、遵纪守法、帮助同学的学生干部，使他们成为全体学生的榜样。

三、尊师爱生、同伴友助，资源分享、共同进步——优化体育教学集体环境

（一）形成和谐的人际关系

体育教学中体育教师和学生、学生与学生之间平等、和谐的关系对形成良好的体育教学心理环境具有非常重要的作用。

良好的人际关系建立在平等互爱的基础之上。教学中师生关系平等，可以使学生在掌握知识、技术的过程中与教师产生共鸣，从而激发学生的身心潜力和创造力。

形成和谐的人际关系，主要取决于体育教师的行为。在体育教学中，体育教师应努力做到：第一，挚爱，挚爱是构建良好师生关系的基础，教师要热爱学生、尊重学生、真正关心学生，以一颗爱心去包容学生，既要做他们学习上的良师，又要当他们生活中的朋友；第二，尊重，教师要把尊重学生的人格和权益、相信每一个学生都能成才作为教育的基本信条，要注意保护学生的自尊心，对学生要有耐心，言语要把握分寸，避免伤害学生；第三，真诚，只有充满真诚的体育教学，才能感染学生、激励学生，教师的一言一行，都要发自内心，不做作，不矫情；第四，平等，教师对待学生要一视同仁，不要厚此薄彼，教学中要以鼓励、表扬为主，从而激发学生的学习热情。

（二）营造团结紧张、严肃活泼的体育课堂氛围

体育课堂氛围是体育教学心理环境的重要组成部分，体育教师要充分利用学生积极的个性品质和教学风格去创造良好的班集体气氛。体育教师是教学心理气氛最有影响力的渲染者，学生对体育的兴趣、爱好、动机等总是在一定的体育课堂情景和气氛中产生的。良好的体育课堂氛围一旦形成，往往具有很强的感染力，可以催人奋进。因此，营造宽松、和谐、民主的体育课堂氛围，对实现体育教学目标具有非常重要的意义。营造良好的体育课堂氛围，可以采用以下对策：

（1）要注意培养学生主动参与体育学习的态度和习惯，学生只有主动参与课堂学习，才有可能营造出积极的课堂氛围。

（2）教师在体育课堂教学过程中要做到"眼观六路，耳听八方"，善于把握各种稍纵即逝的积极的即时情境，并能充分利用它们来调节和改善体育课堂教学气氛，提高课堂教学的环境质量，同时也要注意及时合理地处理好教学过程中出现的各种消极的偶发事件，以防止这些消极因素对正常教学气氛的干扰。

（3）要注重课堂教学活动中的人际情感交流，使教师与学生、学生与学生之间能够产生情感的共鸣。教学中，教师要关爱学生、主动帮助学生，以激发学生积极主动的学习热情，形成教师与学生互相激励、互相鼓舞的良好情感气氛。

（4）教师要转变角色，改变过去那种"我讲你听，我说你做"的居高临下式的角色，鼓励学生大胆质疑、大胆求异、大胆创新，积极创设一种"不唯上，只唯真"的平等、民主的课堂学习氛围。此外，体育教师还要引导和鼓励学生之间的合作与交往，并且注意采取适当的教学组织形式为学生之间的交往创造机会和氛围。

四、优化体育教学环境的案例

（一）优化体育教学物质环境的案例："快乐体育园地"

"快乐体育园地"是近些年来在我国中小学兴起的优化体育教学物质环境的实践，是各个学校以快乐体育为指导思想，充分利用校园内的各种空间，在学校的边角地带合理地安装和设置各种各样的体育器材和设施的实践。"快乐体育园地"的器材设施虽然许多是自制的，但由于器材新颖，且经过精心加工和刷油漆，大都美观和安全，还融入了许多"快乐"的元素，具有很强的趣味性，因此对学生产生了巨大吸引力，学生们常常在"快乐体育园地"里流连忘返。

第二节 体育教学环境的优化

湛江"快乐体育园地"的案例

广东省湛江市是我国学校体育发展的先进地区,那里的"快乐体育园地"不但内容多样,而且推行非常广泛,形成校校有园地、园地各有特色的局面。湛江许多学校"快乐体育园地"的器材几乎全是自制器材,使用的材料也都是废旧轮胎和工厂的下脚料等。但是充满着体育工作者智慧的这些器材,不但用途广泛,可以全面锻炼学生的身体,而且色彩鲜艳,成为学校一道亮丽的风景。

岳池"快乐体育园地"的案例

四川省岳池县地处丘陵地带,绿水青山,许多学校的"快乐体育园地"与校内外的自然环境协调一致,学校体育设施的设计充分利用了校园已有的自然环境,如利用学校的小山坡,设计攀爬或越野跑的场地;在学校的树林中间,点缀几张乒乓球桌,或放置几副单、双杠;在校园的小水沟上,建一座"独木桥",等等。此外,设计时还注意到体育教学场所和设施周围的绿化,如在田径场和足球场上种植草坪等,尽量营造出夏秋有果、冬春有花、常绿植物和季节花木植物相互搭配、生机盎然、景色宜人的体育教学环境。

"快乐体育园地"紧紧抓住了儿童爱玩、好动的心理,构建各种主题的体育设施和器材,体现了因地制宜、实用经济和美观安全的体育设施设计

理念，既美化了教学环境，又丰富了体育教学内容，对现阶段我国中小学体育教学环境优化和体育教学内容开发具有重要的意义。

（二）优化体育教学集体环境的案例："集体垫上运动"

1."集体垫上运动"的教学简介

集体中每个人的责任都一样重要，我通过这个教学终于明白了集体中个人的位置。每个人都像是一圈弹簧，缺了任何一个，整体的美感也就荡然无存。我从中感受到一样东西：集体的力量。如果一个小组有9个人的话，那你必须做好1对8的精神准备，也就是自己和集体的合作。

● 即便是一项简单容易的运动技能，比如顺序前滚翻成分腿坐，大家分腿成"V"字形时的整齐声音很有美感，大家一起和着曲子来做时就更加漂亮。

● 在大胆、灵活性这一点上个人能力是有限度的，但是小组一起的表演却非常富有拓展性。

● "集体垫上运动"有我们从未感受到的协调美感和很强的对称性。

● "集体垫上运动"让我们知道什么是集体动作整齐划一的美感。

● 大家一起来做体操，每个学生都可以发挥自己的个性，更能做出一个人永远达不到的动作效果。

这是参加了"集体垫上运动"的教学后学生感想的部分摘录。进行"集体垫上运动"教学是"小组合作学习"的有效实践，目的是在体操的垫上运动中进行集体教育和美感教育。"集体垫上运动"实践的内容：

（1）将大垫子、小垫子摆成各种形状。
（2）为学生设立"表演主题"。
（3）小组成员在摆设成各种形状的垫子上进行集体练习与表演。
（4）配合音乐进行练习和表演。
（5）各组在全班面前进行表演。
（6）各组进行相互的评价。

"集体垫上运动"的活动内容如图11-1所示：

● 将垫子摆成十字形

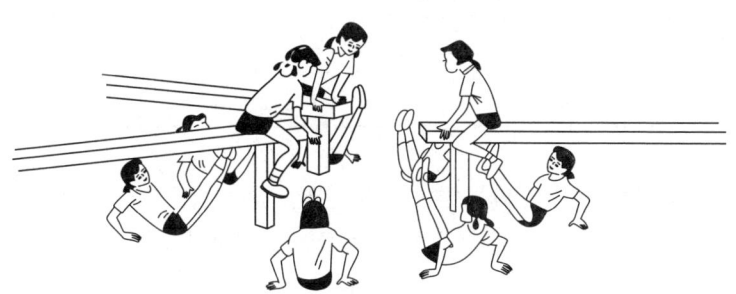

● 使用平衡木

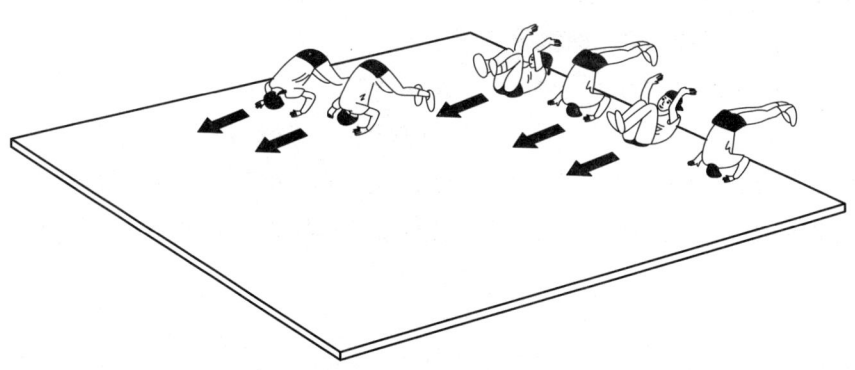

● 在方形垫子上

图 11-1 "集体垫上运动"

表 11-9 是"集体垫上运动"的单元教学设计。

▶ 表 11-9 "集体垫上运动"的单元教学设计

课次	内容
第 1 节课	教学前的预备性教育（看去年的教学 VCR，分组，决定负责人）
第 2~3 节课	各组进行讨论和练习（制订表演套路，技术，制订表演方案，确定配乐曲目）
第 4~7 节课	基本技术学习（尤其是侧手翻、头手翻）的练习，修改套路，考虑连接性动作
第 8 节课	中间表演
第 9~12 节课	各小组修改编排，调整姿势以及细节的技术点
第 13 节课	对各场景的精彩之处、关键之处进行细致的练习
第 14 节课	表演会（进行录像），各小组之间互相点评，教师总结

在"集体垫上运动"的教学中，学生们为了能够进行协调一致和动作漂亮的表演，认真编排和努力练习，每节课的练习量很大，学生们还不断进行着小组内的总结与反思。"集体垫上运动"极大地激发了学生的兴趣和积极性，同时也更加印证了学生是热爱体育的，体育学习的原动力来自竞争和集体的荣誉感，来自体育中的真善美。

2."集体垫上运动"的教学启示

（1）该实践通过将大小垫子摆成各种形状、为学生设立"表演主题"、小组成员在摆设成各种形状的垫子上进行集体练习与表演、配合音乐进行练习和表演、各组在全班面前进行表演、各组进行相互评价等多种方法全面优化了教学的环境因素，让学生感到新奇和振奋，因此达到了良好的教学效果。

（2）该实践非常重视师生、生生之间的人际交流，让小组真正成为学习的集体，让集体的行动充实而具体，让集体的评价清晰有力，从而形成独特的集体教学环境。该实践将垫上运动的学习和表演集体化，将个人项目的体操加工成集体性的运动，并通过这一集体性学习获得了集体教育的效果。

（3）该实践把学生个人的学习问题和学习喜悦变成集体共同的东西。

有学生这样说:"每当我掌握新技术的时候,这种喜悦不但属于个人,而且也成了大家的共同喜悦。"集体的荣辱与共促进了学生之间的互帮互学,形成了"互帮互学的集体=学习集体"的新景象,这为构建新的体育课堂形式提供了新思路。

拓展阅读

毛振明,袁圣敏."领会十八届三中全会精神,强化体育课和课外锻炼"系列讨论文章之八 土洋结合并举 改善体育条件[J].体育教学,2014,34(08):23-27+2.

思考题

1. 什么是体育教学环境?体育教学环境具有什么特点?
2. 良好的体育教学环境有哪些功能?
3. 举例说明如何设计和优化体育教学的场所和设施。
4. 举例说明如何设计和优化体育课堂教学气氛。

第十二章 体育教学评价

本章导言

体育教学评价是体育教学工作的重要环节，也是体育教学理论中的难题。体育教学评价的困难源于体育教学目标的多样性和体育教学内容的非逻辑性。体育教学评价的特点与体育教学的特性有密切关系，认识理解其内在关系是非常重要的。

构成体育教学评价结构的基本问题是"为什么评""谁来评""评什么""怎么评"。体育教学评价的类型大约有9种，其重要性各不相同，各有其意义与作用，本章将其排序并解说各自的作用与方法。

学习目标

1. 理解体育教学评价的基本含义，知道体育教学评价对体育教学的重要意义。

2. 掌握体育教学评价的结构与评价内容，熟悉并学会运用体育教学评价的技术手段。

3. 能够针对不同层次和不同内容的体育教学活动，设计和实施相应的评价方案，并运用体育教学评价结果，改进和提高体育教学质量。

第一节 体育教学评价概述

一、体育教学评价的概念

> **重要概念**
>
> 体育教学评价是依据体育教学目标和体育教学原则,对体育"教"与"学"的过程及结果所进行的价值判断和量评工作。

上述体育教学评价的概念中包含以下三层基本的含义:

(一)体育教学评价是"依据体育教学目标和体育教学原则"进行的

体育教学目标是"教学是否获得了预先设定的成果""是否完成任务"的评判依据;而体育教学原则是"教学是否做得合理""是否合乎教学基本要求"的评判依据。两个评价依据都具有客观性和规范性,也具有教育评价的信度和效度。

(二)体育教学评价对象是"体育'教'与'学'的过程和结果"

体育教学评价的重点对象是学生的"学习",包括学生的学业水平和品德行为;体育教学评价也是对教师的"教授"进行的评价,包括教师的教学水平和师德行为。

(三)体育教学的工作内容是"价值判断和量评工作"

"价值判断"是质性的评价,主要是评价教学方向的正误、教学方法的恰当与否等;"量评工作"是量性的评价,主要是评价可以量化的学习效果,如学生身体素质的提高和技能掌握的数据等。

体育教学评价贯穿教学目标确定、内容选择和组织实施的各个环节,目的是及时修正教学目标、解决教学中出现的问题、实现教学资源的合理配置与组合，追求最佳效果和目标的达成，是一项实操性和反馈性很强的工作。

二、体育教学评价的特点

（一）学生身体与技能的差异较大

在其他学科教学中，学生会显现出在思维、注意、分析、判断等智力方面的先天差异，而在体育教学中，学生显现出的则是在身体条件、运动能力、兴趣爱好等运动素质方面的先天差异，并且这种差异更为明显。在体育教学中会出现有的学生无论怎么努力，运动成绩也不能及格和"达标"，而有的学生即使不练，也可以达到很好的成绩的现象。这种差异对体育教师组织教学和进行评价提出了很高的要求，因此，体育教学评价应有助于激发和调动每个学生的学习积极性，挖掘每个学生的学习潜力，实现全体学生的进步与发展。

（二）体育教学评价的视角较多

由于体育课程教学目标的"多指向性"，体育教学评价有许多因时代变化而变化的新视角。例如，过去的《体育教学大纲》曾提出"一个目的三个任务"的目标，而在2001年版和2011年版的《义务教育体育与健康课程标准》中提出了"五个维度"课程目标，在2022年颁布的《义务教育体育与健康课程标准》中又新提出了三个"核心素养"的发展要求，这些依据时代变化而提出的不同目标要求，实质上构成了体育教学评价的不同视角。

背景知识

◉ **不同时代体育课程教学目标**

1.《体育教学大纲》（1956—2000年）的"三项教学任务"

（1）锻炼学生身体，增强学生体质；（2）传授体育基础知识、基本技术和基本技能；（3）培养学生体育道德品质。

2. 2001版和2011版《义务教育体育与健康课程标准》的"五个维度"的课程目标
（1）运动参与；（2）运动技能；（3）身体健康；（4）心理健康；（5）社会适应。
3. 2022版《义务教育体育与健康课程标准》提出的三个"核心素养"
（1）运动能力；（2）健康行为；（3）体育品德。

从评价的内容来看，体育教学评价可分为对过程的评价和对结果的评价两个方面。

从评价的主体和对象来看，体育教学评价有教师对学生的评价、学生的自我评价、学生之间的评价、学生对教师的评价、教师的自我评价、教师之间的评价等视角。

从评价的方式来看，体育教学评价有定量评价和定性评价的视角。

从评价的方法来看，体育教学评价有书面测验、技能评定、成绩测试等视角。

因此，体育教学评价要多视角、多方式并用，以实现评价的全面性、全体性和科学化。

（三）体育教学评价具有即时性

在体育教学中，学生的技术时时被正式或非正式地评价着，如某学生的动作做得好与不好，同学们看在眼中，挂在嘴上，这种评价具有很强的外显性和即时性，而其他学科的学业成果主要是头脑中的认知理解，不具有很强的外显性和即时性。因此，体育即时评价的特点很容易使技能不是很好的学生在体育教学中感到难堪和挫折，这也是部分学生视体育课如"畏途"的原因所在。因此，体育教师要充分认识到体育教学评价的这一特点，恰当运用对学生学习表现的即时评价，扬长避短，使体育教学评价更有激励作用。

（四）体育教学评价与学生身体自尊密切联系

身体自尊是学生自尊的重要组成部分，也是很敏感的组成部分，对运动技能学习和身体素质的评价与学生的身体自尊密切关联，如对学生的身高、体型、灵敏性、动作技能等运用不当语言评价会严重地伤害学生的身体自尊和学习积极性。因此，教师要尊重学生，重视学生的自尊心和自我保护心理，要注意采取个性化的评价方法激励学生学习与进步，避免体育教学评价的负面影响。

第二节　体育教学评价的结构与内容

一、体育教学评价的4个构成要因

构成体育教学评价结构的4个基本问题是"为什么评""谁来评""评什么""怎么评"。

（一）目的——为什么要进行体育教学评价

进行体育教学评价的目的主要有以下4个：

（1）判断学生的体育学习潜力，选拔学生（选拔目的）。

（2）判断学生的体育学习状况，评定成绩（甄别目的）。

（3）发现学生的体育学习问题，帮助进步（发展目的）。

（4）反馈学生的体育学习进步，激励学生（激励目的）。

体育教学评价的4个目的有其各自的意义和侧重点：

1. 以选拔为目的的体育教学评价

这是根据选拔的要求和标准，为选拔进行的体育评价，如为选择好的学生参加体育竞赛、为评选体育优秀学生等。这种评价目的，评价是选优性的，并不面对全体学生，有时也不是指向教学目标，因此不是主要的体育教学评价。

2. 以甄别为目的的体育教学评价

这是根据学籍管理的要求和标准，为甄别学生学习状态、评定学生成绩而进行的评价，如为学期末成绩评定进行的体育考核、为学生体质健康标准的成绩评定进行的达标测验等。这种评价是甄别和评比性的，面对全体学生，评价指向体育学习的效果和学习的态度，也部分地指向学生的体育基础。这种评价目的在体育教学评价中占有重要的地位，在过去一段时间里，它曾是体育教学评价的绝对主要目的，甚至是唯一目的。

3. 以发展为目的的体育教学评价

这是根据教学的要求和需要，为发现和反馈学习中的问题而进行的评价，它是为使学生弄清楚制约其运动技能提高的困难和症结，为帮助学生取得进步而进行的探究式评价和解惑式评价等。这种评价是教学性的，面对全体学生的学习与发展，指向学生的学习困难和前进方向，在体育教学评价中占有重要的地位，但是，这种评价在过去很长一段时间里没有得到充分的重视，是今后体育教学评价应该特别注意研究和加强的方面。

4. 以激励为目的的体育教学评价

这是根据教学的要求和需要，为使学生发现自己的进步和潜力而进行的评价，是为了帮助学生获得学习的成就感和自信。这种评价面对全体学生的积极性与自信心，指向学生的学习进步和努力方向，在体育教学评价中占有非常重要的地位，但在过去一段时间里也没有得到充分的重视，因此，也是今后体育教学评价应该特别注意研究和加强的方面。

（二）评价者——谁来进行体育教学评价

体育教学的双方是教师与学生，因此，师生是体育教学评价的主体。除此之外，还包括同为教师的校长、教务主任和体育部主任等。随着体育与家庭教育、社会教育的结合，家长和社会代表也会逐渐参加到体育教学评价中来，但由于校长、教务主任、体育部主任、家长、社会代表等不是体育教学过程的全程参与者，他们的评价与任课教师和学生对体育教学的评价相比，在客观性、准确性方面都有很大差距，一般是参考的意义。

总体来说，教师是体育教学评价的主体。《中华人民共和国教师法》第七条第三款规定教师的权利之一是"指导学生的学习和发展，评定学生的品行和学业成绩"。教师是履行教育、教学职责的专业人员，是教学活动的组织者，是教学活动的直接责任者，教师要把握教学活动的方向，要对教学质量负责,因此,体育教学评价基本上都是由体育教师来承担的。体育教学评价的客体主要是学生和学生的学习,由于学生是教学活动的参加者,对其有着亲身的体验,因此,学生对评价教师的教是有一定发言权的。学生对学习也可以进行评价,一是自我评价,二是相互评价。但这两种评价只可以作为教师评价学生学习的参考,而不能代替教师对学生的评价,因为这两种评价的客观性难以完全保证。

(三)内容——体育教学评价评什么

体育教学评价是为了提高教学质量,因此,体育教学评价的内容就是"教师的教"和"学生的学"。

体育教学评价应该评什么?学生是核心对象,体育教学活动的目的和发展对象都是学生,教学的主要任务是学生的体育习得,教师在教学中要把学生的学习状态变化及时、准确地反馈给他们,为他们改善自己的学习状态提供有价值的信息。为此,教师在执行教学计划前,要弄清学生的实际水平及存在的主要问题,以加强教学计划的针对性;在教学过程中,要及时了解学生的动态变化,不断地调整教学设计;当完成阶段性教学任务之后,又要通过考试、测验等评价手段,总结学生在学习中取得的成绩和存在的不足。

(四)技术与手段——如何进行体育教学评价

各种形式和内容的体育教学评价都要求有各自的评价技术和手段。关于体育教学评价技术和手段的问题,将在本章第三节中予以论述。

二、体育教学评价的结构与内容

我们根据"谁来评价"和"评价什么"这两个体育教学评价的主要要素为横轴和纵轴作一个象限,可以得出"体育教学评价的结构和内容图"(图12-1)。

如图12-1所示,教学评价主要由以下4大类(含8小类)组成,此外还有其他评价(如家长对学生的评价)等,这些评价都和体育与健康课程的教学评价有关系。

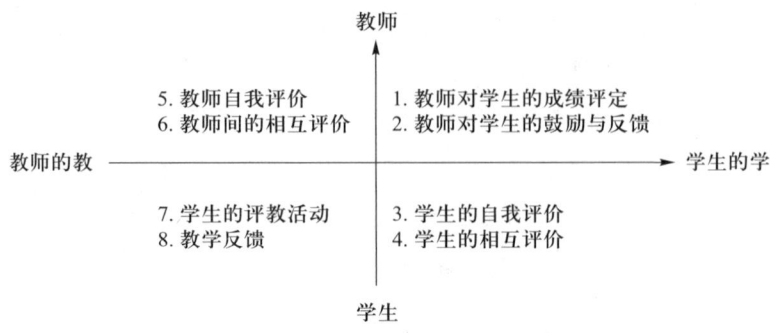

图 12-1　体育教学评价的结构和内容图

（一）教师对学习过程的评价

教师对学习过程的评价是体育教学评价中最传统的评价方式，由于评价的主体是最有经验的教师，而评价的对象又是最反映教学效果的教学过程和其中的学生，因此，这一评价一直受到人们的重视。这种评价包括"教师在学习过程中对学生的激励评价"和"教师在学习过程结束时作为学习结果对学生的体育成绩评定"两种评价形式。

（二）学生对学习过程的评价

学生对学习过程的评价是《体育与健康课程标准》非常提倡和重视的评价方式，这种评价包括教学过程和教学效果两个方面，主要形式有学生的自我评价和学生间的相互评价两种评价形式。这两种评价有利于培养学生自我反省和客观评价的态度，具有特殊的教育力量。它还有助于学生民主素养的形成，有助于培养他们正确行使自己民主权利的能力，同时还可以使学生在评价实践中不断提高观察事物和分析问题的能力。但是，这种评价应从学生年龄阶段的实际出发，学生年龄过小时不宜使用这种评价，我们既要强调和重视学生的评价，又不能完全依靠学生的评价。

（三）学生对教学过程的评价

学生对教学过程的评价也是现代教育理念中非常提倡和重视的评价方式，这种评价也包括教学过程和教学效果两个方面。评价形式包括"学生在学习过程中对教学的随时反馈"和"学生对教师的评教活动"两类，前者往往是非正式的评价活动，而后者往往是正式的评价活动。

（四）教师对教学过程的评价

教师对教学过程的评价旨在不断提高教学质量，评价的形式也包括两类：一是"教师对教学的自我评价"，二是"教师间的相互评教活动"。前者和后者都有正式和非正式的形式，在人员方面有个人的、体育组内的、校内督导的和校际的形式，在时间上有平时的和集中性的形式等。

（五）其他评价

其他评价指的是非教师和学生对体育教学的评价，如家长对学生体育学习的评价、社会对体育教学的评价等都属于这种评价。由于这种评价的主体既不是体育专业人员，又没有参与体育教学过程，因此，只能是一种辅助性和参考性的评价。

相关链接

⭐ 诊断性评价、形成性评价、总结性评价

1. 诊断性评价

诊断性评价是指在活动开始之前，为使计划更加有效地实施而进行的评价，有的学者又把此种评价称作事前评价。诊断性评价要求把握被评价事物的两种状态：一是症状诊断，二是原因诊断。前者要求对所评价事物的已有状态作出判断，着重找出存在的问题；后者要求对存在问题的原因作出分析，并对发展变化的可能性进行预测，以便"对症下药"，采取可行措施，使新计划在原有基础上得到有效的实施。

诊断性评价在学校教学工作中用得很多，一般在学年初或学期初进行。其目的在于弄清学生的学力基础，以便为实现新的教学目标作好准备。通过诊断性评价，判断学生是否达到原定的教学目标要求，如果确认达到了，就贯彻实施新的教学计划；如果确认没有达到或没有完全达到，就设法弥补学生的学力不足，使他们尽快具备实施新的教学计划的条件。

诊断性评价有两个显著特点：一个是重诊断，即对原来的状态和效果判断；二是重治疗，即对发现的问题加以改进。

2. 形成性评价

形成性评价是指在活动运行的过程中，为使活动效果更好而及时修改或调整活动计划，以期获得更加理想的效果。形成性评价的着眼点在过程评价上，因此受到教育评价理论工作者和教师的普遍重视。形成性评价的任务是：调整学习活动；强化学生的学习；发现存在的问题；提供矫正处方。

重视形成性评价是现代教育评价的发展趋势。从前的评价注重学习结果，而这种评价则强调学习过程，重视评价的反馈机能，其目的在于建立适合教育对象的教学。形成性评价不仅可以使学生明确今后如何学，而且可以使教师明确今后怎样教，帮助教师完成既定的教学目标。形成性评价用于教学，有助于教师及时发现教学中的问题，提出改进措施，修正教学计划。

3. 总结性评价

总结性评价是指在活动后为判断其效果而进行的评价。总结性评价一般在学期或学年结束时进行，但就某项活动而言，对其进行评价的时间应视活动结束的时间而定。总结性评价是对活动的最终效果所进行的评价，就是确认达到目标的状态。

相关链接

★ 相对评价、绝对评价

1. 相对评价

相对评价是指在团体内以自己所处的地位同他人相比较而进行的评价，评价标准是设在团体之内的。评价时，要求把个人的得分同团体其他成员的得分进行相对比较，从而明确自己在团体中的地位，达到评价学习成果的目的。

任课教师经常运用相对评价来评价学生。使用相对评价应注意两点：一是无论在个体之间还是在团体内进行评价，都应坚持比较的等质条件；二是比较要力求实效，把评价的着眼点放在研究和改进教学上，不要把它作为惩治某些学生的手段。

相对评价的基本特性是比较，没有比较也就不存在相对评价了。通过相对评价，可以使个体客观判断自己在团体中的情况和所处的位置，同时，也有助于树立竞争意识。

2. 绝对评价

绝对评价是指为判断完成既定目标的程度而进行的评价。这种评价的标准设在评价对象所在团体之外，不受该团体的约束，但必须体现国家对受教育者的基本要求。实施绝对评价，是以个人的得分同既定的评价标准进行对照，从而判断完成目标的程度。

绝对评价所关心的是评价对象是否达到目标及达到的程度，在进行绝对评价时所用的考试题目，范围要广，综合性要强，并有一定的代表性。如果评价标准科学、客观，那么被评价者只要同这个绝对标准相比较，就可以判断自己的实际水平，即达到目标的程度。

绝对评价的最大特点就是有一个共同的客观标准可循，学生可以通过同这个既定标准对比，判断自己的学业水平。如果是实行标准化考试，学生的学业成绩在学校之间应该是等值的，即价值一样。

三、对各类教学评价的分析

上述几种教学评价在评价作用方面各有利弊，在当前体育教学改革中所发挥的作用也不同，在体育教学实践中被使用的频率也不一样。表12-1对上述各种评价的"重要性排序""优点""缺点""当前的重要性""使用频率"等几个方面进行分析。

▶ 表12-1　对各类体育教学评价的分析

重要性排序	评价方式	优点	缺点	当前重要性	使用频率
1	教师对学习结果的评价	评价主体是最有经验的教师，而评价的对象又是最反映教学效果的教学过程和其中的学生，评价的准确度很高	评价缺乏即时性，也会因此缺乏生动，发现的问题已无法纠正	主要评价方式	每学段、学年、学期、单元

续表

重要性排序	评价方式	优点	缺点	当前重要性	使用频率
2	教师对学习过程的评价	评价主体是最有经验的教师，评价对象是生动的教学过程，评价及时而生动	由于评价对象是动态的过程，评价有时缺乏准确性	主要评价方式	每时每刻
3	学生的自我评价	评价来自学生对学习的"自省"，对于激发学生学习动机和培养学生的学习能力具有重要的作用	评价会因学生的自我保护意识和优点夸大意识而产生偏差	不能忽视的、辅助性的评价方式	每时每刻
4	学生之间的相互评价	评价来自处于同样学习目标和学习阶段的"同行者"，评价有很强的针对性和生动性，也有很强的刺激性	评价会因学生经验不足、缺乏专业知识和对同学缺乏负责精神等产生偏差	不能忽视的、辅助性的评价方式	教师组织时间为主
5	教师之间的相互评价	评价主体和客体都是有经验的教师，因而评价具有学术性和高质量。这种评价对教学经验的总结和教学的改善很有作用	这种评价不可能成为日常的评价，如果评价态度不正确，会引发不团结的问题	要重视的、辅助性的评价方式	每学期1~2次
6	教师的自我评价	评价来自教师对教学的"自省"，能够不断改善教学，提高教师责任心和教学能力	评价会因教师的自我保护意识而产生偏差，而评价也不直接面向学生	要重视的、辅助性的评价方式	每时每刻
7	学生对教学的随时反馈	这种评价既是教学民主的体现，也能增进教学双方的互动和提高教学质量，并"以学生发展为本"	在实际的教学中实施起来往往比较困难，过于强调时会影响教学效率	不能忽视的、辅助性的评价方式	教师组织时间为主
8	学生的评教活动	这是教学民主的体现，能促进教师倾听学生意见和了解学生的要求和愿望，提高教学质量	这种评价不可能经常进行，学生的意见也有许多不准确的内容	要关注的、辅助性的评价方式	每学年1~2次

续表

重要性排序	评价方式	优点	缺点	当前重要性	使用频率
9	其他的评价方式（如家长对学生学习的评价等）	这种评价有利于学校教育与社会教育、家庭教育的融合，有利于各方面人士了解和监督教育	社会人士不具有教育专业知识，不了解教学过程，因此评价很难准确	尽可能实施的、辅助性的评价方式	每学段1~2次

第三节 体育教学评价的技术与手段

从体育教学实践来看，体育教学评价方法（技术和手段）是一个重要的问题，也是一个难点问题。体育教学评价的方法是实施科学体育教学评价的基础，没有评价方法就不知道"怎么评"，当然就无法评了。

前述的各种体育教学评价，由于其在教学中进行的时间和场景都不相同，因此具体评价方略、技术以及手段的运用也不相同。在各种评价方式广泛实验和应用的新形势下，在一线体育教学实践中对体育教学评价方法和手段有了不少尝试和开发，本节进行简要归纳和介绍。

一、教师对学生体育成绩的评定方法

（一）教师对学生学习效果的总结性评价

总结性评价一般是在学期、学年或某项教学活动结束时，为判断其效果而进行的评价。从这个意义上说，总结性评价不仅是对学生学习效果的分析，更重要的是教师对自己阶段性教学质量的总结和比较的过程。这种评价主要是以体育成绩评定的方式进行，表12-2和表12-3分别是采用"100分制""5分制"来评定学生体育成绩的范例。

▶ 表 12-2　教师对学生体育成绩的评定内容与方法（100 分制）

方面	分值	评分内容	评分方法
体育态度	10	出勤率、态度评定	出勤统计＋主观评价
体育与健康知识	20	体育运动项目知识、体育锻炼知识	知识考试＋主观评定
运动素质	40	速度、耐力、柔韧、灵敏、力量等运动素质	素质测验＋主观评定
运动技能	30	有关运动技能的评价	技评考试＋主观评定

▶ 表 12-3　教师对学生体育成绩的评定内容与方法（5 分制）

方面	分值	评分内容	评分方法
运动技能	3	特长、技能面、体育锻炼知识	参考技能考核与知识考试的主观评价
运动参与	0.5	积极态度、爱好	参考行为观察和态度问卷的主观评价
身体健康	0.5	病假率、体适能	参考出勤和健康标准测试的主观评价
心理健康和社会适应	1	开朗性格、集体融入度	参考行为观察和态度问卷的主观评价

上表中的评分内容有的可以通过"标准测验"来进行评定，有的则可以通过"非标准测验"来进行评定，这要根据评分内容的性质和需要而定。

标准测验。标准测验属于客观性考试，它是根据考试的理论，运用统计手段，按照科学程序设计与实施的有统一标准的考试。标准测验是由专家对测验的诸条件进行研究而制作的标准，即称常模。只要把测验后的结果同这一标准对比分析，便可判断被试者的程度。这种测验不仅评价目标明确，而且评分标准也明确，并具有代表性，我们可以利用标准测验了解每个学生和每所学校的成绩在地区或全国的位置。标准测验试题内容的选择、测试到评分、记分、分数的合成及解释等每一个环节都有质量要求和标准化要求，因此，标准测验的水平具有代表性、科学性和可靠性。

非标准测验。也可以称为非正式测验，是教师自制的或自行掌握标准的测验。这种测验只能在本班或本校就学生的知识和能力进行测定和比较。

因此，非标准测验属于相对评价，评价的内容包括难以标准化的、便于教师灵活掌握的、适合于定性评价的指标，如运动技能的评分、心理健康的评价、社会适应的评价、学生进步程度评定等。非标准测验可分为等级评价和分数评价两大类。

下面就体育课学习表现的评价标准、体育基础知识的评价标准、身体素质和运动能力的评价标准、运动技能和技巧的评价标准以及有关问题进行介绍：

1. **体育课学习表现评价标准**

用记分的方法评价学生的学习表现是很困难的，尤其在学生人数较多的情况下困难更大。针对这一实际情况，可采取百分制和等级制相结合的方法。具体做法是：先评出等级，如优、良、及格、不及格，然后再换算成分数，如优为90分及以上，良为75~89分，及格为60~74分，不及格为60分以下。为了便于操作，还可把分数划成几个档次，如95分、90分、85分、80分、75分、70分、65分、60分、55分等，称为确定等级分数，但不宜分得过细，如果过细就不易操作了。

2. **体育与健康基础知识评价标准**

对体育与健康知识进行评价时，宜采取书面测验的方式，试题可依据《体育与健康课程标准》的要求自行编制。评分标准可以根据试题的数量和难度来确定，但测验时间一般应控制在20~45分钟，评分方法宜采取百分制。为了不过分增加学生的负担，命题应力求清楚、准确，答案应做到简明、扼要并有利于评分。

3. **身体素质和运动能力评价标准**

身体素质和运动能力的评价虽然是体育教学评价的重点，但必须考虑到区域差异。一般来说，南方学生在速度、灵巧方面的身体素质较好；而北方学生的力量、耐力较强。因此，评价学生的身体素质和运动能力时，要考虑到针对性，根据学生的身体发展需要，参考《国家学生体质健康标准》等有针对性地制订评分标准。

4. **运动技能评价标准**

运动技能和技巧的评价可采用百分制或百分制与等级制相结合的方法。采用百分制时，可先确定4个分数段，即90~100分、75~89分、60~74分、

60分以下。为了便于操作，也可采用百分制和等级制相结合的方法，先评出4个等级，即优秀、良好、及格、不及格，再根据等级归入相应的分数段，并根据情况适当调整分数以评出差别。表12-4是某年版《全日制中学体育教学大纲》的技能评分标准。

▶ 表12-4 某年版《全日制中学体育教学大纲》技能评分标准

分数	评分标准
90~100分	完成动作质量好；姿势很正确，部位很准确，动作轻松、自然、协调、优美
75~89分	完成动作质量较好；姿势正确，部位准确，动作较轻松、自然、协调
60~74分	能完成动作；姿势基本正确，部位较准确，动作不够轻松、自然、协调
60分以下	不能完成动作；姿势不正确，部位不准确，动作紧张、不协调
说明	各分数段之间，可视程度不同适当评出差异

对学生进行体育水平的综合结果评价时，一般都采用百分制。这就需要将各项评价目标的得分按照评分比例进行折算，然后相加求和。身体素质和运动能力、体育技能可根据有关的换算表确定相应的分数。

（二）教师对学生学习的过程性评价

过程性评价也称形成性评价，是指在体育教学活动过程中，教师为了及时了解情况，明确活动运行中存在的问题，及时修改或调整活动计划，以期获得更加理想的教学效果所进行的即时性评价。因此，过程性评价具有直接、具体、及时和针对性强的特点。过程性评价所涉及的内容多、方法和手段灵活多样。

过程性评价的内容包括学生的学习目标、参与程度、拼搏精神和学习效果，主要方法有表扬、批评、抑制、激励等，经常采用的评价手段为口头指示、手势、眼神、问卷、技能小测验、简短评语等（表12-5）。

▶ 表12-5　教师在学习过程中对学生的激励评价的内容、方法与手段

学习过程中的激励评价	
评价内容	学生的学习目标、参与程度、拼搏精神和学习效果等
评价方法	表扬、批评、抑制、激励等
评价手段	口头指示、手势、眼神、问卷、技能小测验等

过程性评价主要依赖观察的方法，观察不是评价方法，但是获取评价依据的方法。观察的方法有正规的观察和非正规的观察。正规的观察是依据观察表进行的规范化和数字化观察，这种观察比较细致可信，但做起来较费时费工，有时一个人不能完成，不可经常用；非正规的观察是不用观察表随时进行的定性的观察，这种观察不如正规的观察结果细致可信，但做起来比较方便，是可以经常用的观察方法。

过程性评价也可以采用小测验、小考试、小测试等方法，这对运动素质和知识的评价是十分重要的，因为运动素质和知识水平有时不能准确地观察到。

二、学生对学习进行评价的方法

让学生开展对学习的自我评价和相互评价，其目的是：参与教学评价，了解自己和同伴的学习表现以及学习程度；判断学习中存在的不足及原因，改进学习；培养与提高自我认识和自我教育的能力；培养合作精神和集体意识。

（一）学生对学习的自我评价

学生对学习的自我评价，可以唤起学生对自己体育学习态度和表现的自省，帮助学生提高自我认识和自我教育的意识与能力。学生的自我评价可以以学校制定的评价目标为标准，通过自我评价来判断个人达到目标的程度；也可以让学生自己确定评价标准，通过学生的自我评定来判断自己的优势和进步。前一种方式适合在期末或学年末的评价时使用，后一种方式适合用于日常的自我评价。

自我评价的内容有学习目标、参与程度、拼搏精神和学习效果等，方法可采用自省、自评、自我反馈、自我暗示等，手段包括目标的回顾、学习卡片、成绩前后对比、行为的检点等（表 12-6）。

▶ 表 12-6　学生自我评价的内容、方法与手段

学生对学习的自我评价	
评价内容	自己的学习目标、参与程度、拼搏精神和学习效果等
评价方法	自省、自评、自我反馈、自我暗示等
评价手段	目标的回顾、学习卡片、成绩前后对比、行为的检点等

要特别注意的是：学生的自我评价难免会出现偏差。由于学生出于自尊的原因，有时会有过高估计自己的心理倾向；此外，如果自我评价和体育成绩、评优、升学、奖学金等挂钩，就会影响自我评价的客观性和可靠性。因此，进行学生的自我评价要注意以下几点：

（1）要把学生的自我评价作为一种学习性的、形成性的评价，不宜将其作为正式的评价，更不宜作为对其最终学习成绩的评定。

（2）要把学生的自我评价与功利性相分离。

（3）针对某些与学生自尊有关内容的自我评价时，主要以师生间交流为主，以保护学生的自尊和自信。

（4）要开发学习卡片，鼓励在书面上进行自我评价的方式与方法。

（二）学生对学习的相互评价

学生对学习的相互评价可以起到"同伴的镜子"和"同行者的激励"的特殊作用，帮助学生提高观察和评价他人的能力，有助于促进学生之间的交往与交流并增强学生的团队意识。学生之间的互评很有意义，也很生动。

学生之间相互评价的内容有同伴的学习目标、参与程度、拼搏精神和学习效果等，方法主要有互评、互议、学习同伴优点、指出同伴不足等，手段主要有观察、记录卡片、课中讨论等（表 12-7）。

▶ 表 12-7　学生之间相互评价的内容、方法与手段

学生对学习的相互评价	
评价内容	同伴的学习目标、参与程度、拼搏精神和学习效果等
评价方法	互评、互议、学习同伴优点、指出同伴不足等
评价手段	观察、学习卡片上的互动、课中讨论等

进行学生的相互评价时，出于学生自尊和学习经验不足的原因，有时相互评价会有许多不准确性，言语也会有许多不适当之处，这些都会影响相互评价的意义和效果，因此，在进行学生相互评价时要注意以下几点：

（1）要把学生的相互评价作为一种教育性的、集体养成性的评价，不宜将其作为正式的评价，更不宜作为对其最终学习成绩的评定。

（2）要把学生的相互评价与功利性相分离。

（3）要通过有关教育，端正学生对他人进行正确评价的态度，提高评价能力。

（4）应主要围绕技能学习的互相帮助和问题学习的讨论进行相互评价，不要过多地让学生对他人的人格进行评价。

（5）要在小组有了团队意识后，再进行小组内的相互评价。

三、教师对教学进行评价的方法

教师对教学进行评价的目的是通过客观、公正、及时、可靠的评定，促进教学工作质量的提高，及时发现教学活动中的优点和不足，提供具体、准确的反馈信息以帮助教师改进教学工作，促进教师自身的发展和教学研究水平的不断提高。

教师对教学进行评价是指对教学过程以及背后专业素质的全面评价，包括完成教学工作的数量、质量、职业道德、教学能力等方面。评价形式也包括两种：一是教师对教学的自我评价，二是教师之间的相互评教活动，前者和后者都有正式和非正式的形式，在人员方面有个人的、体育组内的和学校之间的形式，在时间上有平时性的和集中性的形式等。

(一)教师对教学的自我评价

教师自我评价是通过反思来分析问题与不足,并及时进行总结,作简要评述的过程,是一种自我认识、自我教育和自我提高的具有内省机制的评价。评价的内容包括教学目标、教学的组织和课的结构、教学内容的质与量、师生间的交流和关系、教学技巧和授课能力、教学目标的实现程度以及教学思想、个性化的教学模式、教学方法的恰当性、教学效果等。教师的自我评价通过自省、自评、自我总结的方法,运用目标的回顾、阅览学生的学习卡片、对比学生前后的变化、听取学生意见等手段。

教师既要在每堂课后,在教学日志或教案上,通过作简要评述的方式进行日常性的自我评价,也要有每学期进行若干次的阶段性自我评价,更必须在每学期、每学年进行一次正规的自我教学评价和总结,并根据评价和总结对自己提出新的要求。表12-8是教师自我评价的内容、方法与手段。

▶ 表 12-8 教师自我评价的内容、方法与手段

教师对教学的自我评价	
评价内容	教学思想、个性化的教学模式、教学方法的恰当性、教学效果
评价方法	自省、自评、自我总结
评价手段	目标的回顾、阅览学生的学习卡片、对比学生前后变化、听取学生意见

(二)教师间的相互评价

教师间的相互评价是为了提高教学质量,在教师同行之间进行的业务性评价,也称同行参与评价。评价的内容往往围绕教学思想、教学设计、教学风格、教学方法和教学效果等展开。

教师间相互评价的主要方法有互评、互议、学习同行优点、指出同行不足等;主要手段有日常教学观摩、教学评议、教学课评优活动、教学研究活动、说课活动、教学总结等(表12-9)。

▶ 表 12-9　教师间相互评价的内容、方法与手段

教师间对教学的相互评价	
评价内容	教学思想、教学设计、教学风格、教学方法、教学效果等
评价方法	互评、互议、学习同行优点、指出同行不足等
评价手段	日常教学观摩、教学评议、教学课评优活动、教学研究活动、说课活动、教学总结等

体育课堂教学是一项专业性比较强的工作，需要专门的学科知识来保证评价的信度和效度。同行评价是专家之间的评价，在评价的业务基础上不会有太大的问题，但又由于是同行，可能会碍于情面或由于个人偏见而影响评价的客观性。因此，在进行教师间相互评价时应注意以下几点：

（1）应该采用定性和定量相结合的方法，从教学的具体环节入手，用公认的等级和分数进行评价，以求客观准确。表 12-10 是一个课堂教学评价等级量表的范例。

▶ 表 12-10　课堂教学评价等级量表的范例

一级指标	二级指标	评价等级			
		A	B	C	D
教学内容	1. 教学目标的明确度　2. 讲授内容的科学性 3. 重点和难点的处理　4. 课堂练习的难易程度	20	16	12	8
教学艺术	5. 善于启发思考　6. 照顾个性差异 7. 学习方法的指导　8. 教学语言与板书	20	16	12	8
课堂结构	9. 教学环节的设计　10. 复习提问与新课的安排 11. 讲授与练习的比例　12. 课堂教学效率	20	16	12	8
课堂管理	13. 按时上下课　14. 严格要求学生 15. 课堂纪律情况　16. 正确评价学生	20	16	12	8
教学效果	17. 课时计划的完成情况　18. 学生当堂对知识、技能的掌握程度　19. 学生练习的质量　20. 学生负荷是否合理 21. 教学中的价值引领情况	20	16	12	8
评价者姓名		等级		总分	

（2）要把教师间的教学相互评价更多地看成是业务性和探讨性的评价，不要过多地将评价与功利性因素联系起来。

（3）要将教师的自评与同行评价很好地结合起来。

（4）教师间的相互评价有助于形成民主、和善和虚心学习的氛围，要将评价与师德教育相结合。

（5）教师间的相互评价可多以"公开课"或"评议课"的形式进行，以做到有的放矢。

（6）主持教师间相互评价的领导要熟悉业务并了解体育教学改革发展，使评价有正确的方向。

相关链接

⭐ 体育教学评价的10个要点

当前的体育与健康课程改革强调"核心素养"和"教会、勤练、常赛"等指导思想，体育课程的目标指向学生身心全面发展，指向"健康中国"和"体育强国"的目标。因此，对体育教学的评价应看课堂设计、教学方案和计划的制订、教学内容的选取以及教学评价等方面是否紧紧围绕这些指导思想，课堂教学是否能更有效地促进学生身心健康发展。具体评价内容可以从以下10个方面去考虑：

1. 目标是不是紧紧地围绕学生身心全面发展。
2. 教师是不是根据教学要求进行了教学内容的选择、加工和编排工作。
3. 课堂教学是否具有发展学生身心健康的有效性。
4. 教学是否能促进学生运动技能的有效提高。
5. 教学是不是使学生获得了体育与健康的新知识、明白了新道理。
6. 学生的学习积极性是否得到了调动。
7. 教学是否充分发挥了学生集体育人的作用，学生的集体学习是否和睦团结。
8. 教师是否根据需要开发了新的课程教学资源。
9. 教师所选择的教学方法是否恰当有效。
10. 体育课堂教学是否有特色和创新性。

四、学生对教师教学进行评价的方法

学生对教师教学的评价也是现代教育理念中十分提倡和重视的评价方式。在教学过程中，学生是体育学习的主体，是教学的直接对象。教师的敬业精神、业务水平、教学行为及效果直接为学生所感受，学生在一定程度上了解教师教学的优点及存在的问题，因此，学生对教师教学的评价也是有意义的。这种评价包括：学生对教师教学过程的评价，即学生在学习过程中对教学的随时反馈；学生对教师教学结果的评价，即学生对教师的评教活动。

（一）学生在学习过程中对教学的随时反馈

学生在学习过程中对教学的随时反馈对教师及时改进教学十分有意义，而且也是发扬教学民主的重要手段。教师应在教学中经常听取学生的意见，并鼓励学生及时把各种感受和意见提出来。这种评价是随时的，实施起来并不难，但需要教师有民主的态度和掌控体育教学局面的能力。

学生在学习过程中对教学的随时反馈主要可采取评课、反馈、建议、要求等方法，常用的手段有学习卡片上的对话、填写意见表、课中随时提问与反馈等（表12-11）。

▶ 表12-11　学生对教学过程的评价内容、方法与手段

学生对教学过程的评价	
评价内容	教师所选教学内容、对教学过程的设计、教法、教态等
评价方法	评课、反馈、建议、要求等
评价手段	学习卡片上的对话、填写意见表、课中随时的提问和反馈等

（二）学生参加评教活动

现在有的学校采用了学生参加评教活动来评价和促进教学的做法。对此有些不同意见：反对意见认为这种评价不科学，也会影响教师严格要求

学生，甚至出现教师讨好和迁就学生的现象；同意的意见则认为这种评价具有教育性，有助于实现教学民主性。无论如何，这是一种值得重视和研究的评价方式。

在体育教学评价中，还有来自家长、社会人士的评价。这类评价也有许多方法，但因均属于辅助性的评价方式，因此其评价内容、方法与手段介绍在此从略。

思考题

1. 体育教学评价的特点是什么？为什么会有这些特点？
2. 请用图来表示体育教学评价的结构和内容。标出你认为最重要的三种评价，并说明理由。
3. 分析各种评价的特点及其在当前体育教学评价改革中的意义。
4. 为何各种体育教学评价的方法与手段有很大不同？
5. 你如何看待校外人士参与对体育教学的评价？

第十三章 体育教学思政

本章导言

　　立德树人是教育的根本任务。思想政治教育贯穿于体育教学全过程。体育教学思政是指在体育教学过程中，以宣传爱国主义、集体主义、社会主义核心价值观等为主要内容，引导学生树立正确的世界观、人生观和价值观，培养学生的思想道德素质和社会责任感的教育过程。体育教学思政在新时代具有重要意义，主要有固态（思政知识学习）、液态（体育中行为教育）和气态（良好的思政氛围）三种教育途径与方式。

　　体育教学思政有内在的矛盾，认识这些矛盾是认识和理解体育教学思政难点的线索，要很好地实施体育教学思政，必须要解决好这些矛盾。体育教学思政也有其基本的理论，思政理论建设对于深化体育教学思政工作至关重要。

　　体育师德建设是体育教学思政的基础，对体育师德含义、内容以及强化对策的深刻理解有利于体育师德的提升工作。

学习目标

　　1. 了解体育教学思政的含义、内容和要求，明确新时代体育教学思政的地位和意义。

　　2. 理解体育教学思政的不同理论，掌握体育教学思政的实施要求。

　　3. 学会运用多种方法和手段，在体育教学过程中培养学生的思想道德素质和文化素养，促进学生的全面发展，提升体育教学中的思政教育能力。

第一节　体育教学思政概论

一、体育教学思政的概念与意义

（一）体育教学思政的定义

本教材界定体育教学思政的概念如下：

> **重要概念**
>
> 体育教学思政，与体育课程思政同义，是指在体育教学过程中，以宣传爱国主义、集体主义、社会主义核心价值观等为主要内容，引导学生树立正确的世界观、人生观和价值观，培养学生的思想道德素质和社会责任感的教育过程。

（二）体育教学思政的意义

1. 体育在立德树人方面的独特功能

体育在育人方面具有独特的功能和价值。1917年，毛泽东在《体育之研究》中指出"体者，载知识之车而寓道德之舍也"；体育"文明其精神，野蛮其体魄"；"体育之效，至于强筋骨，因而增知识，因而调感情，因而强意志"。教育家蔡元培也曾说："完全人格，首在体育"；习近平总书记强调"要帮助学生在体育锻炼中享受乐趣、增强体质、健全人格、锤炼意志"。

从以上对体育的认识中，可以看出体育在立德树人方面的作用主要体现在"调节情感""锤炼意志"和"健全人格"等。

2. 新时代加强体育教学思政的重要意义

体育虽有着调节感情、锤炼意志、健全人格的独特教育功能，但多年来，体育的立德树人成效及社会认可度却不甚理想，体育教学思政工作距离国家与人民的期待也存在着差距。当前，不少中小学生存在怕苦、怕累、无气力、无感动、无敬畏、无规则、无责任和以自我为中心的问题，通过体育课程教学对青少年学生进行思想品德教育，发挥"以体育人"的独特功能，对落实体育立德树人根本任务、提升学生综合素质具有关键作用，是新时代加快推进教育现代化、建设教育强国和体育强国的重要工作。

体育教学思政内容与方式多种多样，如果用形象的比喻来分类的话，体育教学思政有"固态"的内容与形式，体现在理论知识的学习与思政教学内容的传授方面；有"液态"的内容与形式，体现在各种体育教学活动中的良好行为教育方面；有"气态"的内容与形式，体现在良好的集体教育、学风学纪以及思政氛围方面。

二、体育教学思政工作的内在矛盾

分析当前体育教学思政工作效果不佳的原因是受其内在矛盾影响，体育教学思政工作的主要内在矛盾有以下 7 个方面：

（一）体育教学思政的"全"与"精"

体育在思政方面有诸多功效，这导致容易将体育教学思政说得很多、很满，例如在 1993 年版的《体育教学大纲》中列出了多达 58 条的品行目标，在 2001 年版的《体育与健康课程标准》中更是列出了上百条有关品行的目标，这使得体育教学思政失去重点目标，甚至出现"眉毛胡子一把抓"的现象。

（二）体育教学思政的"虚"与"实"

体育教学思政涉及思想、精神和人格层面，涉及人的人生观、世界观、价值观等社会价值取向，涉及善恶美丑的认知，我国的思政教育具有社会主义意识形态教育的性质。但思政教育不能只停留在表面，不能停留在说教，要往深里想、深里做。现阶段，体育教学思政存在讲大道理多、空洞号召多、理想说教多、行为规范少、制度法规少、惩戒教育少、习惯养成少、以身示范少等突出问题，需要在实践中不断破解这些问题。

(三)体育教学思政的"表"与"里"

体育教学思政是"以小见大、由表及里"的教育。对于体育教学思政，人们很容易从表面的词义去理解勇敢、文明、拼搏、团结、守纪、合作、创新、意志、顽强、勤于思考、互助与责任等，但却很少深究其深意。现阶段，关于体育在立德树人方面的深入研究还很缺乏，望文生义多、表面理解多、不求甚解多，对体育教学思政的"浅读浅解"，使得体育教学思政出现"硬融入""表面化"的问题。

(四)体育教学思政的"长"与"短"

体育教学思政必须久久为功。像体育工作一样，在实践中，体育教学思政经常是"说起来重要，做起来不要，忙起来不要"，思政教育变得"平时放任无为"和"展示汇报时应景教条"。体育教学思政应以"随风潜入夜，润物细无声"的方式持久地进行，而维持这一持久性的基础是教师的思政意识和思政教学内容的建设。

(五)体育教学思政的"知"与"行"

当前，体育教学思政实践中存在"知行分离"的现象。青少年的思政教育既要重视认知教育，更要重视行为教育，从"勿以恶小而为之，勿以善小而不为"的细节入手，要用规矩、制度和公序良俗规范出良好的品行，如文明交通行为由交通法规规范出来，孝心由孝敬老人的公序良俗规范出来。体育教学应强调体育课堂常规纪律要求，体育课堂如果没有了规矩和要求，体育教学思政也就名存实亡了。

(六)体育教学思政的"远"与"近"

文明的行为需要有人作出示范和榜样，这是体育教学思政最直接、最生动、最可信服和"最近"的教育，而这个最近的榜样就是体育教师。体育教学思政还要靠学校优良的体育风气和传统。现阶段，一些学校优良的体育传统在社会娇惯学生的风气下受到很大的侵蚀，体育教师的以身示范、言传身教作用也有待加强。

（七）体育教学思政的"校"与"家"

学生的良好品行或教养很大程度上是在良好的家庭教育中培养的，父母是学生品行的第一任教师。体育教学思政是在学生一般教养基础上进行的，如果家庭品行教育严重缺失，学校的体育教学思政就缺乏了基础。家庭教育、社会教育和学校体育教育是相互影响、相互促进、相互配合的，这三者相互支持与配合，形成合力，才能共同完成教育的使命。

三、体育教学思政的基本要求

（一）明确体育教学思政的目标及其重点

做好体育教学思政，必须明确其目标和重点：要以学生不同身心发展时期的品行问题为导向；要抓主要矛盾和矛盾的主要方面；教育要符合各个年龄阶段的认知水平，低年龄阶段要以行为规范和榜样引导为主，而中年龄阶段则要以集体教育为主，而高年龄阶段则要以人生观、世界观、价值观的教育和认知提升为主等；体育教学思政不可"眉毛胡子一把抓"，不能"贪多嚼不烂"，更不能"蜻蜓点水"，要根据教材内容、年龄阶段、性别差异、家庭背景差异等设定各个年级的重点教育目标，寻找准确的主攻点、突破口和抓手，提高体育教学的针对性和实效性。

（二）梳理和建构体育教学思政的内容体系

品行教育连接人的思想、精神与人格，涉及人的人生观、世界观、价值观和善恶美丑观念，也与人日常生活中的各种行为有关。因此，体育教学思政既有理论学习的内容，也有行为规范的内容。关于体育品行教育内容的探索不可谓少，但缺乏突破性研究。现阶段，体育教学思政需要强化的内容很多，如体育对青少年功能作用的机理研究、体育课程思政优秀案例收集、体育教师师德榜样作用的研究、体育品行教育情景的研究等。

《体育弟子规》

（三）构建体育教学思政的有效方法论

实施体育教学思政有"知"的教学方法、有"行"的促进方法、有榜样教育的方法、有行为规范的方法、有集体教育的方法、有制度约束的方法、有表扬激励的方法、有批评惩戒的方法等。在体育教学中落实课程思政虽无定法，但各种品行问题都有各自最有效的几种方法，对体育教学思政方法的不断总结有利于其方法理论的形成，而方法理论和方法系列的形成对体育教学思政的落地和立德树人的落实至关重要。

（四）建立合理的体育规章制度

在大多数情况下，良好的品行是被规矩、制度和公序良俗规范出来的，可以说，没有规矩和制度的约束，也就没有立德树人的教育。体育教学思政离不开规矩制度，但在以往，由于片面地理解了"以学习者为中心"的理念，许多认为是"约束学生"的体育规矩和课堂常规没有得到很好地遵守，甚至出现"上课不要集合整队，随便站着就好"等错误观点，这给有效的体育教学带来了冲击。因此，实施体育教学思政必须强化合理的规章制度，强化课堂常规，强化体育教师对学生的管理，使体育教师敢于要求学生、教育学生、批评学生，使体育教学思政有制度和规矩的基础。

（五）树立品行教育教师与集体的榜样

在体育教学中，最直接、最生动、最可信服的榜样就是体育教师，其次是优秀的学生和优秀的家长。在实施体育教学思政过程中，在体育教学思政路径和方法还不完备的情况下，还需要依托学校优良的体育风气和传统及体育教师的言传身教。

（六）促进品行教育的家校共育

学生最基本的良好品行，或说是一般教养大都是在家庭教育中培养的，父母是学生品行的第一任教师。体育教学思政往往是在家庭教养的基础上进行的，要使体育教学思政取得实效，必须要做到家庭教育、社会教育和学校体育教育相互促进，明确学校、家庭乃至社区在立德树人方面的责任，防止责任分散。

第二节 体育教学思政的理论问题

优化体育教学思政工作，还必须解决几个重要的理论问题。

一、品行含义的结构理论

体育教学思政的首要因素是对诸多"品德"含义的深入理解。在日常生活中，对于"品德品行"这个词，人们往往误认为理解得很清楚，经常听到有人说"缺德、素质差、没教养、太胆小、不懂规矩、不扛事、有失公允、熊孩子、真怂、不勇敢"等，就是教育者们也有类似倾向。但当大家认真思考什么是意志、勇敢、坚强、忍耐、公平、规则、组织性、纪律性、团结、友爱、协作、顽强、拼搏、竞争、责任、助人、创新时，似乎又说不清楚，甚至把固执当意志、把莽撞当勇敢、把懦弱当忍耐、把平均当公平、把惯例当规则、把哥们义气当团结、把投机当创新的现象也屡见不鲜。

因此，要做好体育教学思政，首先要对"良好的体育品行"有正确而深刻的理解。体育品行由以下几个要素组成：在何种环境下面对何种困难＋良好的品行应该怎样对待及不良的品行应该怎样对待（思想层面）＋做出什么表现（行为层面）＋这种行为是否已经成为习惯性反应。依据上述三个要素理论，对体育品行的含义作出如下解读，见表13-1：

▶ 表13-1 对体育品行含义的理解

品德要素	在何种环境下面对何种困难＋良好的品行应该怎样对待及不良的品行应该怎样对待（思想层面）＋做出什么表现（行为层面）＋这种行为是否已经成为习惯性反应	
品行	良好的品行	不良的品行
意志	面对困难时，能坚持完成任务的信念信条及行为习惯	面对困难时，会放弃任务并为自己找理由的行为习惯
勇敢	面对危险时，能冷静判断情势并善于挑战的行为习惯	面对可控的挑战危险，也会无原则地回避的行为习惯

续表

品行	良好的品行	不良的品行
坚强	面对挫折时,能冷静对待、忍辱负重的精神与行为习惯	面对挫折自暴自弃,不能忍辱负重的行为习惯
公正	面对名利时,秉承多劳多得、照拂弱势原则做事的习惯	面对名利不考虑他人和集体,去贸然争取的行为习惯
守纪	面对纪律时,能将其奉为最高准则的意识与行为习惯	面对纪律会反感并找理由摆脱约束的意识与行为习惯
团结	面对同伴时,能摒弃好恶、求同存异的精神及行为习惯	面对同伴不能与人为善并严苛待人的行为习惯
友爱	面对需要时,甘于舍己利益、帮助别人的爱心与行为习惯	面对他人需要时缺乏同情怜悯且事不关己的行为习惯
善思	面对问题时,能不唯师不唯书地独立深入思考的习惯	面对问题缺乏批判审视精神,用惯性思维想问题的习惯
拼搏	面对艰难时,善于挑战困难不退缩的精神及行为习惯	面对艰难呈现出不愿挑战、甘拜下风的态度及行为习惯
挑战	面对难关时,冷静勇敢去当第一人的勇气及行为习惯	面对难关不思进取、不想努力的态度与相应的行为习惯
责任	面对问责时,奉道德和承诺为至上原则的信念及行为习惯	面对问责极力将责任推诿给他人和归结于客观原因的行为习惯
合作	面对任务时,尊重他人长处和建议的态度与行为习惯	面对任务突出自己,不愿与他人共享成绩的行为习惯
创新	面对未知时,善于尝试各种选择去探索的精神及行为习惯	面对难题惰于思考并倾向敷衍了事的态度及行为习惯
文明	面对生活时,有以绅士和淑女形象作为榜样的行为习惯	面对生活缺乏规范并不惜打扰他人的态度与行为习惯

二、"知行对立统一"理论

在以往的体育教学中,许多教师往往更重视"认知"的教育方面,即重视让学生明白道理,但对"行"的规范往往有所忽略。这一现象导致体育教学思政由于没有做到"知行合一"而实效欠佳。究其原因，在于这些教师将"知"与"行"两个层面相混淆、相替代。

"知"和"行"是品行中对立统一的两个方面，在具体的品行问题中，既有"因不知而犯错"的情况，也有"明知故犯"的现象，为解决各种因知行不能合一而导致的品行问题，就需要对"知"和"行"的含义进行深入研究并加以清晰区分（表13-2），并在此基础上进行"知行合一"和"知行并举"的工作。

▶ 表13-2 各种品行中的"知"与"行"

品德	知	行（例）
意志	面对困难时，知晓坚持完成任务对集体、他人以及对自我的意义，知晓如何激励自我进行坚持的方法	每次长跑、做大运动量练习时都坚持到底，即便是在严寒或酷暑天气条件下或身体稍有不适时也能完成
勇敢	面对危险时，具有见义勇为、勇于助人的思想，有冷静判断情势并智慧地去挑战困难、战胜危险的认识	面对歹徒行凶，能勇敢地大声喝止，并根据歹徒凶器等具体情况，采用合适的方法制服歹徒
坚强	面对挫折时，能冷静对待，分析原因和自身存在的不足，能进行自我激励并有忍辱负重的思想与认知	因老师和同学不了解情况而遭到误解时，能忍耐克制，努力获得大家的理解
谦让	面对名利时，能准确判断自己的成绩及在团队中的贡献度，思想上具有谦让他人和照拂弱势人群的认识	学年结束班里就一个三好学生名额，虽自己够格，但能谦让给其他同学并由衷地向他表示祝贺
守纪	面对纪律约束时，能理性认识到这是集体生活和成功的必要条件，每个人都必须遵守	面对一个近似严苛，且与自己的生活习惯冲突的纪律，能调整自己的习惯，严格遵守纪律
团结	在与人相处及共同生活工作时，有与人为善、吃亏是福和时时替他人着想、大度容忍他人错误的态度	面对一个全新的集体，其中不少人的言行与自己观念不同，在这样的集体环境中，能求同存异地与大家和睦相处
友爱	他人有困难时，有同情弱者的怜悯心，具有每个人都会遇到困难、都需要他人帮助的理性认识	某同学在生活上遇到了很大的困难，能去问候安慰该同学并持久关心帮扶

续表

品德	知	行（例）
善思	面对难解的问题时，具有不唯书、勇于独立思考、勇于批判、善于从多种角度去思考问题的认识	遇一个新的问题，不轻易去询问别人或匆忙得出结论，而是查阅资料、反复思考以得出答案
拼搏挑战	面对艰难阻碍时，具有不怕难、不怕失败、不服输的精神，有善于寻找方法努力战胜困难的认识	遇到《国家学生体质健康标准》测试项目中的一个难题，没有自暴自弃，而是虚心请教同学，刻苦锻炼，努力达标
公正	面对一个事物的正误评价或利益分配时，具有实事求是、不偏不倚、依据事先公众约定和规矩进行的认识	对于某颇有争议的同学，能依据该同学总体表现及有关事实给予恰当评价
责任	面对工作及事后问责时，能责无旁贷地去努力完成工作，并具有勇于承担工作中的失误的态度和意识	在某项工作进行过程中尽职尽责，工作结束时还能主动承担一些不足之处的责任
合作	面对需要合作的课题时，能认识到每个人都各有所长，具有尊重他人、虚心听取他人意见的态度	面对一个需要多方合作的工作，能虚心学习他人，听取别人的建议，愉快地与大家一起工作
创新	面对未知未解的课题时，不因循守旧，善于从多角度思考，具有不怕失败、尝试各种选择去探索的精神	面对难题，没有气馁放弃，而是大胆假说、另辟蹊径，找出与众不同的全新解决方案
文明	面对各种社会生活场景，具有按照法律、社会文明规范和特定风俗习惯约束自己言行的认识	在集体活动中，能遵守规范规矩以及活动的特殊要求，体现出温良恭俭让的言行

三、"以小见大""以表及里"的方法理论

在以往的体育教学思政实践中，体育教师往往给学生讲大道理多，提具体要求少，用制度来规范学生行为更少。教师在遇到学生的不良行为时，缺少对其及时的纠正和批评。一个人良好品行的形成要经过长期的教化修养，人的品行也常常体现在对细节的处理上，正所谓细节见品行，为此，教师在体育教学思政实践中不能"抓大放小"和"放任小节"，应既抓好"大原则"和"正面教育"，同时严抓与学生大品行有关的"细枝末节"，在

"细枝末节"中发现学生不良品行问题的倾向，并找到解决品行问题的线索和突破口，将其作为对学生进行品行教育的契机。表 13-3 列出了对学生日常行为的"小节"和蕴藏在其背后的与大品行有关的内容。

▶ 表 13-3 各种正反面的"小节"可以投射到的"大节"

良好的"小节"	不良的"小节"	背后的"大节"
跑在最后大汗淋漓但咬牙坚持的学生	在骄阳下悄悄躲在阴凉里的学生	有没有意志
学习跳箱新动作，听教师"谁先做"后，第一个举手的学生	一直假装在为别人做保护，最后也没有跳箱的学生	是不是勇敢
摔倒以后，拍拍土接着向前跑的学生	擦破点皮就吱哇乱叫的学生	能不能坚强
每次都自觉在线后接棒的学生	有意犯规抢跑以求占先取胜的学生	崇不崇公正
对于偶然的迟到感到很紧张愧疚的学生	对于自己的迟到很坦然不在乎的学生	是不是守纪
嘴里总是由衷赞赏别人的学生	经常会说别人不足甚至是坏话的学生	善不善团结
同学摔倒后本能地急忙去扶助的学生	看到同学摔倒或伤心时根漠然的学生	是不是友爱
总是认真提问和举手回答问题的学生	不爱提问，喜欢人云亦云的学生	善不善思考
做完艰苦练习后愿意再努力一次的学生	能少做一次练习就少做一次的学生	敢不敢拼搏
面对有难度的新任务跃跃欲试的学生	面对有难度的新任务犹豫或沉默的学生	愿不愿挑战
面对老师正确的批评，会站出来说"老师，是我，我错了"的学生	面对老师的质问和批评，目光游离、左顾右盼、不敢承认的学生	负不负责任
面对有些困难的合作课题，能说"做这个我不太行，你教我做吧"的学生	常说"那件事没什么了不起，我自己就行，做不好还做不坏吗"的学生	善不善合作
面对难题，说"等等，我再想一想，我再试一下"的学生	面对难题，说"就按原来的那样做吧，省事"的学生	善不善创新
在公共场合，举止端庄并面带微笑，与人礼貌交谈的学生	在公共场合，歪坐在椅子上，双腿不断抖动，面无表情，爱答不理的学生	是不是文明

四、体育教学思政的情景理论

以往体育教学思政效果不佳的另一个重要原因是：体育教师们不太清

第十三章 体育教学思政

楚应该在什么情境下进行怎样的恰如其分的教育，或者说是发现不了和抓不住品行教育的"情景"，找不到品行教育的"恰当时机"。品行教育涉及学生的人格尊严和自尊心等，教育的时机、情景与方式都非常敏感。因此，体育教师要善于发现和抓住进行品行教育的"情景"，把握好品行教育的"时机"至关重要。为此，应加强对品行教育"情景"和"时机"的研究，过去的品行教育由于情景不对和时机不好，往往会觉得太表面、太苍白、缺乏力道，也不走心，导致体育课中的品行教育效果平平。为此，我们对体育品行教育中的适合教育情景和有效品行教育内容进行了总结归纳（表13-4）。

▶ 表 13-4　各种体育品行的适合教育情境和有效品行教育内容案例

品德	适合品行教育的情景案例	有效品行教育的内容（下划线）案例
意志	当学生在长跑、游泳等锻炼中达到极点并试图放弃坚持的时候	让某个学生说一说自己坚持与放弃的故事和后果，想想<u>为什么要坚持做好做完每一件事</u>，帮助学生形成一句"座右铭"
勇敢	当学生面对跳箱或单双杠的新动作表现出过度惧怕时	让学生知晓<u>面对困难的几种态度，而哪些态度是最容易通向成功的</u>，<u>讲解勇敢与莽撞的区别</u>，讲解体操运动中保护帮助的作用
坚强	当学生有了小伤小病并表现出娇气的言行时	教师讲讲亲历或听闻的"坚强美丽人生"的故事，让学生谈谈如何<u>在生活中一点点锤炼坚强的品质</u>
公正	当学生围绕某个规则发生争议时	教师讲一个由于<u>有了公正才有了大家幸福的历史故事</u>，让大家思考如何用最公正的方法解决当前的问题
守纪	当学生迟到而且觉得无所谓的时候	教师讲一个一生不迟到的人的感人故事，讲解这个<u>值得尊敬的人为什么把迟到的"小事"看得那么重要</u>
团结	当学生因为琐事而发生争执时	教师可以讲讲中国女排在2004年雅典奥运会上<u>团结一心，奋勇夺得金牌的事例</u>，让学生了解中国女排精神，感受团结的力量
友爱	当学生对别人的困难表现出漠然态度时	讲讲林丹和李宗伟"相爱相杀"十余载的故事，使学生体会"友谊第一、比赛第二""场上对手、场下朋友"的体育精神
善思	当学生惰于思考不求甚解时	讲一个<u>善于思考而导致重大发现的实例</u>，做几个有趣的动脑筋的游戏，帮助学生体验深入思考的乐趣

续表

品德	适合品行教育的情景案例	有效品行教育的内容（下划线）案例
拼搏	当学生面对难题轻言放弃并说"没必要和自己过不去"时	讲讲<u>体育中胜利和失败往往就取决于"是否再坚持一下"的道理和故事</u>，让学生说说自己坚持的经历和效果
挑战	当学生面对新的学习任务表现出消极态度时	讲讲<u>伟大的冒险家敢于挑战为人类作出贡献的故事</u>，告诉学生充满智慧的探险是绅士、勇士和男子汉的基本特征之一
责任	当明显失职的学生出现极力找理由逃避责任的言行时	教师讲解一个竞技体育中运动员勇于承担责任的故事，讲解<u>甘为人梯、忍辱负重的精神</u>
合作	当学生面对需要合作的课题表现出不想合作不会合作的状态时	讲讲<u>足球运动合作的极端重要性</u>，讲讲在抗击新冠疫情中中国人民多方团结合作战胜困难的伟大事迹
创新	当学生面对需要创新的工作不思进取、因循守旧、敷衍了事时	通过<u>爱迪生发明电灯的事例</u>，讲讲深入思考会带来"柳暗花明"的结果
文明	当学生在公共场合出现不文明举止和言行时	讲讲在公共场合不文明、不守规矩、不尊重人的行为会带来何种后果，<u>体会体育对于"文明其精神"的价值</u>

第三节 体育教学思政的基础

体育教学思政的基础是体育教师的师德，因为体育教师是体育教学思政的设计者、实施者、引航者和榜样者，体育教师的品德，即体育师德的优劣，直接影响着体育教学思政的方向与质量。

一、体育师德概述

师德，即教师的道德，它是附属于教师职业的道德内涵。教师是个古老的职业，因此师德也有古老的内涵。孔子提出的"有教无类"，韩愈提出的"师者，所以传道授业解惑也"，张载提出的"为天地立心，为生民立命，为往圣继绝学，为万世开太平"，夸美纽斯提出的"教师应该是道德卓异的优秀人物"等，都是对师德的精辟认知。教师是古今中外存在的职业，有着超越时空的社会职责和国家期待，无论是在什么年代、什么国家，师德都会有其亘古不变的内涵，也有随社会变迁而与时俱进的内容与表达方式的变化。

（一）师德应"大于等于"普通人的道德要求和内涵

教师是为人师表的特殊职业，师德要求必定高于对普通人的道德标准，即"大于等于"普通人的道德要求。"等于"的含义为：教师和普通人都是要做一个"好人"；而"大于"的含义是：教师不仅是一个"好人"，还必须是为人师表的"大先生"和"好榜样"。

（二）师德应"小于等于"英雄人物的崇高道德

我们也不能把师德等同于英雄人物的崇高思想道德。英雄人物是跨职业的社会精英，教师则是相对优秀的职业群体。教师"等于"英雄人物的含义是：优秀的教师应该瞄准并努力成为英雄人物；而"小于"的含义是：教师须是为人师表的"大先生"和"好榜样"，但不能要求他们人人成为具有丰功伟绩的英雄。

（三）师德是"上无上限，下有红线"的范畴

师德属于"上无上限，下有红线"的道德范畴。师德应有较高的目标以号召教师们去努力追求，目标应切合实际，对准职业特征和现实，但这个目标没有上限，以引导教师们追求高尚的道德。与此同时，师德必须有基本要求，这个要求不能降低，更不可逾越，是"红线"，必须无条件达到。

同理，体育教师的师德也应是"大于等于"普通人的道德要求和内涵，"小于等于"英雄人物的崇高道德，是"上无上限，下有红线"的有边际的内容范畴（图13-1）。

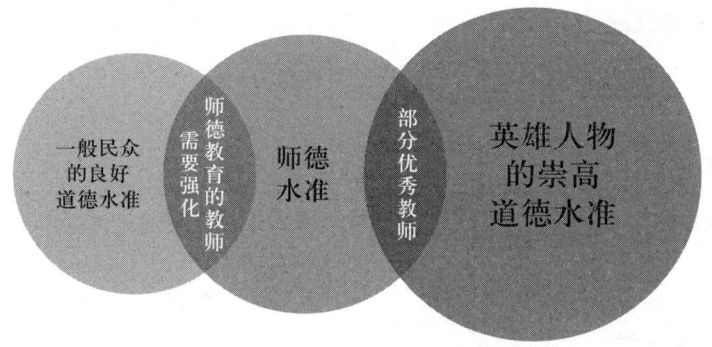

图 13-1　师德的范畴与边际示意图

二、体育师德的内容

以往对体育师德往往是提倡有余而落实不足，其主要原因有：（1）内容较虚；（2）要求过高或过低；（3）内容过泛；（4）内容缺乏体育特点；（5）内容缺乏针对性等。上述不足导致体育师德教育目标不明确，内容不清晰不具体、成效缺乏评价标准、工作缺乏重点。要做好体育师德教育，必须明确体育师德教育的内容，然后在内容基础上进行针对性的教育与评价。

师德的内容涉及政治信念、爱岗敬业、遵纪守法、礼貌言行、关爱学生、自身修养、知识技能等多方面，而体育师德也有其特殊性，如运动技能、体态身姿等要素。本教材认为，体育师德应聚焦在以下三个大的方面：

（1）思想政治方面。主要反映教师忠于党和国家教育事业的方面，是师德的"爱国"部分，主要有爱党爱国、理想信念、思想观念、遵纪守法 4 个部分内容。在思想政治方面，体育教师与其他教师没有区别，是体育师德与其他学科师德共通的内容，是对教师作为国家公职人员的共性要求。

（2）职业道德方面。主要反映教师在职业方面应具有的特殊品德，是师德的"敬业"部分，主要有爱岗敬业、教书育人、仁爱之心、学习创新和学科自信 5 个部分内容。在职业道德方面，体育师德与其他学科的师德在学习创新和学科自信两个部分中存在区别。

（3）能力修养方面。主要反映教师个人能力和文明修养度的方面，是师德的"人师"部分，主要有扎实学识、文明行为、言传身教、体魄强健 4 个部分内容。在能力修养方面，体育师德与其他学科教师的师德有较大区别,是强化体育师德需要重点关注的内容。

表 13-5 是体育教师师德的内容。

▶ 表 13-5　体育师德的内容

维度	领域	具体要求	良好师德行为列举	师德失范行为列举
思想政治方面	爱党爱国	在学生和家长面前表现出对党和国家的尊重与热爱	1. 日常言行中表现出对党的政策的拥护; 2. 在日常言行中表现出对祖国的热爱; 3. 尊重党和国家象征(如党旗、国旗、国歌、党徽、国徽等)	1. 妄议国家大政方针; 2. 对国家文化不尊敬; 3. 对国家象征不敬; 4. 崇洋媚外,诋毁国家的建设与发展; 5. 信谣、传谣、热衷小道消息
	理想信念	具有并践行人民教师应有的正确世界观、人生观和价值观	1. 坚信辩证唯物主义和历史唯物主义; 2. 具有正确的人生理想和事业心; 3. 为人做事爱憎分明、明辨是非、嫉恶如仇、见义勇为	1. 宣传迷信和鬼神的言行; 2. 在学生面前宣传错误宗教理论; 3. 有玩世不恭和混世思想的言行; 4. 在教育中混淆是非或不能明辨是非; 5. 在大是大非面前立场不坚定,参与邪教功法
	思想观念	在学生和家长面前表现出现代与传统结合的思想观念	1. 具有民主法治进取创新的现代思想观念; 2. 具有忠孝仁义礼智信的优秀民族传统思想观念; 3. 具有以学生发展为本和有教无类的教育观念	1. 有悖民主精神的一切言行; 2. 对国家文化不尊重的一切言行; 3. 不忠、不孝、不悌的一切言行; 4. 不进取不努力的一切言行; 5. 诋毁创新努力的一切言行
	遵纪守法	在学生和家长面前表现出对一切法律和规定的敬畏与尊重	1. 怀着敬畏之心遵守国家的一切法律法规; 2. 怀着圣职之心遵守国家和地方教育行政部门的教育法规法令; 3. 怀着敬业之心遵守学校的一切规章制度	1. 藐视和非议国家法律法规; 2. 在日常生活中不守规矩、行为恣意; 3. 不严格执行国家对体育工作的要求; 4. 上报各种数据有欺瞒现象; 5. 不遵守学校的规章制度

续表

维度	领域	具体要求	良好师德行为列举	师德失范行为列举
职业道德方面	爱岗敬业	在学生和同事面前表现出对工作的由衷敬畏和热爱	1. 热爱党和国家教育事业和体育教育事业； 2. 热爱教师的工作和职业，努力达到教师要求； 3. 在学校服从岗位的分配，做好组织交予的各项工作	1. 非议国家教育与发展的历史和成就； 2. 非议国家的教育改革； 3. 非议国家的学校体育改革； 4. 自我贬低学科和教师职业； 5. 不服从本单位的岗位分配
	教书育人	对学生思想品行和学识教养的培养认真负责	1. 把认真上好每一节课看作是对国家的忠诚； 2. 每天努力备课以确保体育教育有效和高效； 3. 在教育的各个环节都注重对学生的道德品行教育	1. 教学不认真，备课敷衍了事； 2. 上课以"放羊课"为主； 3. 在学校中有不文明的言行； 4. 经常带头违反学校的规章制度； 5. 面对学生经常或随意发表不正确的观点
	仁爱之心	学生困难时表现出温暖、可依靠、亲人般的善良与慈祥	1. 在学生学习遇到困难时表现出温暖人心的言行； 2. 在学生生活困苦时表现出怜悯和救助的言行； 3. 在学生犯错时表现出宽容和公正教育的言行	1. 不同情甚至歧视学习有困难的学生； 2. 对学生有亲有疏，不一视同仁； 3. 语言暴力和体罚学生； 4. 对生活有困难的学生不同情、不温暖； 5. 不努力解决学生提出的问题和要求
	学习创新	表现出不断学习、善于思考和敢于创新的精神与行为	1. 积极主动参加各种职后学历教育和各种培训课程； 2. 积极自修各种相关的知识技能； 3. 在工作中不循规蹈矩，勇于创新并锐意改革	1. 不积极参加职后学历教育； 2. 不积极参加各级各类专业培训； 3. 不积极拓展体育知识和运动技能； 4. 墨守成规，不积极参与教学改革； 5. 不接受甚至抵触新生事物
	学科自信	在学生和家长面前展现出对体育教育事业的热爱和信心	1. 时刻践行并宣传体育事业的重要意义； 2. 认真践行并宣传学校体育工作的重要意义； 3. 时刻牢记体育教师的职责和使命，争当新时代"四有好老师"	1. 贬低、诋毁体育事业的意义和功能； 2. 对体育学科发展丧失信心； 3. 对体育教师职业不尊重； 4. 视本职工作仅为挣钱的生计； 5. 持得过且过的工作态度

续表

维度	领域	具体要求	良好师德行为列举	师德失范行为列举
文明修养方面	扎实学识	具有扎实丰富的开展体育教育工作的专业知识与技能	1. 具有能满足教学工作和教研所需要的专业知识； 2. 具有能满足技术教学与运动训练的技能； 3. 具有能满足学生思想品德教育所需的人文知识与学术素养	1. 安于现状，不进修不学习； 2. 知识贫瘠，经常词不达意； 3. 技能平平，不能较好地给学生做正确示范； 4. 教学训练方法陈旧，教学设计千篇一律； 5. 不参与任何教研活动和教学改革研究
	文明行为	在学生和家长面前表现出具有君子风范的言行举止	1. 充满温存和友善的文明语言； 2. 守规守矩、庄重和敏捷的文明举止； 3. 毫无突兀的、整洁美观的服饰与装扮	1. 使用不文明不友善的语言； 2. 穿着不整洁的服装和突兀的打扮； 3. 不端庄的体态和不健康的体魄； 4. 不守规矩的行为举止； 5. 不团结不善良的待人态度
	言传身教	具有作为现代人和教育者相匹配的文化知识与人格修养	1. 具有满足现代学习型社会要求的知识素养； 2. 具有适应现代信息社会要求的生活技能； 3. 具有满足现代交流社会要求的良好人际交往能力	1. 文化知识素养欠缺； 2. 现代教育信息技术掌握得较差； 3. 语言表达没有逻辑、不连贯； 4. 写作能力较弱，文章不通畅； 5. 文字书写潦草不美观
	体魄强健	具有符合体育教育工作者形象和工作需要的健康体魄	1. 具有与体育教育工作者相匹配的身体形象； 2. 具有满足体育教学、训练、裁判等工作的体能和身体素质； 3. 具有抵抗寒暑的身体适应能力和健康水平	1. 身躯肥胖臃肿； 2. 行动方式笨拙、不敏捷； 3. 体质怕冷又怕热； 4. 展示出病恹恹的健康状态； 5. 与体育教师形象不符的肢体动作

三、体育师德的强化之策

（一）认清体育教师队伍特点，加强体育师德建设的针对性

在教师队伍中体育教师比较特殊，其来源比其他学科师资更复杂。从

我国体育教师队伍形成历史看，体育教师曾来源于运动传承的师傅、运动训练的教练、退役的运动员、退伍的军人和转行到体育的各科教师等。就现有体育教师队伍的整体而言，很大程度仍有这5种人的品格印记，从而也形成了独特的体育教师特征（表13-6）。

▶ 表13-6 体育教师与5种来源人群的师德情况比较

类型	师德长处	师德短板
师傅	为人师表、仁爱之心、德艺双馨	教育方法相对陈旧、存在体罚等现象
军人	遵纪守法、要求严格、体魄威武	缺乏现代教育理念、教法易军事化
运动员	技能卓越、吃苦耐劳、团队精神	知识欠缺、存在某些不良运动陋习
教练	技能精湛、教学有方、强调刻苦	重视优秀人才，全员平等观念相对弱
教师	教育理念、关注心理、学生为先	技能教学水平参差不齐，不敢严要求

（二）强化体育师德必须有针对性地扬长避短

加强体育师德要抓主要矛盾和症结问题，要仔细审视体育师德的特殊问题与难点所在，施以针对性的教育与管理，要在以下几个方面下功夫：

1. 明确体育师德内容，确立体育师德规范

强化体育师德，必须首先解决"知"的问题。不知何为"师德"，心中没有"理想的体育教师像"，会导致将放荡当潇洒、把粗暴当威风、把任性当个性、把陋习当风度，因此，首当其冲是要解决体育师德的"是非观"问题。

2. 督促以德立身、以德立学、以德施教、以德育德

在解决了"知"的问题后，接着要解决"行"的问题。有的教师虽然知道什么是对的，什么是好的，但就是不愿意去做，或不勇于去做、不努力去做、不坚持去做。因此，加强体育师德教育，很重要的一点是要解决"知行合一"的问题，找到体育教师"不去做"的症结并有效解决。

3. 加强师德师风的监督，强化体育师德考评

仅靠教育和宣传，仅靠自觉来解决体育师德的问题是不现实的，要真

第十三章 体育教学思政

《关于加强和改进新时代师德师风建设的意见》

正解决"知行合一"的问题，还需要"知行"的动力。"知行"的内在动力是教育和感悟，而外在动力是管理和监督。要通过具体明确的体育教师师德规范促进体育教师"知的需求"和"行的动力"，从被动和不自觉入手，逐渐形成自觉和主动。

4. 实施师德师风建设工程，讲好师德故事

解决了"知行合一"和"动力"的问题之后，还要解决"榜样"的问题。要通过"体育师德表扬""体育师德标杆"给广大体育教师以鲜明形象的"体育教师理想像"，使广大体育教师不但觉得应该去做，知道如何去做，还要明确做到哪里。树立的"师德标兵"须货真价实，讲授的"师德故事"要感人至深。

5. 奖优惩劣，坚决剔除体育师德的"害群之马"

强化还必须有"黄牌"和"红线"，要让体育教师有"失德的代价""失德的成本"，要在师德方面实施"一票否决"，建立体育师德考核负面清单制度，建立体育教师"失德"个人记录，强化对体育失德行为的严格惩戒，对有师德失范和学术不端等师德问题的教师坚决予以清除，解决体育教师队伍"害群之马"败坏体育教师形象的问题。

第四节　体育教学思政的实施方法

一、体育教学思政的教育方法机理

至今体育教学思政实效性差的一个非常重要原因是其教育方法的机理不明确。如体育为什么能锤炼意志？培养勇敢和拼搏等精神？是不是参加了体育活动就一定能培养学生坚强意志、勇敢和拼搏的精神呢？难道不会有相反的效果吗？其中的教育方法的机理何在？通常，我们通过看到某人是否经常参加体育锻炼，也能判断某人的意志是否坚强，但却看不清"参加体育锻炼是否能使人意志坚强"，更难确切地说"经常锻炼的人一定会意志坚强"，当然更不能推断"在体育中有意志的人做其他的事也会有意志"。许多体育教师都承诺要在自己的课堂上培养学生意志，但结果是培养了还

是没培养呢？是部分培养了还是全部培养了？培养了是因为什么？没培养了又是因为什么？没能培养下次要改进什么？培养了要坚持什么？这些都是问题。本节以"意志品质培养"为例，讨论一下体育教学思政的方法机理问题。

（一）有意志就是有正确的座右铭

要说明"人面对困难时为什么会坚持努力"的机理，有个理论很有启发性，该理论认为：有意志就是有正确的座右铭，即一个人在面对困难时，能坚持不懈靠的是自我激励，即"自己能对自己说一句正确的话"，也就是积极的自我暗示，下面举个学生长跑的例子加以说明。

意志就是座右铭的案例

某班学生在长跑，跑到极点，个个胸闷气短，是坚持还是半途而废每个学生都会犹豫，可以设想有以下4种情况发生：(1) A学生想："哎，何苦呢，不就是1500米跑吗，不跑完又能怎样，别和自己过不去了！"于是A学生停下脚步；(2) B学生想："刚才老师教导说要在困难的时候有意志，老师说得对。"于是继续坚持跑了一段，但突然看到体育教师正在树荫里喝茶，心里顿生被蒙骗感，于是他也停下了脚步；(3) C学生想："我上高中不容易，

哥哥为我中学没毕业就打工去了，现在是靠哥哥的辛苦钱在上学，我必须努力，每门课都要争取好成绩。"想到这里，他努力继续向前跑，但极点迟迟过不去越来越难受，于是转念又想："反正今天的1 500米跑也不是考试，不及格也没有什么，等到中考体育时再努力吧。"于是他也停下了脚步；（4）D学生在极点时想："昨天同屋的小李、小王他们讽刺说我一遇到困难就退缩，不坚持像个懦夫，我说不是这样的，他们不信，还说看他明天跑1 500米到底能不能坚持，我今天就让他们看看我是不是懦夫，不就还有1 000米吗？我拼到底！"于是D学生跑完了全程。

"意志就是座右铭"的理论给体育教学思政的方法研究如下有益的启示：（1）品行表现的深层机制机理是认知，是在关键时的自我暗示，即一句像座右铭的话；（2）自我暗示有着正确和不正确的指向，它会导致品行的不同结果；（3）同指向的心理暗示也有不同的激励鼓舞强度；（4）心理暗示的内容是可以通过教育形成的；（5）久而久之，自我暗示的内容成为遇到困难时的座右铭，这个座右铭就是学生在任何困难前是否表现出意志的决定因素，也是意志教育的最终目标。

结合体育教学思政的情景理论，学生的品行问题涉及方方面面，形成原因多种多样，因此，体育教育中的时机和情景都非常重要，教师要善于创设体育教学思政的情景，寻找和发现品行教育的最恰当情景和时机。例如，当学生在进行长跑等耐力练习时，他们在达到极点时最容易产生放弃坚持的念头，此时教师让学生说一说自己坚持的经历与放弃的后果，进而想一想为什么要坚持做好每一件事，帮助学生形成自我激励的座右铭，这就是在创设体育教学思政的合适情景。

（二）缺乏意志的主要问题所在

1. 错误的座右铭

人在遇到困难时，其实都有一个犹豫的阶段，都有一个自我问答：是坚持下去呢，还是不坚持了？此时，人固有的稳定的思想方法，也就是座右铭就变得至关重要，放弃坚持的人大多是由错误的座右铭所导致，例如如果冒出"干嘛和自己过不去""不就是个长跑吗，干嘛那么认真""不及格就不及格了，不及格的人多着呢""少做几遍没什么关系、明天补上吧"等想法，那么这个人就很难再坚持了，应该说，由于教育的不足，现在在很多的学生脑子里，还缺少充满正能量、积极的座右铭。

2. 接受错误"榜样"的影响

有些人容易受人影响，属于没有什么主见的"从众"类型，在许多事情上他们或是跟着好朋友做，或是随波逐流，这样的学生在遇到困难时，也会看别人怎么做，此时如果没有好的榜样，加上思想不太稳定，面对的困难比较大，那么这些学生就会很容易放弃努力和坚持。

3. 坚持努力的"阈值"太低

有些学生在长期的娇生惯养中，已经形成了退缩的行为习惯，他们也不是完全不坚持、不努力，而是坚持的"阈值"太低，往往坚持一会儿就泄气了，或只能在小的困难面前努力和坚持，困难稍大或需要坚持的时间稍长，他们就坚持不住了。

4. 缺乏信心和一个突破

很多学生是在之前的各种挫折和负面经验之中逐渐丧失自信，觉得自己什么都不行，觉得别人和自己不一样，别人能坚持的事自己未必能坚持得了，因此在困难面前总是给自己找个自我安慰的理由。这些学生缺乏一个突破来给自己提振信心，经常轻易地放弃了坚持和努力。

二、构建体育教学思政的科学化教程

综合前面的分析，我们可以看到品行教育应有4个阶段的工作，即：形成正确的认知、反省并纠正错误的认识和行为、巩固正确的认识和行为、将正确的认识和行为演绎到更宽泛的领域，这4个环节就应是体育教学思政的全过程。

（一）形成正确的认知

形成正确的认知是品行教育的基础和第一步，主要是向学生讲明道理，帮助其建立正确的观念。现在体育教学思政在此方面是很强调的，也是体育教师比较熟悉的工作，需要提高的是：教材要形象生动，扣准问题，深入浅出，难易适度，能打动人心。

（二）反省并纠正错误的认识和行为

这是现在体育教学思政的薄弱环节，也是体育教师不太熟悉的内容。以意志培养为例，学生在意志方面会有如下错误认识与行为：（1）有错误的座右铭；（2）接受错误"榜样"影响；（3）意志的"阈值"过低；（4）缺乏自信心。体育教师应对以上错误认识和行为进行及时纠正，使学生意识到错误并进行自我反省。

（三）巩固正确的认识与行为

这是现在体育教学思政需要大力加强之处。以意志培养为例，要做好以下工作：（1）建立稳定的座右铭。教师要引导学生建立符合自己能力与正能量的座右铭；（2）营造良好的集体氛围。教师要营造出鄙视懦弱的集体意识，并使学生产生对集体意识的自觉服从，他们会因集体道德感的压力而不敢轻言放弃，久而久之形成正确的观念和行为习惯；（3）树立良好的榜样。教师要有意识地树立努力拼搏和勇于坚持的榜样，使其在艰苦的运动过程中起到榜样和"领头羊"的作用；（4）不断提高坚持努力的"阈值"。对一些"坚持阈值"较低的学生，教师要有意识地提高任务难度，从易到难、循序渐进、小步快走、不断地提高学生战胜困难的勇气；（5）让学生突破困难、建立信心。教师要善于营造难度不是很大的情景，如在跳箱学习中鼓励学生挑战，并利用集体的声援鼓励学生战胜困难，然后因势利导地让学生体会"突破感"，从而建立信心。

（四）将正确认识和行为演绎到更宽泛的领域

这是现在体育教学思政做得不够的地方。品行教育不能只是就事论事，而要举一反三，帮助学生理解品行教育的深刻意义并能自觉地将正确的认识和行为转变为自己在未来生活和工作中的品行习惯。

三、在游泳教学中培养学生意志品质的案例

某学校的游泳课中曾依据上述理论认识，对培养学生意志进行了长达三年的实验性教学实践，部分验证了上述理论的正确性，取得较好的实践

效果，在此作简要介绍。

（一）在游泳教学前充分预想学生会遇到的困难情境

在游泳教学中，学生一定会遇到许多困难，那是培养意志的教材与情景，因此，教师在上课前必须要对这些情景和教材预想清楚，做好必要的准备。表 13-7 是学生在游泳课中会遇到的"困难情境"。

▶ 表 13-7　在游泳课中会遇到的困难情境及其培养意志品质作用例

游泳会遇到的困难	情形	意志教育的教学内容
生理上的痛苦	游泳时的极点、水的寒冷	有关生理忍耐力和突破的教学内容
对危险的恐惧	对呛水、溺水的恐惧	如何理性地面对危险的教学内容
对失败的惧怕	怕游泳学不会、不能及格、体育挂科	有关敢于成功的意志和信心的教学内容
对枯燥的厌倦	对游泳不断重复练习的厌倦	有关脚踏实地精神的教学内容
对完美的拘泥	怕游泳动作不好在同学面前露丑	有关勇敢面对缺点虚心学习的教学内容
对体型的顾虑	怕暴露自己不太健美的身材	健身塑体的知识与方法的教学内容

（二）设计并恰当运用不同的方法进行意志培养

意志的培养与教育方法主要有道理的说明、情感的诱发、榜样的指引、集体的影响、表扬的激励、纪律的规范、纪律的要求、适当的批评、适度的惩罚、教师的师表等，但这些方法有利有弊，因此要恰当地运用（表 13-8）。

▶ 表 13-8　在游泳教学中培养意志的主要方法及其利弊

教育方法	该方法的优点	该方法的缺陷
道理的说明	道理是认知的基础，是显性的教育内容，教材相对容易收集和组织，方法相对简单	运用不好容易空洞、抽象、繁缛，运用不当会显得生硬，引起学生反感
情感的诱发	感情诱发有利于拉近教师与学生的距离，是感性的润物细无声式的教育方法，学生容易接受	此方法对于情感细腻的学生比较有效，比较依赖氛围和情景，运用不好会起相反效果

续表

教育方法	该方法的优点	该方法的缺陷
榜样的指引	榜样的目标指向很明确，很形象、生动，也很具象，对学生的激励性较强	榜样的选择至关重要，需要有权威性和公认度，选择不当时效果不佳
集体的影响	集体的教育力量很强大，有时是难以抗拒的，集体教育的目标也很明确、具体和形象	需要较长时间的团队建设，只有在集体大多数成员都做好时才能发挥作用
表扬的激励	表扬是很能激励学生的方法，是正向的指引，合理使用会起到树立榜样的作用	表扬的方向要正确，表扬的对象要准确，表扬的程度要适当，不能夸张和夸大
纪律的规范	纪律是大家的约定，也是集体历史的延续，具有很强的说服力，具体明确，约束性强	纪律必须要明确，要事先宣布，执行纪律需要技巧，不可生硬
适当的批评	批评具有彰显纪律的作用，有较强的教育强度，是规范行为行之有效的方法	批评要符合教育原则和纪律要求，批评如果不当，学生难以信服，会引起抵触情绪
适度的惩罚	惩罚是执行纪律的手段之一，是更严厉的批评，具有很强的教育强度，合理运用有特殊效果	惩罚的教育强度较大，运用不当会对学生的身心造成伤害，因此不能常用滥用
教师的师表	教师的师表是最有力的示范，也是一票否决性的教育，如教师不能为人师表，许多教育都无法实施	需要教师的自我严格约束，需要有优良的素养和良好品行作基础，需要教师的自我训练

（三）准备可作为学生座右铭的自我暗示的语言

教师要根据对学生基本情况的了解，事先准备好一些自我暗示的语言，以便在合适的时机对学生进行座右铭的教育，这本质上就是在体育课中进行课程思政教育的"备课"。这些自我暗示的语言类型方向各不相同，强度效度也不尽相同，见表13-9。

▶ 表 13-9　某学校游泳课用过的教育语言以及其中的座右铭（信条）例

类型	座右铭（信条）例
理论类	一个人只要容忍了一次失败就可能不断失败，所以每次都要努力争取成功。
名言类	毛主席曾说过："下定决心就不冷，不下决心，就是二十几度也冷。"
自豪类	咱可是名校的学生，不会因为这点困难就难倒了吧！
挑战类	过去在中小学体育上咱没得过 100 分，这次游泳一定拿个 100 分！
榜样类	你的好朋友张力已经拿了 100 分了，咱可不能输给他，不能轻易服输呦！
集体类	全班现在都及格了，咱千万不能给集体拖后腿！
鼓励类	你的动作和呼吸都很好，完成 300 米，你肯定行！
目标类	200 米都游过来了，就还有 100 米，坚持！
情感类	老师教了你这么长时间了，冲着老师也得拼 200 米吧！
排位类	现在游最远的是 300 米，最近也有了 40 米，咱是当第一名还是当最后一名呢？
功利类	咱可不能因为游泳游不好评不上一等奖学金，要拿一等奖学金！
爱情类	将来有喜欢的女朋友约你去游泳，说自己是个旱鸭子你们好意思吗？所以我们必须学会游泳！

（四）创设并优化有利于形成意志品质的教育教学环境

学生在体育课中的意志培养需要有恰当的条件、适合的氛围、良好的环境和正能量的集体，这些都是体育教师必须努力去创设优化的教育教学环境，见表 13-10。

▶ 表 13-10　在体育教学中创设和优化教学环境的途径方法

环境因素	内容	创设和优化的途径方法
教师	教师的威信、以身作则的言行、与学生亲近感等	教师对自身的言行进行检点，使自己的工作认真严谨
士气	团队的积极学习态度、集体的进步与信心	确保学生进步、制止消极的言论

续表

环境因素	内容	创设和优化的途径方法
榜样	努力并取得进步的学生榜样，后进变先进的典型	发现并培养榜样，适时将榜样介绍给大家，让榜样谈体会
物理	天气的冷热、泳池水温、场地器材的优劣	把物理因素控制在可克服的范围内
标准	达标的难易度、教师要求的适度合理	把标准和要求设定在"经过一定努力就可以达到"的程度
学伴	老乡、同屋等同学之间的相互影响	促进相互帮助、制止负面影响
奖惩	奖励的方法和惩罚的方法	进行有效的表扬，或在不违反教育原则的条件下进行惩戒
邻班	相邻上课班的同学所造成的各种影响	与邻班任课教师共同做好上述环境优化工作

（五）在游泳课进行意志品质教育的效果

上述游泳课在培养学生意志品质方面取得了明显的效果，体现在以下几个方面：(1) 进行意志教育的 5 个班级学生在一个学期的游泳课中都取得了好成绩，每个班级均有 2/3 左右的学生完成 300 米的蛙泳和技评，获得了 100 分的成绩（该校规定：完成 100 米的蛙泳和技评获 100 分）；(2) 各班学生开始都有各种懦弱的表现，如怕冷、恐惧水、头不敢下水、怕累等，但学期结束时，这些表现都得到了克服；(3) 某班上曾有一严重跛脚学生，但在教师的额外教学和集体鼓励下，该生克服巨大困难，完成了 30 米的蛙泳，教师在征得同学们同意的情况下，给予其 85 分的成绩；(4) 相较于同时教学的其他班级，实验班的班风和游泳成绩明显要好。

拓展阅读

高鹏，代小丽．"大思政"格局下高等体育院校课程思政的思考与探索——以北京体育大学为例[J]．北京体育大学学报，2022，45(12)：34-42．

思考题

1. 何为体育教学思政？体育教学思政在新时代的重要意义是什么？
2. 体育教学思政有哪些内在的矛盾？
3. 实施体育教学思政要把握哪些基本要求？
4. 请就"体育教学思政的情景理论"谈谈你的认识。
5. 谈谈你对师德建设的认识，并对照自身情况说说未来的努力方向。

第十四章 体育教学研究

❋ 本章导言

体育教学研究是提高体育教师教学能力,提升体育教学质量必不可少的工作,是体育教师的重要工作职责之一。

依据当前体育教学研究成果的形式与层次,可将体育教学研究分为4个层次:描述教学现象的研究层次、解释教学现象并归因的研究层次、教学实证研究层次以及教学理论外推研究层次等,各层次的研究有着各自的研究范围和常用的研究方法。

体育教学研究具有问题导向性、学理规律性、实践结合性和行动研究性等特点,这些特点是体育教学研究者应充分理解和认真对待的。

📋 学习目标

1. 了解体育教学研究的概念及意义。

2. 理解体育教学研究的不同层次及内容,掌握体育教学研究的内容和主要方法,学会开展体育教学研究。

3. 通过进行体育教学研究,探究体育教学中存在的问题,提出针对性的解决方案,推动体育教学理论的创新和发展,提高体育教学质量,促进教师的专业发展和素质提升。

第一节 体育教学研究概述

一、体育教学研究的概念与意义

（一）体育教学研究的概念

> **重要概念**
>
> 体育教学研究是以完善体育教学理论和提高体育教学质量为目的，运用科学研究和教学研究的方法手段，描绘体育教学现象、揭示体育教学规律、解决体育教学实际问题的一种方法范式。

上述体育教学研究的概念中包含以下三层基本的含义：

（1）体育教学研究的主要目的是完善体育教学理论和提升体育教学质量。

（2）体育教学研究的主要内容是描绘体育教学现象、揭示体育教学规律、解决教学实际问题。

（3）体育教学研究的方法是科学研究方法和教学研究方法。

（二）开展体育教学研究的意义

1. 开展体育教学研究有利于体育教学理论的发展

在体育教学的发展过程中，人们在原理与方法方面更多地移植了运动训练和体育锻炼的理论与实践。但体育教学与运动训练和体育锻炼在目的、过程、对象、条件等方面有很大不同，由运动训练演变来的教学理论与方法并不能很好地为体育教学服务。因此，我们必须从体育教学的特性出发，研究学理和教法，创建和发展体育教学自身的理论，克服体育教学理论发展的盲目性，让体育教学理论更好地为体育学科发展和体育教学改革服务。

2. 开展体育教学研究有利于体育教学改革的发展

当前，在新课标的指引下，体育课程与教学改革正如火如荼地进行着。

但我国的体育课程改革一直面临着理论研究不充分的问题,体育教学改革创新也缺乏学理和教法研究的支撑。在借鉴外国体育教学经验时,也由于缺乏对其进行中国化的改造与可行性分析,而产生简单照搬或盲目排斥的情况。上述情况严重制约了我国体育课程与教学改革的深入发展,因此,高质量地开展体育教学研究,对于理性分析当前的教学改革与发展形势,沿着科学的程序制订课程方案和教学改革目标,创新教学模式都是极大的促进。

3. 开展体育教学研究有利于体育教师教学能力的提高

当前,教学与研究的互相渗透已成为提升教学质量的必由之路。体育教师的工作也越来越多地具有研究的性质,研究型的体育教师越来越受到欢迎。积极开展教学研究会直接促进体育教师教学能力的提高。第一,教师的问题意识和研究工作与其教学设计和实施能力有密切关系;第二,教师借助研究过程所认识的教学实践会更加客观、准确和深入;第三,习惯思考和主动钻研的体育教师会积极学习新的知识;第四,不断地研究与总结会激发体育教师的创造性;第五,体育教学研究可促进教师之间、教师与学生之间更多的交流,促进体育教师团队整体教学水平的提高。

二、体育教学研究的层次

根据当前体育教学研究的情况,可将体育教学研究分成以下4个层次:

(一)描述现象的研究层次

所谓描述现象的研究就是将纷杂的体育教学景象进行整理、描述和归纳,成为可清晰辨认的教学现象的工作。

描述现象的研究层次是体育教学研究的初级层次,也是基础层次。就目前体育教学研究来说,这个层次的研究是当务之急,因为我们现在依然对许多史实、事实及体育教学现象缺乏清晰的认识,对这些史实和现象也缺乏全面细致的描述。比如中国的体育教学具有哪些特点?哪些是中国体育教学的优良传统?学生对体育具有怎样的认识?体育教师的教学能力状况如何?等等。要搞好体育教学并构建正确的教学理论,必须做好基础性的现象描述与归纳研究。

描述现象层次的研究主要包括以下几个方面的内容（表 14-1）：

▶ 表 14-1　体育教学中描述现象层次研究的主要内容

描述内容	常用研究方法	题目举例
体育教学发展史的描述	文献法	1. 我国体育教学发展的三大阶段 2. 新中国成立后体育教学理论发展综述 3. 改革开放以来我国体育教学理论与实践的发展与成果
对体育教学因素及其关系的描述	观察法 逻辑法 文献法	1. 体育教学中师生关系类型的研究 2. 体育教学过程阶段的划分依据研究 3. 体育教学环境的构成要素研究
对体育教学现象的描述	观察法 统计法 文献法	1. 论体育教学的"即时评价"现象 2. 当前体育教学运动负荷现状研究 3. 某市小学体育课的准备活动分析
对教师教学工作的描述	观察法 调查法 文献法	1. 实际教学中体育教师主导性的体现 2. 我国中学体育教学的"课堂常规"现状 3. 教师在教学提问中的几种类型分析
对学生状态的描述	问卷法 测试法 文献法	1. 某市学生体育学习兴趣调查研究 2. 中学生在体育课中的交往状况调查 3. 某区中学生运动技能基础状况研究
对教师状态的描述	问卷法 测试法 文献法	1. 中国体育师资队伍现状的调查研究 2. 女性体育教师的职业现状调查研究 3. 兼职体育教师的来源及专业能力研究
国外体育教学理论与方法介绍	文献法	1. 美国中学体育教学的几种主要模式 2. 日本快乐体育的产生及理论实践 3. 中日小学体育教师教案的比较研究

描述现象研究层次的主要研究方法为问卷调查法、文献研究法、观察法、测试测量方法等，大都属于"采集类"的研究方法，这些研究所获得的数字、图表、符号及录像、照片、录音等均可为研究提供描述的信息。

描述现象的研究要做到：客观、准确、全面。没有客观、准确、全面的信息，就没有可靠的研究基础，就无法进行正确的解释和准确的归因。

（二）解释现象和归因层次

所谓解释现象和归因层次的研究，是通过综合与分析，对那些可辨认的体育教学现象背景及原因进行研究的工作。解释的任务是帮助人们理解体育教学现象的本质、各现象间的关系等；归因的任务是分析现象发生的缘由、在何时发生等。

解释现象和归因层次的研究是体育教学研究的中级层次，也是基本层次。就目前体育教学研究现状来看，这一层次的研究十分重要。当前，对体育教学现象的分析还存在不够深入、归因不够准确的问题，究其原因，主要是我们对体育教学现象分析的视角还不够全面，分析方法还存在不恰当、不科学、逻辑不清等问题。

例如，对我国体育教学的效果评价和归因就存在众说纷纭的情况，有的人全面否认教学改革，有的人全面否认历史和传统；又比如体育教学问题归因及体育教学改革方向的确定问题，有人认为是理论问题，有人认为是理念问题，有人认为是方法问题，也有人认为是教师问题；又如为什么学生喜欢某种教材而不喜欢另一种教材？为什么启发式、探究式教学能促进学生思维发展？为什么 A 教师与 B 教师的教案一样但效果会不一样？诸如此类的问题很多，这些问题的混沌会直接影响体育教学改革的方向和成效，为此，必须加强解释现象和归因层次的有关研究。解释现象和归因层次的研究内容见表 14-2。

▶ 表 14-2 体育教学中解释现象和归因层次研究的主要内容

研究内容	常用研究方法	题目举例
体育教学发展历史的分析和归因	综合法 分析法 比较法	1. "国粹主义"教学理论出现的原因 2. 20 世纪 80 年代"快乐体育"兴起的历史原因 3. "运动教育"实践的兴起及背后原因
对体育教学问题的分析与归因	综合法 多因子分析法	1. "三无七不"体育课出现的背景分析 2. 形成"放羊课"的历史原因分析 3. 体育教科书使用率低下的原因分析

续表

研究内容	常用研究方法	题目举例
对学生学习问题分析与归因	综合法 多因子分析法	1. 学生喜欢体育不喜欢体育课的原因 2. 学生不喜欢长跑课的原因分析 3. 女学生喜爱瑜伽运动的原因分析
对体育教师问题的分析与归因	综合法 多因子分析法	1. 特级体育教师成才的成因分析 2. 体育教师科研能力较弱的原因分析 3. 女体育教师比例过少的原因分析

解释现象和归因层次的研究主要采用综合研究法、分析研究法、比较研究法、多因子分析法等研究方法，大都属于"逻辑研究类"的方法，这些研究方法主要是获取综合的结果、分析的结果、类比的结果、多因素的归因数据等，为研究提供的是逻辑的因果关系。

解释现象和归因层次研究要做到：正确、深刻。没有正确深刻的分析就无法剖析现象并得到正确的因果关系，也就难以进行下一个层次的实证研究。

（三）实证研究的层次

所谓实证研究的层次是在基本摸清了某体育教学现象因果关系的基础上，对该教学现象在特定的条件下是否真实发生所进行实证性研究的工作。

实证的任务在于证明在理论成立的条件下是否真实发生某种现象，从而论证现象发生的必然及所需条件。

实证研究的层次是体育教学研究的高级层次，也是最可信的研究结果。就体育教学研究现状来说，这一层次的研究相对薄弱。体育教学理论有许多"假说"，有许多似是而非的"理论"，但是不是真实的？效果如何？在什么条件下可以用？用错了以后会发生什么？这些问题都不清楚。因此，即便体育教学改革有再多再好的"假说"和"理论"都无济于事。这是体育教学研究成果难以实用、体育教学研究难以成为科学研究的最大障碍。

例如，当前对体育教学模式的研究非常多，有上百种之多，但能为体育教师所用的，确实能取得较好教学效果的却不多。因此，为了发挥体育教学研究的效益和应有作用，必须做好实证层次的研究。

体育教学中，实证研究的层次主要是实验性研究，其具体内容见表14-3。

▶ 表14-3　体育教学中实证研究的主要内容

研究内容	常用研究方法	题目举例
对新体育教学模式应用的实证研究	教学实验法	1. 在小学实施"体育走班制教学"的实验研究 2. 在中学实施"领会教学模式"的实验研究 3. 普通高校实施"三自主教学"的实验研究
引进新的体育教学内容的实证研究	教学实验法	1. 在小学开展"小手球"教材可行性的研究 2. 在中学实施"校园高尔夫"的教学实验研究 3. 小场地学校开展"校园定向运动"的实验研究
对新体育教学方法应用的实证研究	教学实验法	1. 在初中教学开展"研究性学习"的实验研究 2. 在大学开展"运动处方"教学法的实验研究 3. 在小学实施"体育趣味课课练"的实验研究
对新体育教学器材应用的实证研究	教学实验法	1. 应用"动作模型教具"的教学效果实验研究 2. 在中小学推进"快乐体育园地"教学的实验研究 3. 在体育教学中运用"学习卡片"的实验研究
对新体育教学管理方法应用的实证研究	教学实验法	1. 在中学实施"小干部协助管理"方法的实验研究 2. 在农村小学实施"体育复式教学"的实验研究 3. 在中小学推进"运动安全保障系统"教学的研究

实证研究层次的主要研究方法是教学实验法，它的特征是"实证性"。但由于体育教学是一个多因素的社会性活动，不可能像自然科学实验那样排除非实验变因，因此，教学实验法只是个准实验研究。教学实验的验证应主要指向"可行性"和"被接受度"方面，而对"教学效果"，特别是"教育效果"的验证是很难的，对于这一点，大家要有清晰的认识。

对实证研究的主要要求是：精心设计实验，恰当解释实验结果，谨慎推出结论。因为只有精心设计实验，才能得到相对准确的结果，只有恰当解释实验结果，才能得出恰当而正确的分析，只有谨慎地推出结论，才能使研究可信可用。只有做好实证层次的研究，我们才能进行下一层次的研究，即理论外推层次的研究。

（四）理论外推层次的研究

所谓理论外推层次的研究是对某体育教学规律进行了逻辑和事实证明后形成理论并将该理论应用于类似的教学实践中，以验证外推效果的研究工作。

理论研究是抽象研究，其任务是阐明因果关系及条件，建立具有普遍性的理论或原则；外推的研究是演绎研究，其任务是运用理论于相似的实践中并证明其可运用性，从而扩展该理论的应用范围。

理论外推层次的研究是体育教学研究的应用阶段，是最有效益的研究。就目前的体育教学研究看，这一层次的研究虽然很多，但也存在不少问题。在理论研究方面，由于缺乏理论构建方法论，致使许多研究并未上升到理论层面，体育教学理论创新也不足；在推广研究方面，由于对推广理论研究不够，或对推广范围的认定有误，使得体育教学理论并未得到很好的推广。因此，为了使体育教学理论研究的成果能为体育教学改革和一线体育教师服务，我们必须加强理论外推层次的研究。

体育教学中的理论外推层次的研究主要有形成体育教学理论的研究和推广体育教学理论的研究两大类（表14-4）。

▶ 表14-4 体育教学中理论外推层次研究的主要内容

研究内容	常用研究方法	题目举例
形成体育教学理论的研究	理论研究法	1. 体育教学内容的编排理论建构研究 2. 论体育教学内容的选择程序步骤 3. "体育技能两极三类型"理论构建
推广体育教学理论的研究	实验法	1. 球类领会教学法在武术教学中的应用 2. 应用教材编排理论制订学段计划研究 3. 运动教育教学理论在中国的实践应用

理论外推层次研究的主要研究方法是理论研究法和教学实验法。

理论研究的主要要求是高度概括并理论自洽；外推研究的要求是理论完整并恰当外推。

在实际体育教学研究中，上述4个研究层次间的界限也不是十分清楚的，各层次的研究相互联系、相互影响、相互制约，一般来说，前一层次的研究往往是后一层次研究的基础。

某一项体育教学研究可设定在某个层次内，也可以跨越层次，但要注意研究的深入度，而不宜过于宽泛。如"学生对体育课态度的调查研究"虽只是第一层次的描述性研究，但如果问卷设计得好，调查的信度和效度高，样本量满足研究的需要，那么它也是很有价值的研究。

三、体育教学研究的特点

体育教学研究不同于真正意义上的科学研究，也不完全等同于教育理论研究，它是一类有独自特点的研究。这个特点集中体现在学理性、实践性和复杂性上。

（一）学理性

体育教学是以授业为主体的教育过程，受方方面面因素的影响，众多相关的规律围绕着体育教学的基本要求发生作用，体育教学研究归根结底是体育学理的研究，如果脱离了学理的研究，体育教学研究会成为无源之水和无本之木。

（二）实践性

体育教学理论在实践中产生、形成，又反过来指导教学实践，教学理论在实践中得到检验、修正、丰富和发展，如此循环往复、不断成熟。教学理论研究只有为教学实践服务，才能成为真正有意义的理论研究。如果体育教学研究脱离了实践，就会成为束之高阁的书斋研究。

（三）复杂性

体育教学活动是由多因素、多变量构成的，这些变量之间相互交织、相互制约、相互作用。教学研究就是要把多因素的相互作用与规律反映出来。教学研究有一个合理的、公认的基本框架，它主要由三类变量组成：① 环境变量：指学习活动（通常是指课堂教学）的环境对成功与否有一定影响；②过程变量：指师生的课堂行为、学习任务和学习活动对学习成果产生影响；③结果变量：指教师所期望的及教师拟订教学活动计划所依据的、可用有效教学目标和标准加以衡量的教育成果（图14-1）。

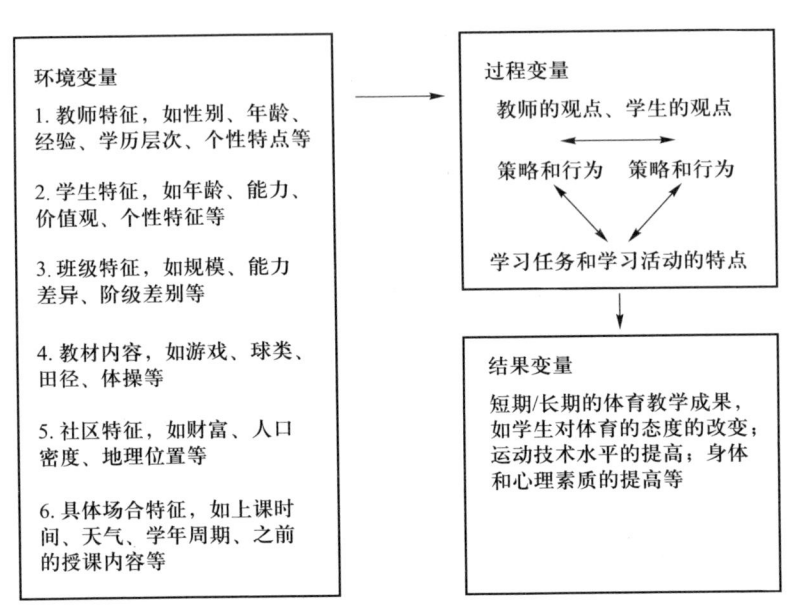

图14-1　体育教学研究的三个主要变量

任何一个结果变量的产生都不是由单一变量引起的，它涉及教学活动中的一系列变量。教师与学生是教学过程不可缺少的两个因素，而他们的特征会因人而异，因此，每一教学过程都会因教师和学生的不同而产生不同效果。由此可见体育教学研究的复杂性。

第二节　体育教学研究的内容

体育教学是多因素的复杂教育活动，其中有待阐明和解决的问题很多。本教材将体育教学研究内容归纳为5类：体育教学主体（人的因素）的研究、体育教学目标（思想的因素）的研究、体育教学过程（时空的因素）

的研究、体育教学内容（载体和媒介的因素）的研究、体育教学条件（物质环境的因素）的研究，供大家研究时参考。

一、有关体育教学主体的研究

体育教学是人的社会性活动，一切都离不开最主要的因素——人。因此，关于体育教学主体的研究实质上是围绕着教师和学生的研究。师生之间的相互作用始终贯穿于体育教学的全过程。教学研究必然受到师生之间的相互作用的影响，同时教学研究也必然反映这种作用，因此，要组织开展合理的体育教学活动并提高成效，就必须加强对有关教师与学生的研究。

有关学生的研究主要包括学生在教学过程中的角色研究、体育教学中教与学的关系、体育教学与学生身体发展的关系、体育教学与学生心理发展特点的关系、影响学生体育学习的认知因素与非认知因素的分析、集体对学生个体的影响等。有关体育教师的研究主要包括教师教学过程中的角色研究、教师职责及职业特征研究、体育教师知识结构与教学能力研究、体育教学过程中教师与学生的相互作用研究等。在此，对当前常见的体育教学主体的研究内容举例如下：

常见的体育教学主体的研究内容举例

1. 各年龄阶段学生身体发展的状况研究
2. 学生的身体素质发展敏感期与体育教学策略的关系研究
3. 各年龄阶段学生的心理状况与发展特征研究
4. 学生的体育社会背景及家庭背景的研究
5. 学生日常身体活动状况的研究
6. 学生对体育学科学习期待的调查研究
7. 学生对体育教学爱好度的调查研究
8. 体育教学中增强学生体质的有效对策与措施的研究
9. 体育教学过程中学习集体作用的研究
10. 中国体育师资队伍现状与发展的调查研究

11. 新时代中国体育师资的问题与对策研究
12. 体育教师的职业特点与智能结构的分析研究
13. 中学体育教师核心素养的研究
14. 体育教师的职后教育与进修课程的研究
15. 体育教师的师德与工作业绩评价指标的研究
16. 优秀体育教师的成才条件与成长规律研究
17. 女性体育教师的现状与发展困境的调查研究

二、有关体育教学目标的研究

体育教学是人有意识、有计划、有组织的社会性活动，一切离不开人对这项活动的价值判断、思考、定向和定位。有关体育目标的研究实质上是把握体育教学方向、挖掘体育教学功能的研究，是体育教学研究最重要的方面之一。特别是在新时代体育教学面临大改革和大发展时期，这类研究尤其重要。

有关体育教学目标的研究主要包括体育学科的功能与价值研究、体育教学指导思想的研究、体育教学目标的研究、体育教学改革方向与目标的研究等。在此，对当前常见的体育教学目标的研究内容举例如下：

常见的体育教学目标的研究内容举例

1. 体育学科的功能与价值研究
2. 体育教学对促进学生身体发展意义的研究
3. 体育教学对促进学生社会性发展意义的研究
4. 体育教学对提高学生心理健康意义的研究
5. 体育教学对促进学生个性发展意义的研究
6. 我国各个历史阶段的体育教学思想研究
7. 世界各国的体育教学思想与理论研究
8. 新时代体育教学目标的定位研究

9. 体育学科与健康中国、教育强国、体育强国的关系研究
10. 体育教学目标系统与目标层次的研究
11. 核心素养视域下中小学体育教学改革方向研究

三、有关体育教学过程的研究

体育教学是进行体育学习与体育活动的特定时空过程。对体育教学过程的研究是教学研究的重要内容，它是基本理论的研究，构成组织教学的理论依据。研究体育教学过程有利于正确理解与认识体育教学的本质、特点和规律，提高体育教学质量，实现体育教学的目的和任务。

体育教学过程的研究内容主要包括体育教学过程特点、体育教学过程的基本结构、体育教学过程的基本功能、体育教学过程的基本规律等。在此，对常见的体育教学过程研究内容举例如下：

常见的体育教学过程的研究内容举例

1. 体育教学过程的特性与类型的研究
2. 核心素养要求下提高体育教学质量的研究
3. 优化体育教学设计的方法研究
4. 对体育教学过程"三段式"的新认识
5. 中小学体育教学过程层次的研究
6. 体育教学过程的主要效能研究
7. "研究式"体育教学过程与类型的研究
8. "发现式"体育教学过程与类型的研究
9. "领会式"体育教学过程与类型的研究
10. "小群体式"体育教学过程与构成要素的研究
11. 中国当前流行的主要体育教学模式的研究
12. 体育教学方法的定义与内容的研究
13. 常见体育教学手段的概念、内容的研究

14. 体育教学中思想品德教育的方法论研究
15. 体育教学中师生关系类型的研究
16. 小学生在体育教学中的交往方式与教育意义的研究
17. 大学生在体育教学中的心理要素的研究

四、有关体育教学内容的研究

体育教学是通过运动技术学习这一载体而实现的。体育运动技术内容丰富多彩，特点和功能各异。如何选编体育教学内容被称为"大规模的教材研究"，如何将选出的体育教学内容改造成学生进行体育学习的内容被称为"小规模的教材研究"，这些研究都非常重要。

体育教学内容的研究主要包括体育与健康知识的研究、体育运动文化知识的研究、体育教学内容的选择依据研究、体育课程教学内容编排理论研究、运动技术教程学理研究、现行课程内容合理性研究、体育教科书研究、体育教学计划研究、辅助学习材料开发研究等。在此，对常见的体育教学内容的研究举例如下：

常见的体育教学内容的研究举例

1. 体育教学内容的分类方法研究
2. 体育教学内容的逻辑性研究
3. 体育教学内容选编原则研究
4. 体育教学内容选择标准与程序研究
5. 某体育运动项目发展史的研究
6. 体育教学内容的集中择优和编排方案研究
7. 竞技运动项目的教材化研究
8. 对现行体育与健康课程标准教学内容的结构分析
9. 对某教学内容进教材的必要性和实施可行性分析
10. 核心素养视域下中小学体育品德校本教材研究

11. 文化自信形势下民族传统体育教学内容的教材化研究
12. "常赛"教学改革要求下运动技能课课赛的内容研究
13. "勤练"教学改革要求下体育趣味课课练1260例教材的研究
14. 体育教科书的功能与用法研究
15. 体育教科书的网络平台化建设研究
16. 各层次体育教学计划的问题与优化方略的研究
17. 从展示课教案看体育教案的内容与格式问题
18. 兼职教师现实需要视域下体育课件供需研究

五、有关体育教学条件的研究

高质量的体育教学是在良好的体育物质条件支撑下和适宜的教学环境下取得的，没有良好物质条件和适宜环境就不可能有高质量的体育教学。但什么是良好的体育物质条件和适宜的教学环境就需要进行研究。

有关体育教学条件的研究主要包括体育环境的含义和内容、优化体育场地的研究、优化体育设施的研究、新运动器材和器具的研究、体育运用现代化教育工具的研究、体育环境管理研究等。在此，对常见的体育教学条件研究举例如下：

常见的体育教学条件的研究举例

1. 农村中小体育教学场地、器材的现状调查
2. 制定中小学体育教学场地、器材标准的研究
3. 依据各种条件开发和利用体育教学场地、器材的途径与方法的研究
4. 体育教师自制体育器材的优秀范例与经验研究
5. 中小学体育教学场地、器材规章制度制定与科学管理的研究
6. 高效安全的体育教学场地、器材布置方法的研究
7. 体育教学场地环境卫生管理的研究与案例分析
8. 学校体育教学设施的分级分类研究

9. 学校体育场地器材设施安全性的研究
10. 学校体育教学设施人文性设计的研究
11. 学校体育教学场地设施健康性、环保性设计的研究
12. 各种媒体与网络平台在体育教学中运用的研究

第三节 体育教学研究的主要方法介绍

本节主要介绍一些常用的体育教学研究方法与手段。

一、问卷调查法

问卷调查法，也称问卷法，是研究者根据研究目的，按一定要求设计出若干问题，然后向被调查者了解情况或征询意见的方法。问卷调查的一般程序是设计调查问卷、选择调查对象、分发问卷、回收问卷和审查问卷。设计调查问卷是问卷调查最基本的工作。

问卷是以一定的理论假设和研究架构为基础的，问卷设计的问题具有明确的目的性和逻辑性。

问卷调查一般都是间接的、书面的调查，即调查者一般不与被调查者直接见面，由被调查者填答问卷，因此，问卷调查较之访问调查省时、省力、成本低，有利于调查对象充分表达意见与想法，能较有效地控制研究变量，简捷地探明各因素或条件的相互关系。

问卷调查也有其缺点：一是问卷的回收率有时难以保证，如果回收率太少，就会影响到所取得信息的可靠性和代表性；二是问卷调查不适合文化程度较低的被调查对象，如小学中低年级学生；三是问卷设计要求较高，问卷内容要简明、问题数量要适度等，以提高问卷的信度与效度。

（一）问卷的一般结构

问卷一般包括题目、指导语、问卷的具体内容和编号三个组成部分。

题目是调查的主题，它与调查目的一致，注意用语表达不能让受调查者产生反感。

指导语是对调查目的及有关事项的说明，它的主要作用是让调查者了解调查的目的及意义，引起被调查者的重视和兴趣，争取他们的支持和合作。一般来说，指导语的内容包括调查的目的和意义，对被调查者的希望和要求，问卷调查的匿名性和保密原则，回复问卷的时间和方式，以及调查的单位、组织或个人的身份和联系方式等。指导语要简洁、准确，语气应谦虚、诚恳（见问卷案例1）。

问卷的具体内容包括问题的内容和次序、回答的方式及文字表述等。编号指对所提问题次序的编号和便于数据处理而设计的编号。

问卷案例 1

◉ **题目与指导语**

关于中学体育教学情况调查问卷

各位同学：为了使体育课更加生动活泼，为了让同学们在体育课中能学得更多更好，我们想了解您对现在的体育课有哪些建议和意见，请如实地回答本问卷的各个问题，在所选择的数字上划圈。您的问卷只供我们研究使用，对于您的意见我们也会予以保密。谢谢！

某大学体育学院：×××
2023 年 2 月 15 日

电话：××××××××　　　　　通信地址：××××××××××

电子信箱：××××××××××

（二）问卷问题设计的基本要求

（1）提出的问题应符合客观实际情况。例如对没有实施校园足球的学校进行有关校园足球体育教学情况的研究就脱离了客观实际情况。

（2）提出的问题应紧扣调查目的。如调查体育教学计划制订情况，就不能出现学生课外活动的问题。

（3）提出的问题应清楚而明确，避免有双重意义或模棱两可。例如问题中有"经常""最近"等词语就会让人感到概念不清。再如提出"你父母支持你参加体育活动吗"这样的问题会让学生难以选择。

（4）提出的问题应与被调查者相关，并且必须是被调查者有能力、愿意回答的。例如，对于调查有关中学体育教学方面的问题，我们就不能去调查俱乐部的教练员；对于"个人隐私"或"社会禁忌"的调查，直接问可能不会收到很好的效果，这类问题如果针对第三者提问，将有利于得到答案。例如，类似"你的体育教师教学质量高吗"这样的问题就不合适。

（5）避免否定性选项和诱导性提问。例如，"你不同意每天都上体育课吗"，这里的"不同意"应用"同意"取代；"您喜欢体育教师这一受人尊敬的职业吗"，这样的问题就有一定的诱导性。

（6）问卷的长度要适当。问卷最好在15～30分钟时间内填写完毕。时间太长会让被调查者感到烦躁，影响答卷质量；内容过少又不能全面获取研究者所要的信息。

（7）问题的次序应便于顺利回答和事后的资料整理。一般来说，问题应先易后难，由浅入深；先问事实和客观的问题，然后再问观念、情感和态度方面的问题；先回答一般性问题，后回答特殊性问题，那些敏感性强的问题应该安排在问卷的后半部。

（三）问卷回答方式及其设计

问卷回答方式一般有两种，即开放型回答和封闭型回答。

1. 开放型回答

开放型回答是指对问题的回答不提供任何选择答案，而由被调查者自由填写。其优点是：灵活性大、适应性强，适合回答各种类型的问题，被调查者回答问题时不受任何限制，有较多的自由回答或自我表达的机会，调查者可以获得较丰富的、超出预料的、具有启发性的材料。开放型回答主要用于预测和估计的探索性调查。

开放型回答的缺点是：回答的标准化程度低，难以整理和分析；往往容易出现一般化、不准确甚至所答非所问的无价值信息；要求被调查者有较高的文化素养和较强的文字表达能力，因此有时会因为回答起来很难而影响回收率（见问卷案例2）。

问卷案例 2

★ **开放型回答方式**

请针对问题，在空格里填写你的意见：

1. 你上体育课最大的收获是什么？
   _____
   _____
   _____

2. 你上体育课最大的遗憾是什么？
   _____
   _____
   _____

3. 理想的体育课你认为是什么样的？
   _____
   _____
   _____

4. 你认为体育课应该做哪些方面的改进？
   _____
   _____
   _____

2. 封闭型回答

封闭型回答是将问题的可能答案列出，让被调查者进行选择。

封闭型回答的优点是：回答容易，有利于问卷的回收；回答标准，有利于统计分析；有利于询问一些敏感问题。

其缺点是：设计比较难，特别是一些比较复杂的、回答类型很多或不太清楚的问题，很难设计周全的答案；回答方式没有发挥余地，难以发挥被调查者的主观能动性；被调查者如果随意填写，将会降低回答的真实性和可靠性。

封闭型回答问卷的回答方法主要有填空式、两项式、多项选择式、顺序填答式、等级填答式、矩阵式、表格式等（见问卷案例3）。

问卷案例3

● 封闭型回答形式

（1）填空式：您的姓名_____ 性别_____ 年龄_____ 年级_____

（2）两项式：您认为自己是否适合从事体育教师工作？ □是 □否

（3）多项选择式：您认为好的体育课应具有哪些基本特征？

  A. 学生的技能有所提高

  B. 有适宜的运动负荷

  C. 有适宜的练习密度

  D. 学生上课积极性高

  E. 学生明白一些道理

  F. 学生相处得很和睦

（4）顺序填答式：您在体育课中遇到过哪些困难？（请按困难程度给下列问题编号，困难最大的为1，最小的为6）

  □ 听不懂老师的讲解

  □ 看不到老师的示范

  □ 体力差，坚持不下来

  □ 怕老师批评我技术差

  □ 没有同学愿意与我一起运动

  □ 场地设施差，不但脏而且有危险

（5）等级填答式：请判断在体育课中提高学生运动素质这一目的的重要程度。

  A. 很重要   B. 较重要   C. 一般   D. 不重要   E. 很不重要

（6）矩阵式：下列一些因素对体育教学有些影响，请选择与您想法相符的号码。

	请圈选一个号码
A. 体育教师的教学水平	1 2 3 4 5 6
B. 体育教师的数量	1 2 3 4 5 6
C. 体育教师的专业技术水平	1 2 3 4 5 6
D. 体育活动场地、设施和器材	1 2 3 4 5 6

E. 学生的人数　　　　　　　　　　　1　2　3　4　5　6

F. 学校领导对体育教学的支持　　　　1　2　3　4　5　6

（1. 影响很大　2. 影响较大　3. 影响较小　4. 影响很小　5. 没有影响　6. 不知道）

（7）表格式：请根据自己的体验和判断进行选择，并在相应的栏内打"√"。

判断的内容	满意的等级			
	很满意	满意	一般	不满意
对课程内容的满意程度				
对老师运动技术水平的满意程度				
对场地器材的满意程度				

　　为了吸取开放型回答和封闭型回答各自的优点，可以结合两种回答方式进行问卷设计。可由开放型问卷作先导，摸清问题答案的类型，再设计完善的封闭型问卷；也可在同一问卷中既设开放型问题，又设封闭型问题，以适应各种调查情况；还可以对同一不确定的问题，既列出封闭型答案，又安排开放型回答的机会。例如，在列出答案后，再设"其他"与空栏，或追问"为什么"。

二、教学观察法

　　观察法是对教学中的师生行为进行观察而收集研究资料的方法。当前，在教学研究领域，人们越来越多地运用观察法和参与研究法（研究者直接参加被试的学习活动以收集研究数据的观察法）来进行研究。

（一）教学观察法的特点

1. 主观针对性

　　教学观察法对所观察的内容具有高度的选择性，可以最大限度地排除无关刺激物的影响。

2. 客观真实性

教学观察是在自然条件下进行的，具有客观性和真实性。在进行教学观察时，一般不能干扰观察对象的活动过程。

3. 集体合作性

观察稍微复杂一点的教学时，往往需要多人的合作。因此，观察往往用统一的量表，还要进行观察方法的培训，这样才能保证观察的质量。

现在的观察已经越来越多地借助于仪器设备，如利用照片、录像、录音机和计算机等，这大大提高了教学观察的精确性，扩大了观察范围。

（二）观察法的类型

教学观察法可以按观察方式分为临场观察法、实验观察法、追踪观察法等。

1. **临场观察法**

临场观察法是指观察者直接位于观察对象所处的现场，也称实地观察法。如在现场观察教师采用了哪些有效的教学手段计算体育课的运动负荷大小等。

2. **实验观察法**

实验观察法是指将教学观察与实验相结合，及时观察和测量实验中的某些指标变化与特征，进而获得实验结果的方法。研究人员为及时获得实验结果，准确描述实验过程，有时单凭肉眼观察还不能准确描述事物，需要借助某些专门仪器工具对实验过程变化进行精确测量，从而得到观察对象的主要特征指标的精确数据。这种观察法也称观察测量，如运动负荷大小引起生理指标变化的观察实验。

3. **追踪观察法**

追踪观察法是研究者用较长的时间跟踪考察某一事物的发展变化过程，以获得对事物规律性认识的方法。这种追踪观察时间跨度大，涉及内容多，需要长期坚持才能实现。如观察体育走班制教学过程变化就要用追踪观察法。

观察法还可以按观察者是否直接参加所研究的活动分成参与观察和非参与观察。一般说来，参与观察比非参与观察效果好，因为观察者参与其中，既有自我体验，又能与被观察人建立融洽的关系。

教学观察还可以按照对行为的不同取样方式，分成事件取样观察和时间取样观察。事件取样观察只对某种与研究目的直接有关、预先确定了的行为进行观察与记录。时间取样观察则是在一定时间间隔进行观察，对这一段时间中发生的各种行为表现作较全面记录。时间取样可以随机进行，也可以在可能发生典型行为表现的时间进行。

（三）观察计划的制订

观察计划是对运用观察法的步骤、程序与要求事先做出系统周密的设计与安排，也称为观察研究方案。它是研究人员进行观察的依据，可保证观察工作顺利进行。观察计划的内容一般包括以下几方面：

1. 明确观察任务

观察目的与任务是制订观察计划的基础。它对选择观察对象、确定观察指标和观察方法起着指导作用。

2. 选择观察对象

选择观察对象时，首先要注意代表性，被观察的对象数量不宜过多。

3. 确定观察指标

确定观察指标是观察设计中的重要一环。一个被观察的事物对象从不同角度可以观察到不同的特征现象。因此，在选择观察指标时必须注意以下要求：

（1）指标的有效性。指标的有效性是指所选指标能够满足完成观察任务的需要，体现事物的本质特征。例如我们要选择心率变化作为观察运动负荷大小的指标，而不能选取学生完成动作质量的指标来反映运动负荷。

（2）指标的客观性。指标的客观性是指所选指标应能反映客观事实。如：身高、体重、心率等都是事实上的现象，不受个人主观因素的影响。

（3）指标的代表性。指标的代表性是指所选指标具有典型性，数据虽不多，却能代表主要的事实与现象。

4. 确定观测指标的标准与规格

观察指标有的是定性的，有的是定量的。定性指标要明确规定指标的内涵、规格、表现特征，要有操作性定义（标准）；定量指标要规定量化单位、精确度、正误度等。对获取各类指标的时间也应该统一。

5. 确定和设计观察的步骤、条件与方式

教学观察的步骤是指观察的运用程序、操作环节及各观察手段与时间的安排。如观察阶段的划分、各阶段观察时间、观察内容顺序等。

观察条件是指进行观察的具体条件，主要指观测的时间与空间条件。在时间方面包括总观察时间、每次观察时间、各次观察间隔时间等。空间条件保证能清楚地观察并不干扰观察对象的正常活动，包括观察的位置、角度、距离和方向等。

确定观察的方式是指要确定是用肉眼直接观察还是借助仪器工具进行观察。

6. 确定观察材料的记录方法

记录观察材料的方法一般有评等法、记录频率法和连续记录法。

（1）评等法。观察者对所观察的对象评定等级，如观察运动负荷的主观感受可以用"不疲劳""一般"和"疲劳"三个等级，观察者在预先印好的表格上按级画圈就可以了。

（2）记录频率法。观察者将要观察的项目预先打印在纸上，凡出现该现象时，就在这个现象的记录处画一符号。如篮球教学比赛中观察投篮次数、投中次数、抢篮板次数、犯规次数等。

（3）连续记录法。可以用笔记的方法，也可以运用录音机、摄像机等将要观察的过程完整地记录下来，观察结束后再分析处理。如观察学生动作的角度、速度等内容。

（四）观察应注意的问题

（1）观察应严格按照计划进行，如发现观察计划有不妥之处时，要在能完成观察任务的前提下，进行必要的调整。

（2）灵活选定观察位置，以保证所观察的现象能全部、清楚地落入视野内，但不要影响观察对象的正常活动。

（3）善于及时捕捉各个有研究意义的现象。

（4）要正确判别各现象的重要程度，重点观察与研究主题有密切关系的现象。

（5）对较复杂的观察应进行集体配合，要恰当地进行分工。每个观察点有规定的观察中心，兼顾全面观察。各观察点（组）必须采用统一标准、统一的记录表格和记录符号。

（6）观察后应及时对观察材料进行整理，要全面审核观察记录，剔除可能有错误的材料，对漏记的数据要可结合他人观察进行校补，如依据不足时则应坚决去掉。

三、测量法

测量法就是借助测量工具进行测量获得数据的研究方法。

（一）测量法的类型

体育教学研究中的测量包括物理量的测量（如身高、体重、速度、远度和高度等）和非物理量的测量（如知识、技能、心理状态及个性特征等）。具体可分为以下几种测量：

（1）人体形态的测量，包括体格、身体成分、体型、姿势等。

（2）生理机能测量，包括心血管、呼吸、代谢等。

（3）运动素质测量，包括速度、力量、耐力、柔韧、灵敏等。

（4）基本活动能力测量，包括走、跑、跳、投、攀爬等。

（5）运动水平测量，包括运动技能水平、战术水平等。

（6）运动状态测量，包括运动状态、运动负荷等。

（7）社会测量，包括人际交往、人际关系等。

（8）心理测量，包括行为、心理过程、智力、兴趣、意志、情感、性格等。

（二）测量法的效度与信度

测量的准确性和可靠性是保证测量质量的两个基本要素。

1. 测量的效度

测量的效度指测量的有效性，即测量到的一定是所要测定的属性和特征。如果对运动技能掌握程度的测量测得的却是知识掌握程度，那么这种测量就没有效度。效度一般包括内容效度、结构效度和同时效度。

（1）内容效度。内容效度是指测量内容在多大程度上表示了所要测定的特征范畴。例如，要从一个班的学生中挑选出运动素质好的学生参加体能比赛，那么所测量项目就应该能表明学生的体能。内容效度的评定主要通过经验判断，可以请熟悉该测量内容的专家来评判。

（2）结构效度。结构效度就是要检验测量是否符合所提出的理论构思。例如，智力测量的结构效度是指被试解答的问题是以智力来加以解释，而不是以学习成绩来加以解释；教学测量的结构效度应采用分析教学过程与测量内容之间的关系方法进行评定，也就是说需要对测量的理论构思进行说明（包括测量项目的结构、测量的总体安排以及项目与项目之间的关系等）。如果解释说明符合教学过程的基本理论，测量项目安排能够满足研究的构思，并且每个测量项目都有可靠的信度，那么对一般的教学研究来说，这一测量具有一定的结构效度。

（3）同时效度。同时效度是选用一种已被认为有效的测量作为标准，由被试在新测量和有效测量中分别获得的两组分数求其相关系数来估计效度的高低。例如，对教师工作成绩进行测量，测量结果应与领导、老师和学生所给定的成绩进行相关分析，如果测量的结果与领导、教师和学生的评价结果高度相关，说明测量的结构效度高。

2. 测量的信度

测量的信度即测量的可靠性，它是测量反映被试特征真实程度的指标，也称为测量的准确性或测量的一致性。高信度的测量很少受到随机因素或事件的干扰，能够准确无误地测量出测量对象的属性特征。个人在数次接受同一测量时，都能获得近似相同的分数，这说明数次测量结果的一致性。几次测量的相关系数越高，信度越大。检验信度经常采用的方法有重测法、复份法、分半法和内部一致性方法。

（1）重测法。重测法是用一种测量法测试一组被试，经过一段时间后，再用同一测量法测试同一组被试，然后根据两次测量的数值，求其相关系数，并按数值的大小测定信度的高低。一般情况下，要求信度系数在 0.90 以上。

（2）复份法。复份法就是用两套测量试题，对一组被试进行同一目的的测量，然后计算两套测量数据的相关系数。这种方法的特点是可以避免重测法可能受到的记忆或练习因素的影响。但如果复份内容近似，将使得信度系数偏高。

（3）分半法。这种方法与前两种方法不同，它只是把全部测量试题分为奇数题和偶数题，经过一次测量后，计算两类题得分的相关性。

（4）内部一致性方法。这是目前比较流行且效果较好的信度检验方法。它不需要把测量题目分成两个部分，而是从测量构思层次化入手，使测量项目形成一定的内部结构，并以内部结构的一致程度，对测量信度作出评定。内部一致性检验在SPSS统计软件上都能很容易得出结论。

（三）测量法的要求

1. 数量化

教学测量与物理或化学物质测量的相同点就是把事物或人的属性加以数量化，用可以比较的数值计量测量的结果。但有时用测量的值反映教学也很困难，如学生体育成绩测量中的零分，并不能说明学生完全没有学习能力。

2. 提高测量的效度和信度

有些因素会影响测量的效度和信度，如测量项目的数目、测量程序、测量项目的质量以及测试人和被试等，都会在一定程度上影响测量的效度和信度，测量时应设法排除或控制可能降低效度和信度的因素。

3. 采用适宜的数据处理方法

各种测量都要运用数据。在运用数据时，最基本的要求是单位一致，这样才能排列顺序或等级而进行比较，也便于分析两数的差异。分析测量的结果不能只用自然数据来表明成绩，还要对测量的数据进行统计学的处理，以使数字的意义更为明确。

四、教学实验法

教学实验法是依据一定的理论假说，在教学实践中进行必要而又合乎教学情理的控制，以探索教学因果规律的研究方法。

教学实验与自然科学实验相比，有着其自身的特点。首先，教学实验是在教学实践条件中进行的，任何教学实验必须是研究与实践的统一。这就要求教学实验研究的目标应与教学实践的目标相统一。脱离了学生的发展,脱离培养人的目标的教学实验是不能成功的。其次,教学实验是人与人相互影响的活动,参与其中的有人的理性和情意,尤其是教书育人的教学,没有价值导向和情感是不可能的。另外,在教学实验中,既有技术又有艺术,技术是基础和手段,而艺术则是对各种实验技术的灵活运用和发挥,实验的技术往往通过艺术的处理在具体的实验活动中发挥作用。

(一)教学实验的类型

1. 单项实验、综合实验和整体实验

从实验涉及的因素来看,可以把实验分为单项实验、综合实验和整体实验。

单项实验指对一个因素进行操作变革,以观测其行为效果的实验。一个因素可能是某种教材,也可能是教学方法,还可能是其他的影响因素。

综合实验是指对教学中有内在联系的多项因素进行综合性的操作变革,以观察其综合效果的实验。如新教材及相应的新教法和教学组织形式的体育教学实验。

整体实验是对教学中某一独立的整体结构进行全面系统的操作变革,以观测其结构功能效果的实验。这样的实验可以是整个国家教育体制,也可以是一个学校、学区整个教育结构改革的实验。例如,"在新课程标准指导下的基础教育阶段体育教学改革实验",它不仅涉及课程、教材、教法、管理等因素,还涉及小学与中学两个阶段的衔接问题。这三种实验各有其功效,互相影响和补充,在实践中,应根据教学实验目的和实际条件而选择。

2. 探索性实验、验证性实验和应用性实验

根据实验的主要任务可分为探索性实验、验证性实验和应用性实验。

探索性实验是指侧重于发现新的规律,获得新的科学知识的实验。

验证性实验是侧重于对已得出的科学理论进行检验,从而进一步确立或否定它的实验。验证性实验一般是在探索性实验基础上进行的,或者说是对探索性实验的再实验。当新规律或新理论还没有被人们充分检验时,验证性实验才有意义。

应用性实验侧重于把发现和验证过的科学理论应用于具体的教学实际，使科学理论转化为实践效益。普遍有效的科学理论应用于教学实践应有一个实验过程，这种实验是新的科学理论应用于具体实际的中介。另外，即使推广先进的经验，也应结合当地具体情况进行应用性实验。

以上三种实验告诉我们，科学的教学理论从其产生、验证到应用，都是通过实验来完成的。

3. 前实验、准实验和真实验

前实验缺乏控制无关干扰因素的措施，虽然也可进行观察和比较，但无法验证实验使用的因素同实验结果之间的因果关系，也很难将实验结果推论到实验以外的其他群体或情境。

准实验没有运用随机化程序进行被试选择和实验处理，也就是说，准实验没有拆散原有的学习或班级小组，而是直接以原小组作为研究中的实验组或对照组，因此，不能完全控制误差的来源。

真实验则能随机分派被试，完全控制无关干扰因素，能系统地操作实验因素。这种分类是以自然科学实验标准来划分的，这种分类对教学实验的规范化、科学化有着积极影响，但过分强调自然科学实验的规范性，也容易忽视教学实验的本质和特点。

（二）教学实验的基本因素

完整的教学实验由自变量、因变量、调节变量和干扰变量4个基本变量构成。

1. 自变量

所谓自变量，就是为达到实验目的所采用的仪器、设备、方法、手段及某种特殊变化的条件等因素。如"教学中合作教学模式研究"这一研究课题，其合作教学模式是自变量。在现实的教学实验中，自变量实际上就是改变旧的教学变量，代之以新的教学变量。在教学实验中，作为自变量的一般有教学计划、大纲、教材、教学组织形式与方法、教学情境、模式、教师与学生的身心因素。

2. 调节变量

调节变量也称次要的自变量，由于它的影响，自变量对因变量的影响会发生变化。例如，在运动项目学习的研究中，学生的爱好就是一个调节变量；在教材的实验中，教学方法是调节变量。认识和研究调节变量具有重要意义，因为它更有助于认识所要研究的自变量的性质与效能。如不分析调节变量的作用，可能会把调节变量的作用归结为自变量的作用。例如，选择了按新课标编写的教材，但采用不适当的教学方法，效果可能也很差。这种结果不是教材产生的，而是教学方法这个调节变量作用的结果。

3. 因变量

因变量是通过自变量的作用而产生的变量。教学实验中的因变量一般表现为不可分割的两个方面：一方面是学生的发展，主要是知识、技能、技巧、能力、态度、兴趣、情感、意志以及他们的综合。另一方面是教学模式、结构等的优化，这一方面一般都要通过学生的发展变化反映出来，因此无论如何，实验的因变量都少不了学生的因素。

4. 干扰变量

干扰变量是指对实验效果产生干扰作用，影响对实验效果进行归因分析的因素，对这些因素可以采取排除、化解、避免和预防等控制方法。例如，为了排除实验中不可避免地起着积极作用因素（如学生的知识和智力水平等）的干扰，可采取分组对比实验法，通过随机或匹配方法，使两组干扰因素在水平上相等，这样，就把两组干扰因素平衡了，两组实验结果的差异就可归为自变量了。

实验的主要特点是能够对研究变量进行严格的控制，从而决定自变量的变化是否引起了因变量的差异，做出有关教学现象的因果解释。自变量在调节变量的影响下对因变量发生作用，产生实验效果。在这种关系中，实验者系统操作自变量，对于积极的调节变量注意利用，对于消极的调节变量应予以平衡抵消，对于干扰变量应尽量给予控制。在实践中，为了加强研究的效度和提高研究结果的普遍意义，人们越来越重视现场研究，重视"生态效度"，实验中往往不运用随机化程序选择被试和实验处理。不拆散原有的班或年级组，而是直接以原班或组作为研究的实验组或对照组。

（三）教学实验设计

1. 单组末测实验设计

从自然的教学情境中选择一个实验组（一个班或一个小组），引入一种新变量，一个周期后，测评实验的效果，将测评结果与初始自然状态进行参考性比较，来判断实验效果的实验设计称为单组末测实验设计。教师非常熟悉教学及学生情况，对于教学实验的效果有一种直接体验，经过几轮实验对比，可以进一步证实实验效果的真实性。

2. 单组始末测实验设计

进行始测能准确地了解实验前的实验组水平，以便与末测结果进行比较，以确定实验效果的有无或大小。单组始末测实验设计对于比较简单的课题用 1~2 轮实验，便可确立结论。这种设计一般适用于教学方面的变量，而不适用于学生身体、心理自然成熟的变量。如知识和技能方面的变量可以用这种设计，而智力、身高等就不能用这些设计。

3. 单组纵贯重复始末实验设计

单组纵贯重复始末实验设计是在实施实验处理前后的一段时间里对研究对象做多次重复观察或测定，并通过对整个时间序列的测定结果进行比较，确定实验处理的效果。单组纵贯重复始末实验设计包括一个实验组和实验处理前后的多次观察，如图 14-2 所示。

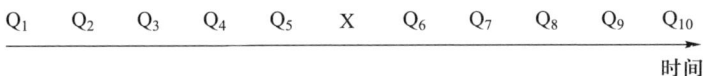

Q：观察
X：实验处理

图 14-2　单组纵贯重复始末实验设计

如果我们要研究"奖励对提高学生参加体育活动积极性的效果"，可以在实施奖励制度前后分别定期进行几次参加体育活动积极性的测定，从而比较各阶段测定结果的差异，确定奖励制度的有效性。这种设计的主要优点，是能够在实验处理以前评估被试成熟的趋势，并在较长时间跨度上检验自变量与因变量之间的关系，有利于作出比较肯定的因果关系判断。

这种实验设计要求包含一定数量的观察与测定，从整体发展趋势上分析实验处理的效果。采用这种设计时，应特别注意周期性因素的影响（如季节、态度、情绪等方面的变化）。同时，应尽可能使被试保持稳定，防止被试更换或淘汰的情况发生。有时也可以转换或撤除实验处理，观察各组的变化，这是时间序列设计的较有效的变式。

采用单组纵贯重复始末实验设计，针对结果的分析应特别谨慎，需要从实验处理前后的整个发展变化趋势来评估其效应，而不能只看与实验处理相邻的前后两次观察值的差异。图 14-3 表示单组纵贯重复始末实验设计可能获得的 6 种结果，可以看出，前三种结果都不能说明实验是有效应的，而后三种结果的变化可以归因于实验处理（X）。其中，第四种结果说明实验具有稳定的正效应；第五种结果表现出实验处理的短暂作用；第六种结果则表明了负效应。对单组纵贯重复始末实验设计的实验结果进行统计分析，需要对实验处理前后的一系列观察值作出检验和比较。

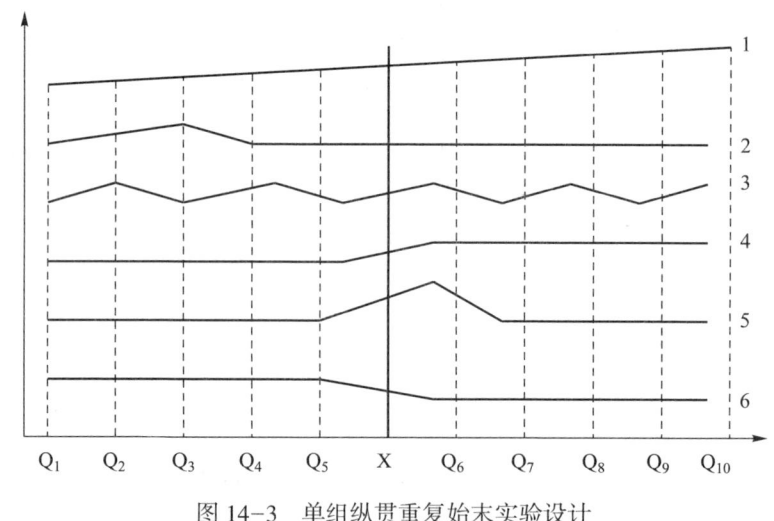

图 14-3　单组纵贯重复始末实验设计

4. 不相等组末测实验设计

这种设计是从自然的教学班级中，选择两个班学生进行实验，这两个班学生在各方面是不相同的。一个班引进自变量作为实验班，另一班正常教学作为对照班。实验结束时，两个班进行对比测试，如果实验班高于对比班，说明实验班可能是有效果的。虽然这种设计没有重新编班，对现行教学体制来说具有广泛的可行性，但由于两个班是自然班，很难说明实验结果是由于引进自变量引起的，还是两个班差异引起的。如果两个班是同一教师的实验，教师可以通过观察、记录，档案的积累，感受、体验或思考，通过分析判断，可以得出更可靠结论。

5. 不相等组始末测实验设计

不相等组始末测试实验设计，不需要打破班级的编制，只是在不相等组末测实验设计基础上增加了始测。这种设计有两方面好处：一是可以把两个组始末成绩进行共变分析，通过统计分析，把两组原有差异对实验结果的影响成分排除掉，从而比较准确、可靠地把握实验结果的原因；二是可以对两组的始末测成绩分别进行比较，从而看出自然的成长因素对实验结果的影响情况。但这种实验不能把班风、教学环境等"潜课程"因素的差异影响反映出来。因此，有时对于周期较短的实验，在对比组中进行一轮，便可以发现这种"潜课程"因素的影响。

教学实验设计还有很多种，这里只介绍了单组或不等组的实验设计，目的是尽量使教学实验自然化，这更能广泛代表教学实际情况，有利于体育教师在教学实践中有效地运用。

拓展阅读

1. 刘昕. 新中国70年基础教育体育课程改革嬗变与展望[J]. 北京体育大学学报，2019，42（11）：43-56.

2. 郭庆，杨雅晰，程伟等. 新课标背景下义务教育阶段体育教师跨学科教学能力的内涵厘定、构成要素与培育路径[J]. 首都体育学院学报，2023，35（02）：140-149+222.

思考题

1. 为什么体育教师除了完成教学任务外，还要进行体育教学研究？

2. 体育教学研究有哪些层次？"新中国成立后的体育教学改革历程研究"属于哪个层次？

3. 体育教学研究与其他体育科学研究相比有哪些特点？

4. 体育教学研究的内容有哪些？你认为现在最缺乏的研究是什么？

5. 试结合毕业论文编写一份《调查问卷表》。谈谈编写《调查问卷表》的感想。

主要参考文献

[1][捷]夸美纽斯. 大教学论[M]. 傅任敢译. 北京：教育科学出版社，1999.

[2]王策三. 教学论稿[M]. 北京：人民教育出版社，2005.

[3]钟启泉. 现代教学论发展[M]. 北京：教育科学出版社，1988.

[4]杨启亮. 困惑与抉择：20世纪的新教学论[M]. 济南：山东教育出版社，1995.

[5]刘新民，王晓艳. 学校体育学[M]. 北京：人民体育出版社，2022.

[6]毛振明. 体育教学科学化探索[M]. 北京：高等教育出版社，1999.

[7]陈建绩. 体育教学新论[M]. 天津：天津人民出版社，2003.

[8]毛振明. 体育课程与教材新论：面对传统与权威的思索[M]. 沈阳：辽宁大学出版社，2001.

[9]毛振明. 体育教学改革新视野[M]. 北京：北京体育大学出版社，2003.

[10]王伯英，曲宗湖. 体育教学论[M]. 成都：四川教育出版社，1988.

[11]金钦昌. 学校体育学[M]. 北京：高等教育出版社，1994.

[12]樊临虎. 体育教学论[M]. 北京：人民体育出版社，2002.

[13][苏]尤·克·巴班斯基. 论教学过程最优化[M]. 吴文侃等译.

北京：教育科学出版社，1982.

[14][南]弗·鲍良克. 教学论[M]. 叶澜译. 福州：福建人民出版社，1984.

[15]高玉祥，程正方，郑日昌. 心理学[M]. 北京：北京师范大学出版社，1985.

[16]李定仁，徐继存. 教学论研究二十年（1979—1999）[M]. 北京：人民教育出版社，2001.

[17]余文森. 基础教育课程改革的四大支柱[M]. 福州：福建教育出版社，2002.

[18]毛振明. 实用学校体育学[M]. 北京：北京师范大学出版社，2009.

[19]赖天德. 学校体育改革热点探究[M]. 北京：北京体育大学出版社，2003.

[20]田慧生，李如密. 教学论[M]. 石家庄：河北教育出版社，1996.

[21]皮连生. 教学设计——心理学的理论与技术[M]. 北京：高等教育出版社，2000.

[22]张春兴. 教育心理学[M]. 杭州：浙江教育出版社，1998.

[23]周登嵩. 学校体育学[M]. 北京：人民体育出版社，2004.

[24]毛振明，潘建芬. 新版课程标准解析与教学指导（2022年版体育与健康）[M]. 北京：北京师范大学出版社，2022.

[25]于素梅.《〈体育与健康〉教学改革指导纲要（试行）》解读[M]. 北京：教育科学出版社，2021.

[26]季苹. 教什么知识——对教学的知识论基础的认识[M]. 北京：教育科学出版社，2009.

[27]毛振明，毛振钢. 体育教学内容改革与新体育运动项目[M]. 北京：北京体育大学出版社，2002.

[28]Grant. B, Olson. J. Looking inside the physical education lesson. Set research information service for teacher [J]. NZCER. 1990: 1-6.

郑重声明

高等教育出版社依法对本书享有专有出版权。任何未经许可的复制、销售行为均违反《中华人民共和国著作权法》，其行为人将承担相应的民事责任和行政责任；构成犯罪的，将被依法追究刑事责任。为了维护市场秩序，保护读者的合法权益，避免读者误用盗版书造成不良后果，我社将配合行政执法部门和司法机关对违法犯罪的单位和个人进行严厉打击。社会各界人士如发现上述侵权行为，希望及时举报，我社将奖励举报有功人员。

反盗版举报电话　（010）58581999　58582371
反盗版举报邮箱　dd@hep.com.cn
通信地址　北京市西城区德外大街4号
　　　　　高等教育出版社知识产权与法律事务部
邮政编码　100120

读者意见反馈

为收集对教材的意见建议，进一步完善教材编写并做好服务工作，读者可将对本教材的意见建议通过如下渠道反馈至我社。

咨询电话　400-810-0598
反馈邮箱　gjdzfwb@pub.hep.cn
通信地址　北京市朝阳区惠新东街4号富盛大厦1座
　　　　　高等教育出版社总编辑办公室
邮政编码　100029

防伪查询说明

用户购书后刮开封底防伪涂层，使用手机微信等软件扫描二维码，会跳转至防伪查询网页，获得所购图书详细信息。

防伪客服电话　（010）58582300